elefante

elefante

Edição
Tadeu Breda

Assistência de edição
Natalia Engler

Preparação
Willian Vieira

Revisão
Laila Guilherme

Capa
Amanda Lobos

Direção de arte
Bianca Oliveira

Diagramação
Fernando Zanardo
Daniela Miwa Taira

FÁBIO M. ALKMIN

GEOGRAFIA DA AUTONOMIA

A EXPERIÊNCIA
TERRITORIAL ZAPATISTA
EM CHIAPAS · MÉXICO

Aquele que não cedeu
Foi abatido
O que foi abatido
Não cedeu.

A boca do que preveniu
Está cheia de terra.
A aventura sangrenta
Começa.
O túmulo do amigo da paz
É pisoteado por batalhões.

Então a luta foi em vão?
Quando é abatido o que não lutou só
O inimigo
Ainda não venceu.

— Bertolt Brecht,
"Na morte de um combatente da Paz" (1939)

PREFÁCIO

A autonomia e o autogoverno se converteram em correntes políticas e culturais que não reconhecem fronteiras nem cor de pele, modificando a projeção histórica dos povos que buscam se emancipar das opressões coloniais e patriarcais. Não é tarefa simples definir uma data para o começo desse processo de construção de autonomias coletivas e territoriais, mas registramos crescentes esforços no sentido de mapeá-las e seguir seus rastros, como demonstra o trabalho de Fábio M. Alkmin.

Geografia da autonomia: a experiência de autonomia territorial zapatista em Chiapas, México tem a enorme virtude de não se tratar apenas de um relato analítico sobre o movimento zapatista, mas de também se aprofundar em como a emergência de novos movimentos indígenas desarticulou a estratégia política institucional de cooptação dos povos originários — em particular no México, mas sempre em um diálogo possível com a realidade latino-americana. E também sugere que o conflito social é crucial para o desenvolvimento da teoria: que ele é tanto a sua base epistemológica quanto a raiz que sustenta o pensamento crítico.

Para mim, o aspecto mais interessante deste livro reside na análise da territorialização das autonomias concretizadas por alguns sujeitos coletivos, pois demonstra as notáveis diferenças que essas autonomias carregam com relação às instituições autônomas criadas pelo Estado em outras latitudes. Mas a questão central neste trabalho é o modo como Fábio considera as autonomias. Não se trata de instituições, nem mesmo de instituições dos povos criadas "abaixo e à esquerda", mas sim de processos longos, de tempos longos, como diria Fernand Braudel, e, por isso, sempre inacabados.

Longe de uma concepção estatista ou institucional, as autonomias aqui analisadas surgem como relações sociais em movimento que necessitam sempre ser renovadas e aprofundadas, porque, se não agem assim, se não saem do lugar herdado, acabam capturadas pelo Estado, pelo mercado ou por algum dos muitos grupos armados sistêmicos — desde aqueles criados pelo agronegócio até o narcotráfico, todos com apoio institucional. O Exército Zapatista de Libertação Nacional (EZLN) expande-se territorialmente e ao mesmo tempo se transforma, modificando sua forma de atuar e os modos como constrói as autonomias. A virada tripla anunciada há dez anos (geracional, de gênero e de cor da pele) pressupõe mudanças ainda mais profundas para além da rotação no papel de porta-voz do movimento, função que cabe agora ao subcomandante Moisés, no lugar antes ocupado por Marcos ou Galeano.

Na esteira dessa virada tripla, o movimento vai se modificando, torna-se mais indígena, mais jovem e, sobretudo, mais feminino, no sentido profundo do termo. Talvez essa seja uma das razões pelas quais os zapatistas evitam a guerra, porque as comunidades (mulheres e jovens, principalmente) decidiram pela "resistência civil pacífica", porque sabem que enfrentar a guerra com guerra conduz a um genocídio que é sempre pago pelos povos originários, como ocorreu na Guatemala na década de 1980.

Para quem observa de fora o zapatismo, é tão difícil aceitar que seu porta-voz agora seja o indígena Moisés quanto que tenham sido as comunidades e bases de apoio que escolheram não fazer a guerra, tomando decisões que, na velha cultura política, diziam respeito às diretorias, a comitês centrais, sempre dominados por homens brancos de classe média ou alta, com formação acadêmica e hábeis no uso da palavra. Aceitar que sejam as mulheres das comunidades, com profundos saberes fundados em suas cosmovisões e experiências de vida, quem verdadeiramente dirige o movimento, isso desafia o imaginário colonial e patriarcal que permanece dominante em nossas esquerdas.

Apesar disso, o livro de Fábio não faz a menor concessão à simplificação e à idealização do zapatismo. É muito consciente das enormes dificuldades que o movimento atravessa, do impacto do progressismo do governo de Andrés Manuel López Obrador (2018-2024) sobre o mundo popular, assim como da proliferação de grupos paramilitares (alguns provenientes de movimentos camponeses que em algum momento simpatizaram com o zapatismo) e da enorme presença do narcotráfico na sociedade mexicana. Esses são alguns dos tremendos desafios que o zapatismo enfrenta e que podem trazer sérias consequências para o próprio movimento, mas que estão sendo tratados sem os usuais pragmatismo e oportunismo a que tantos partidos de esquerda nos acostumaram.

Estamos diante de um movimento rebelde e anticapitalista que se transforma permanentemente. Por isso, Fábio nos adverte que "a construção da autonomia não possui, assim, uma conclusão, nunca podendo ser considerada uma experiência definitiva ou acabada, por mais duradoura que seja". Porque se trata de autonomias *em* resistência e *para* a resistência, autonomias que não são portos de chegada, mas espaços de luta onde são construídas novas relações sociais, nem capitalistas, nem patriarcais. O zapatismo abre, assim, as portas para novos modos de fazer política e também para estratégias não estatistas para mudar o mundo. Acredito que não podemos exigir mais nesta trágica esquina da história.

Para o leitor desavisado, é necessário esclarecer que a opção pela autonomia não está baseada em alguma ideologia e, menos ainda, nos debates habituais no Ocidente e na academia, mas sim na urgência pela sobrevivência dos povos originários e de outros setores oprimidos da sociedade, submetidos ao modelo de espoliação dominante, que, sem muita precisão, denominamos "extrativismo". De fato, os povos necessitam se defender desse modo de acumulação de capital que pressupõe uma verdadeira guerra de espoliação, ou "quarta guerra mundial", como é chamada pelos zapatistas.

Embora este livro tenha como foco o processo zapatista em Chiapas, as investigações de Fábio M. Alkmin são muito mais abrangentes, como deixam evidente os seus trabalhos recentes sobre o mundo indígena amazônico no Brasil, onde dezenas de povos estão levando adiante protocolos de demarcação de suas terras, os quais Fábio analisa como "protocolos autônomos de consulta": desde 2014, são 64 povos amazônicos e 48 territórios que vivem esse processo.[1] Processos longos, que podem e devem ser explicados a partir da lógica própria dos povos, que enxergam como o modelo atual está provocando a sua desaparição enquanto povos, apesar de poderem sobreviver como pessoas. Para simplesmente sobreviver, necessitam tomar caminhos diferentes daqueles traçados pelo Estado.

Uma recente reportagem do site *Sumaúma* aponta que, durante a gestão de Fernando Henrique Cardoso, foram homologados 145 territórios indígenas em oito anos, mas que, com Fernando Collor, chegou-se a 112 homologações em apenas dois anos e meio de governo. Em contraste, durante os dois governos de Lula foram homologados apenas 81 territórios indígenas. E, com Dilma Roussef, apenas 21 em seis anos e três meses.[2] É evidente que, durante o mandato de Bolsonaro, não houve nenhuma homologação — pela primeira vez desde a redemocratização. No entanto, o chocante é que governos neoliberais tenham superado com folga os governos do Partido dos Trabalhadores.

Não posso pensar que Collor seja melhor que Lula, porque não é verdade. Porém, de alguma maneira, temos que explicar

1 Fábio Alkmin. "Plantando palavras, colhendo autonomias: os protocolos de consulta na defesa dos territórios indígenas amazônicos", *Élisée*, v. 12, n. 1, 2023.
2 "¿Lula puede cumplir lo que prometió a los indígenas?", *Sumaúma*, 18 mai. 2023.

essa realidade, compreender que estamos diante de uma transformação do capital e do Estado. O problema que não se quer ver, em parte em função de interesses imediatistas das esquerdas, mas também por causa da inércia que arrasta toda a cultura política, é que o Estado sofreu uma mutação: foi sequestrado pelo 1% para blindar seu poder e sua riqueza.[3] Essa mutação do capital, da acumulação por reprodução ampliada para a acumulação pela espoliação, está na base dos atuais "Estados para espoliação", que forçam os povos a se protegerem de diversas maneiras, desde as guardas indígenas e quilombolas até as autonomias e os autogovernos territoriais.

Este livro nos permite estabelecer um diálogo-ponte entre as autonomias em Chiapas e muitos dos processos encarados pelos povos originários latino-americanos: desde Cherán até Wall Mapu, desde os Purépecha até os Mapuche, passando pela Amazônia peruana e brasileira, pelos cabildos nasa e misak no sul da Colômbia e uma quantidade impossível de estimar de processos autonômicos nos mais remotos rincões do continente. Aceitemos, contudo, que não existe "uma" autonomia, mas que cada povo, cada setor social, a constrói a seu modo, segundo suas tradições e seus saberes, levando em conta suas necessidades concretas.

Por fim, gostaria de destacar que, do ponto de vista metodológico, Fábio vai além da investigação participante: tudo indica que levou a sério a frase zapatista que diz "nossa metateoria é nossa prática", que implica romper com a relação sujeito-objeto, herança colonial que coloca os povos na posição de cobaias de

3 Raúl Zibechi & Decio Machado. *Estados para a espoliação: do Estado de bem-estar ao Estado extrativista neoliberal*. Rio de Janeiro: Consequência, 2023.

laboratório, e, sobretudo, pressupõe que o pesquisador coloque seu corpo, seus desejos e sonhos no trabalho de campo. A pesquisa que sustenta este livro não é mais do mesmo; faz parte da ruptura epistêmica promovida por quem toma o partido dos povos, sem por isso abrir mão do rigor analítico. Trata-se de opções éticas, mais necessárias do que nunca nestes momentos tão difíceis e complexos para a humanidade, ao ponto de a própria sobrevivência parecer estar em jogo. Agradeço ao Fábio por este trabalho, que ajuda a iluminar o caminho das autonomias que fazem deste planeta um lugar onde é possível viver bem.

Raúl Zibechi
Montevidéu, dezembro de 2024

INTRODUÇÃO

Com um incrível poder de síntese, e entendendo a memória como mais uma frente de batalha, Walter Benjamin dizia que "a tarefa do historiador é escovar a história a contrapelo" (1987 [1940], p. 225). O filósofo apontava com essa afirmação a necessidade de desconstrução crítica da história dos "vencedores", de forma a compreendermos a gênese dos processos sociais que os tornaram senhores da memória e do esquecimento. Ciente de que os mortos não descansam enquanto os inimigos comemoram, tal desconstrução finalmente nos permite recuperar a história obscurecida dos vencidos, ou ao menos de como ou por que foram vencidos.

Retomando Benjamin, defendo que o papel de geógrafos e geógrafas deve também ser o de *escovar a geografia a contrapelo*. Nesse sentido, uma de nossas tarefas primordiais é trazer à tona as territorialidades soterradas pelo tempo, de forma a exumar do esquecimento aquelas *outras geografias*, violentamente apagadas dos mapas, desmistificando, portanto, a naturalidade conferida aos processos coloniais. Assim, ao buscarmos a genealogia desses processos e seus reflexos no espaço, temos subsídios não só para questionar a desigualdade entre as sociedades e os lugares, mas sobretudo para tensionar a geografia dos opressores. Desnaturalizar passa assim a significar a reconstrução histórica das relações sociais que configuraram o território nacional como hoje o conhecemos. Diferentemente do que tentam nos convencer, esse mapa reproduzido à exaustão não se deu sobre um espaço vazio e neutro, um deserto, mas sim com base na desterritorialização, na violência e no genocídio.

Nesse sentido, as geografias das sociedades indígenas na América Latina são fruto de um progressivo submetimento e de um despojo colonial, oriundo de um longo processo de conquista que segue até o presente. Sublinho que esse processo jamais foi finalizado: ele ainda se dá a olhos nus, seja no violento *front* onde o território ou os recursos são disputados, seja na arena política onde a batalha toma um contorno jurídico e legislativo (Alkmin, 2022).[4]

É justamente no contexto de expansão neoliberal dos últimos trinta ou quarenta anos que observamos a emergência de diversos movimentos indígenas na América Latina (Toledo, 2005; Cepal, 2006; Bengoa, 2007; Quijano, 2008; Porto-Gonçalves, 2009). Esses movimentos não se organizaram para reivindicar um pretenso retorno ao passado, mas, pelo contrário, para reafirmar sua existência presente, até então invisibilizada pela colonialidade. Por meio dessa emergência, esses movimentos denunciaram as políticas indigenistas assimilacionistas, a falta de democracia e os processos de despossessão territorial dos quais eram (e ainda são) alvos. Desde então, em muitos países latino-americanos, os movimentos indígenas se tornaram a principal força crítica em relação aos opressivos projetos de modernização.

Um divisor de águas no desenvolvimento desses movimentos foi o surgimento do Exército Zapatista de Libertação Nacional (EZLN), organização político-militar que se insurgiu em armas no México em 1º de janeiro de 1994. Ao longo

4 Embora os ataques aos direitos indígenas não sejam um fenômeno recente no Brasil, é fato inegável que em 2019, após a ascensão de Jair Bolsonaro ao poder, passamos a viver uma nova etapa desse processo, muitíssimo mais violenta. Não só tivemos um governo apoiando mudanças constitucionais em favor da exploração das terras indígenas, mas também defendendo a invasão direta desses territórios. Somam-se a isso o aparelhamento e o desmonte de órgãos de governo teoricamente responsáveis por fiscalizar e protegê-los, como a Funai, o Ibama e a Polícia Federal. Presenciamos, assim, a maior ofensiva política contra os povos indígenas brasileiros desde a ditadura militar (1964-1985).

das negociações com o governo, o EZLN passou a incorporar o conceito de "autonomia" em sua pauta política. Ao mesmo tempo que exigiam que o Estado mexicano reconhecesse constitucionalmente o direito indígena à autonomia, os zapatistas passaram a desenvolver na prática um processo autonômico em suas comunidades, como forma de resistência. Buscavam assim fazer frente à guerra contra os povos indígenas e à crise que se desenrolava no campo mexicano desde a década de 1970. As reformas estruturais de caráter neoliberal a partir da década de 1980, somadas à aliança do México com Estados Unidos e Canadá, após a adesão do país ao Tratado de Livre Comércio da América do Norte (TLCAN, ou Nafta, na sigla em inglês), selado entre os três países em 1994, só iriam potencializar a deterioração das condições de vida da maior parte dos mexicanos, em especial dos povos indígenas.[5]

Embora a discussão sobre "autonomia" não fosse necessariamente uma novidade no México, sua repercussão, a partir da insurgência zapatista, indicou às sociedades indígenas mexicanas uma possibilidade concreta de superação das relações de poder assimilacionistas desenvolvidas pelo Estado. Nesse sentido, cabe enfatizar que, antes de ser um resquício histórico do final do século XX, o EZLN se mostrou, acima de tudo, um reflexo político das contradições sociais que se abririam no século XXI.

Ressalto assim a grande atualidade do debate acerca das autonomias indígenas, questão pontuada por múltiplos enfoques e perspectivas. É interessante notar que a partir da década de 1990 esse debate também passou a ser desenvolvido por

5 Desde a assinatura do Nafta, a população mexicana vivenciou um crescente processo de precarização das condições de vida e trabalho. O México é apontado pela Comissão Econômica para a América Latina e Caribe (Cepal) como o país com um dos piores salários-mínimos da região (Cepal, 2014b, p.153-4). Não por acaso, um trabalhador mexicano mantinha em 2014 uma jornada média de cinquenta horas por semana, o nível mais alto do continente à época (Cepal, 2014b, p. 163).

outros movimentos indígenas na América Latina. Ainda que as autonomias possam ter significados distintos conforme cada organização ou país, é possível dizer que todas possuem um denominador comum: a ampliação de mecanismos de autodeterminação e controle político de seus territórios.

Na esteira dos debates oriundos dos próprios movimentos indígenas, diversos campos de estudo vêm se debruçando sobre a questão nas últimas duas décadas, como a antropologia, o direito, a história e a própria geografia. Levando-se em consideração esse crescente debate, busquei compreender neste livro as autonomias territoriais a partir de uma perspectiva anticolonial e socioterritorial, tomando como estudo de caso a experiência concreta zapatista. Ao completar 31 anos de existência pública em 1º de janeiro de 2025, o movimento zapatista se consolida como a experiência de autonomia indígena mais complexa e longeva no contexto latino-americano contemporâneo.

Meu objetivo foi, assim, analisar a organização territorial da autonomia zapatista e as relações socioespaciais ali travadas. Para isso, concentro-me aqui no que se refere à posse da terra e à divisão social do trabalho e da produção, tentando esquadrinhar, na medida do possível, inspirações para outros movimentos indígenas. Como veremos, a experiência zapatista se mostra fruto de múltiplas determinações, extremamente singulares. Entre elas estão a formação territorial mexicana, a história das sociedades indígenas no que hoje chamamos Chiapas, a crise do indigenismo mexicano, a guinada neoliberal do país e do mundo no último quartil do século XX, a atuação da Teologia da Libertação e, finalmente, a militância de organizações marxistas oriundas do centro do país.

A pesquisa que se transformou neste livro se baseou em uma considerável revisão bibliográfica, predominantemente de autores e autoras mexicanos. Além disso, realizei duas viagens a Chiapas (em 2012-2013 e em 2021), sobre as quais me detenho em detalhes mais adiante. Essas experiências deram coesão ao debate teórico, corrigindo possíveis falhas analíticas e/ou atualizando informações dispostas na bibliografia consultada na primeira edição deste livro. Busquei, além disso, amparar ao máximo meus argumentos em estatísticas ou informações quantitativas complementares. O objetivo dessa combinação foi o de compor, na forma mais apurada possível, tanto uma visão diacrônica da práxis autonômica zapatista, como da relação dialética entre essa práxis e o espaço geográfico em questão.

Desse modo, inicio minha reflexão com um capítulo chamado "Panorama ideológico da 'questão indígena' na formação dos Estados latino-americanos", que visa, ao modo de um extenso prólogo, introduzir criticamente o leitor ao debate da chamada "questão indígena" na região. Esse amplo recorte é proposital, pois, embora percamos com isso a nitidez dos processos nacionais ou regionais particulares, ganhamos em amplitude, constatando o caráter generalizado das estratégias de dominação utilizadas ao longo da história nesses diferentes países.

Busquei assim, em primeiro lugar, evidenciar alguns pressupostos ideológicos do submetimento ameríndio ao longo do processo colonial e das formações nacionais, cujos reflexos, embora nem sempre aparentes, permanecem socialmente arraigados até os nossos dias. Se no início esse processo se assentava em princípios teológicos, passou a ganhar nuances racistas ao longo do tempo, que viriam a ser inclusive legitimadas por pressupostos de caráter científico. Sobre esse último ponto, como exercício de autocrítica científica, procurei dissertar brevemente sobre a participação das ciências humanas na convalidação das ideias de "inferioridade racial" das sociedades indígenas. Como veremos, a geografia teria sua triste participação nesse processo através de teorias ligadas ao determinismo ambiental.

Após o declínio do conceito de raça, em meados do século XX, a ideia de "atraso cultural" passou a validar as chamadas políticas indigenistas, que visavam "assimilar" as sociedades indígenas ao seio da sociedade dita “nacional”. Fazendo um recorte específico do México, busquei entender criticamente as diversas fases desse indigenismo, evidenciando suas contradições e finalidades obtusas. Por fim, no âmbito da crise de tais políticas (não só no México, mas em muitos países que as adotaram), analisamos o surgimento generalizado na América Latina de organizações indígenas, especialmente a partir da década de 1980, período em que se localiza a gênese do próprio EZLN.

Realizada essa necessária introdução, passei a enfocar as particularidades históricas e geográficas de Chiapas, iniciando assim o segundo capítulo, “Formação territorial chiapaneca: da centralidade maia à periferia mexicana”. Buscando “escovar a geografia chiapaneca a contrapelo”, dediquei-me a uma reflexão acerca da formação histórica do território de Chiapas, visando entender as diversas modalidades e estratégias de despossessão territorial e mobilização da força de trabalho indígena ao longo do tempo. Para isso, relacionei tais processos aos ciclos econômicos da economia mexicana/chiapaneca, além de, dialeticamente, relacioná-los à estratégia das populações indígenas de enfrentamento desses desafios. Como ficará claro, a aristocracia rural chiapaneca se tornou refratária aos desdobramentos sociais da Revolução Mexicana, blindando por muitos anos os intentos de reforma agrária em Chiapas. Já no contexto contemporâneo, discuti os desdobramentos da insurgência zapatista em 1994 e a condição de Chiapas na atual divisão territorial do trabalho mexicano.

No terceiro e último capítulo, chamado “Territórios autônomos zapatistas: esboços de uma geografia anticolonial”, dediquei-me especificamente à questão das autonomias territoriais indígenas. Depois de contextualizar a apropriação desse conceito por parte do movimento zapatista em particular, e dos movimentos indígenas em geral, passei a analisar a tentativa de incorporação constitucional de um regime autonômico no México, por meio dos chamados “Acordos de San Andrés”. Discutindo o fracasso desse processo de diálogo, enfoquei minha análise na concretude dos "territórios autônomos zapatistas", isto é, na experiência autonômica particular desenvolvida pelos zapatistas em suas comunidades, a partir do descolamento político das instituições estatais. Examinei a territorialidade de tal autonomia, sua configuração socioterritorial, sua base produtiva, sua organização político-administrativa e, finalmente, buscando contribuir com o debate, tracei um balanço do que me parecem ser os atuais limites e a potencialidade antissistêmica dessa experiência.

Devo dizer que esse último capítulo foi bastante atualizado após meu novo trabalho de campo em Chiapas, em 2021. Como ficará evidente ao longo da leitura do livro, uma das principais características do movimento zapatista é sua capacidade de se transformar, no sentido de uma reinvenção criativa a partir dos desafios concretos apresentados pela conjuntura. As mudanças no cenário político mexicano e mundial entre 2013 e 2021 exigiram táticas particulares que se refletiram nas ações políticas zapatistas. Essas ações, por sua vez, se refletiram no espaço, como na expansão dos territórios rebeldes ocorrida em 2019. Tentei captar ao máximo essa dinâmica em minha segunda viagem a Chiapas, de forma a oferecer uma perspectiva contemporânea na edição do livro aqui apresentada.

Algumas breves considerações devem ser feitas. Utilizarei no presente texto o termo "EZLN" e "movimento zapatista" como sinônimos, ainda que, em uma análise mais criteriosa, o primeiro (o braço armado) seria uma parte do segundo (a organização político-militar). Tal escolha se faz porque, na prática, inclusive entre os próprios zapatistas, tais termos tendem a se mesclar. Nesse mesmo sentido, optei por não utilizar o termo "neozapatista", tanto por não ser a forma usual de os membros da organização se reconhecerem, como também por entender que tal designação, ao menos como definida por alguns pesquisadores, extrapola os recortes da pesquisa. Os pesquisadores que utilizam o termo apontam que este diz respeito a uma convergência entre o "movimento zapatista" e a "sociedade civil", isto é, os coletivos, organizações e movimentos indígenas e não indígenas, apoiadores do movimento chiapaneco (Millán, 2007, p. 403). Enfatizamos, desse modo, que, quando nos referimos ao movimento zapatista — ou ao EZLN —, fazemos estrita menção aos indígenas membros da organização.

A argumentação apresentada aqui aponta diversos desdobramentos e ramificações que, embora secundários, parecem-me informações importantes e necessárias a um leitor não familiarizado com o tema. Para satisfazer essa necessidade, lancei mão de um número bastante razoável de notas explanatórias, sempre que possível com fontes de informações alternativas e recentes, possibilitando uma proatividade crítica a partir de consultas e leituras complementares ao texto aqui apresentado.

Por fim, é pertinente um breve comentário acerca das limitações da pesquisa apresentada neste livro. Em um trabalho do tipo, as restrições de interpretação por certo são enormes, sejam elas epistemológicas, linguísticas, espaciais, históricas, culturais, bibliográficas etc. Não me isento de nenhuma delas e, buscando enfrentar tal desafio, direcionei ao máximo meu esforço para referenciar teoricamente o debate proposto. Ao mesmo tempo, para me abster de uma interpretação cientificista, privilegiei em muitos momentos as próprias vozes de indivíduos zapatistas, que são, afinal, os protagonistas e as protagonistas do processo aqui estudado.

Dessa forma, espero que as experiências aqui analisadas possam contribuir não só à reflexão acadêmica, mas também e sobretudo à aproximação dessa história de luta e resistência com os movimentos indígenas brasileiros. Derrubar a cerca de Tordesilhas sempre me pareceu algo atraente, e esse foi meu principal objetivo neste livro.

TRAVESSIAS MEXICANAS

O velho Antonio dizia que a luta é como um círculo.
Pode começar em qualquer ponto, mas nunca termina.
— Subcomandante Galeano

Toda viagem é única. E posso afirmar: não se caminha duas vezes sobre uma mesma estrada. A pesquisa apresentada neste livro só foi possível graças aos trabalhos de campo que realizei no México. Embora eles não tenham fornecido todas as respostas que eu buscava, posso afirmar que foram essenciais para saber quais perguntas eram de fato importantes. Como um velho professor dizia, a geografia também se faz com os pés. Tais passos se encontram esparsos, de forma evidente ou não, ao longo das linhas que seguem a travessia da reflexão aqui exposta.

Desde o início de minha pesquisa sobre o tema, fiz duas viagens ao México. A primeira, entre setembro de 2012 e março de 2013, propiciou-me toda a base empírica das reflexões que apresento aqui. A segunda, entre agosto e novembro de 2021, permitiu-me revisitar o zapatismo quase dez anos depois, fornecendo subsídios para a atualização da presente edição, originalmente publicada em livro em 2017. Inicio este relato contando um pouco sobre minha primeira "travessia".

Meu trabalho de campo se dividiu basicamente em duas etapas: uma teórico-bibliográfica, por assim dizer, e outra empírica. A primeira correspondeu a um período de dois meses na Cidade do México, onde fiz estágio de pesquisa no Centro de Investigaciones sobre América Latina y el Caribe (Cialc) da Universidade Nacional Autônoma do México (Unam). Fui apadrinhado pelo professor Jesús María Serna Moreno, pesquisador que se dedica ao estudo das relações entre Estado e sociedades indígenas, no contexto das formações nacionais latino-americanas. Na Unam, defini a bibliografia básica da minha pesquisa e a estrutura organizativa da dissertação.

Durante esse período, mergulhei na busca de novas fontes de informação e materiais de apoio, dedicando-me a levantar documentos cartográficos do estado de Chiapas. Em minhas andanças, tive a oportunidade de me encontrar com pesquisadores que se dedicam a temas correlatos, de onde surgiram novas reflexões para o desenvolvimento do projeto. Confesso que uma ponta de desconsolo e frustração me invadiu quando constatei que naquela época ninguém se debruçava sobre o tema zapatista no campo da geografia da Unam, levando-me a buscar diálogo com estudiosos de outras áreas, como a de estudos latino-americanos.

Aproveitei minha estadia na Cidade do México para entrar em contato com movimentos sociais. Circulando pela Unam, fiz amizade com alguns anarquistas que ocupavam o Auditório Autônomo Che Guevara. Com a agrupação autonomista Jóvenes en Resistencia Alternativa (JRA), viajei às montanhas do estado de Guerrero, no aniversário da Coordinadora Regional de Autoridades Comunitarias (Crac), conhecida como Polícia Comunitária, organização indígena popular de autodefesa territorial e justiça comunitária.

Aprendi muitíssimo nessa viagem. A Crac foi fundada em 1995, em um contexto de desmonte neoliberal das instituições estatais, corrupção, violência ligada ao narcotráfico e processos de despossessão por multinacionais. A organização tem como filiadas mais de cem comunidades indígenas e camponesas, politicamente desvinculadas do Estado, todas equipadas com armas e uniformes próprios. Esse sistema de justiça autônoma conseguiu, conforme relato de uma liderança, reduzir em 90% os crimes e delitos em relação ao período em que a "narcopolícia" era a responsável pela segurança pública da região.

Nesse contexto, o esvaziamento do Estado no panorama neoliberal da década de 1990, somado à crescente territorialização de facções ligadas ao narcotráfico, acabou por fomentar a organização de processos autonômicos em vários pontos da geografia mexicana. Isso se deu em especial nas comunidades indígenas, que acabaram por ver ampliados os processos de marginalização social e despossessão territorial que historicamente já vinham sofrendo. A Crac, no estado de Guerrero, é um exemplo disso, no âmbito da justiça e da segurança autônomas. A total desvinculação das instituições estatais, entretanto, trouxe consigo dificuldades econômicas para tais grupos, que se viram (e se veem ainda hoje) obrigados ao autofinanciamento para a manutenção de sua lógica autonômica.

A Crac busca fortalecer o controle indígena sobre o território, agindo em diversas frentes, desde o combate à instalação de grupos ligados ao narcotráfico até a inviabilização de projetos de mineração prejudiciais às comunidades afiliadas.[6] Ao final do evento, à moda dos zapatistas, um grande baile foi realizado em sinal de união e aliança.

No início de dezembro, finalmente segui viagem rumo a Chiapas, mas não sem antes passar pelo estado de Oaxaca, reconhecido por suas demandas autonômicas. Na capital do estado, um grupo de mais de cem indígenas do povo trique ocupava a praça central,

6 A mineração abarca grandes extensões territoriais no México, exploradas sobretudo por empresas canadenses. Segundo o advogado e ambientalista Francisco López Bárcenas, tal processo se potencializou a partir das reformas neoliberais do início da década de 1990, que serviram para flexibilizar os mecanismos de regulação dessa atividade no país. Ver "No México, a lei a favor da especulação mineral", *Brasil de Fato*, 24 out. 2013, p. 14.

expulsos pela violência paramilitar do Município Autônomo de San Juan Copala, estabelecido em 2007. Esses encontros me permitiram constatar que os processos de autonomia mexicanos não eram exclusividade dos zapatistas, mas sim uma estratégia política adotada por muitos grupos indígenas no país, cada qual desenvolvendo-a de maneira particular.[7]

Já em Chiapas, as situações exigiram uma reformulação praticamente diária da estratégia a ser seguida na pesquisa. Num primeiro momento, instalei-me em San Cristóbal de las Casas e comecei a buscar informações relacionadas ao EZLN. No entanto, a grande maioria das comunidades zapatistas se encontra no interior do estado e costuma ser refratária aos visitantes que surgem sem uma permissão dada pela Junta de Bom Governo (JBG), órgão administrativo dos municípios autônomos. As JBG atuam nos chamados "caracóis", espécies de centralidades político-administrativas dos territórios autônomos. Assim, fui aconselhado a buscar algum Caracol zapatista e me apresentar à respectiva JBG, de maneira a informar meus objetivos e pedir permissão para a visita.

Por uma feliz coincidência, o período da minha viagem a Chiapas coincidiu com o início de um ressurgimento público do EZLN, que havia passado anos em um processo hermético, concentrado no aprofundamento da autonomia nas comunidades rebeldes. No dia 21 de dezembro de 2012, enquanto eu estava em Chiapas, uma enorme marcha com nada menos que quarenta mil bases de apoio zapatistas marcou uma nova fase no processo autonômico conhecido até então como "Sexta". Esse

7 Como amostra das diversas expressões de autonomia no México, poderia citar, para além da Polícia Comunitária/Crac, o caso do município Ayutla de los Libres, no estado de Guerrero (autonomia municipal com gestão por usos e costumes), ou ainda o município de Cherán, no estado de Michoacán (autonomia municipal por via constitucional, com fundamentos antissistêmicos). Embora todas sejam experiências de autonomia territorial indígena, cada uma possui as próprias particularidades.

Fotografia 1 — Assembleia Geral da Crac.
Guerrero, México, outubro de 2012

novo contexto enriqueceu muito a pesquisa, não só pelas possibilidades que essa abertura apresentou para a compreensão da autonomia, mas também porque os zapatistas se mostravam cada vez mais dispostos a retomar um contato direto com a sociedade civil nacional e internacional. Essa postura de receptividade se materializou, por exemplo, no projeto da Escuelita Zapatista, que recebeu nas comunidades autônomas centenas de pessoas de várias partes do México e do mundo, em meados de 2013. Embora não tenha sido possível permanecer em Chiapas para participar desse processo de formação, a pesquisa tirou muito proveito dessa conjuntura política.

Em janeiro de 2013, entrei em contato com o Frayba, organização civil de San Cristóbal de las Casas que dá suporte jurídico às comunidades em conflito e possui papel ativo na busca do cumprimento dos direitos indígenas. Ali, alistei-me para as atividades de observação internacional de direitos humanos. Depois de passar por uma formação, tive uma inesquecível experiência em uma comunidade zapatista, na zona correspondente ao Caracol de Morélia, na qual fui acolhido com outros cinco colegas "observadores". Naquele território, tive todo o tempo necessário para me aproximar das bases de apoio e vivenciar um pouco de suas atividades cotidianas, conversando e convivendo, compartilhando refeições e silêncios. E assim as coisas ficaram mais compreensíveis para mim.

Uma característica importante do EZLN — por vezes esquecida, embora óbvia — diz respeito a uma questão geracional. Vejam, estamos falando de um movimento social com 31 anos de existência pública, e 42 anos desde sua fundação, em 1983. Assim, os zapatistas que atualmente ocupam as linhas de frente do movimento são filhos ou netos daqueles que se levantaram em armas em 1994. Pelo fato de terem sido criados nas comunidades autônomas, esses jovens receberam uma formação alternativa à escola oficialista mexicana. Ainda que em muitos casos restrita ao ensino fundamental, a educação zapatista propiciou a essa nova geração uma perspectiva crítica em relação à história do México (e do estado de Chiapas) e à opressão sofrida pelas sociedades indígenas na formação da sociedade mexicana, temas em geral desconsiderados pela história oficial presente nos currículos educacionais do Estado.

Após essa pequena etnografia política, tive a oportunidade de visitar dois caracóis zapatistas: Oventic e Morélia. Permaneci duas noites no último, onde pude realizar uma entrevista com a Junta de Bom Governo Corazón del Arco-Iris de la Esperanza, ali em atuação. A JBG discutiu por volta de duas horas minhas dez perguntas e, na hora de respondê-las, cada membro ficou responsável por uma delas, dando espaço para todos e todas exporem suas opiniões. Dois zapatistas não falavam espanhol, tendo suas respostas traduzidas por seus colegas bilíngues. Disponibilizo aqui, a partir de meu caderno de campo, um fragmento escrito no calor do momento, durante essa travessia:

Uma fria cortina negra cai sobre o sudeste mexicano, é a noite do dia 22 de janeiro de 2013. Escrevo estas palavras à luz de uma vela cintilante, na zona rural do pequeno município de Altamirano, Chiapas. Rumo ao nascente, a menos de dez quilômetros, quem tiver sorte poderá ver a lua (quase) cheia nascendo atrás da famosa Sierra de Corralchén, que pouco a pouco vai reduzindo sua altitude, dando lugar à massa verde e úmida da Selva Lacandona. Há quase vinte anos, em maio de 1993, essa região foi palco do primeiro enfrentamento das forças militares mexicanas com o então desconhecido Exército Zapatista de Libertação Nacional (EZLN), que na ocasião ainda se preparava para o levante, que se daria sete meses depois.

Mas agora os tempos são outros, e, apesar de a violência continuar, os zapatistas já não hesitam em existir, possuindo inclusive endereço fixo. Estou no Caracol zapatista Torbellino de Nuestras Palabras, mais conhecido como Morélia. Aqui, a partir de um sistema rotativo de turnos, dezenas de zapatistas — homens, mulheres e crianças — se revezam em diversas tarefas coletivas: cozinhar, limpar, vigiar, acompanhar os municípios zapatistas, relatar agressões paramilitares, articular a autonomia etc. O pequeno galpão de madeira que nos acolhe é um confuso palimpsesto: recados em várias línguas preenchem todos os espaços, com exceção das telhas de zinco e do chão de cimento queimado. Muitas pessoas já passaram por ali, y dios, *me pego imaginando quem seriam essas pessoas, de onde vieram e onde estariam naquele momento. Uma frase escrita à caneta perto da tábua onde me ajeito pra dormir diz:* don't fight against the players, fight against the game *[não lute contra os jogadores, lute contra o jogo]. Ao longe se ouvem risos, música com marimbas, conversas em tzeltal, às vezes em tzotzil. "A luta não pode ser triste", penso comigo, "o mundo já é triste o bastante, e é contra esse mundo que lutamos."*

Mas não consigo dormir, então saio e abraço o inverno mexicano. Acendo um cigarro e pacientemente tento compreender em que lugar do mundo havia chegado, tão distante do Brasil. A vida é assim, vai te chamando, e ao final te carrega a lugares nunca antes imaginados, como querendo lhe dizer algo. O céu estampa infinitas estrelas que, diferentes das do sul, parecem não cintilar, mas brilhar estáticas. Uma mulher com longos cabelos negros se aproxima de repente, e me diz: "capel compa, capel". *Havia aprendido que* capel *é café em tzeltal... Meio inseguro arrisco um* "hocolawal compa", *que foi como me ensinaram a agradecer. Ela sorri satisfeita e se vai, e eu me sinto contente e feliz.*

Na cozinha coletiva uma grande panela ferve o tradicional café de olla *chiapaneco, enquanto uma criança se aquece perto do fogão à lenha, hipnotizada pelo braseiro. Um senhor de idade se aproxima e pergunta a uma colega da brigada,* ¿de quien es la guitarra?, *como nos pedindo uma música. Um* compa *colombiano, também acordado, manifesta-se lá fora e começa a afinar o violão. Uns goles de café e em poucos minutos a música toma conta da cozinha, atraindo cada vez mais pessoas. Na terceira música, uma grande roda já se formou, e todos sorriam satisfeitos e curiosos. Ao som de Victor Jara, uns quinze minutos depois, já éramos um só canto, e todos se permitiam apenas ser, isso mesmo, apenas ser.*

Nessa noite, distante de um mundo que todos odiávamos, nos sentíamos estranhamente contentes, simplesmente por estar onde estávamos, fazendo o que estávamos fazendo: vivendo, compartilhando. Ao ver todas aquelas pessoas tão iguais e diferentes, ao vê-los especialmente sem os pasamontañas, *como pessoas reais e não só como insurgentes zapatistas, ao vê-los sorrindo mesmo rodeados de escassez e perseguição, compreendi o longo caminho que tiveram que caminhar para chegar aonde estávamos. Uma palavra deu o gosto ao café nessa noite inesquecível de minha vida: "dignidade". Uma dignidade simples e sincera, que só foi conquistada mediante a rebeldia e o fogo.*

Um rapaz aparece às seis da manhã em nossa porta e dá um grito forte, mas singelo: buenas, compa!, *e desaparece. Despertamos rápido, e voamos para o* capel, *dessa vez acompanhados de* atole, *uma espécie de mingau de milho. O sol começa a dissipar a névoa branca tão típica de Chiapas, iluminando os galpões do Caracol, revelando quão desenhados e coloridos eram. Vejo a Junta de Bom Governo reunir-se em uma pequena casa de alvenaria, depois de retirarem uma serpente de lá de dentro. Duas horas depois nos convidam a entrar na sala. Cinco indígenas zapatistas nos recebem em uma grande e rústica mesa de madeira:* Bienvenidos, amigos, somos la junta Corazón del Arcoíris de la Esperanza.

Uma imensa pintura de Emiliano Zapata está atrás deles, armas em mãos, montado em seu cavalo, ao lado de uma bandeira mexicana e outra zapatista. Abaixo, os dizeres "Terra, Trabalho, Liberdade". Ao lado direito da sala umas seis pessoas nos cumprimentam, homens e mulheres tzeltal e totzil. Na parede à esquerda, três fotografias me desviam o olhar: no centro, a de um grupo de umas trinta pessoas, a atual Junta de Bom Governo, eleita para exercer o cargo entre 2011 e 2013; ao lado, outra foto de Emiliano Zapata, possivelmente tirada na Revolução Mexicana, com uma espada na mão esquerda, e um rifle na direita; a terceira foto é de Che Guevara, em algum lugar dessa imensa pátria estendida que é a América Latina. Uma criança chora insistentemente: todos se olham, mas ninguém cogita retirá-la de lá. "Precisamos aprender a deixar as crianças chorarem mais, para aprenderem desde cedo as dores e alegrias do mundo", penso rapidamente comigo.

Após algumas palavras, nos dizem que se reuniram e ponderaram pacientemente um pedido de entrevista que eu havia feito quando chegara. Disseram que iriam me responder de maneira coletiva. Um homem de uns quarenta anos toma a palavra e se apresenta, ele é o primeiro a responder. Olhando pacientemente cada um nos olhos, respira pausadamente, e nos diz:

> *Nos perguntam o que é a autonomia, e por que por ela lutamos. A autonomia é isso que vocês estão vendo, é o que estamos fazendo aqui: viver e trabalhar por nossas necessidades, não pelos interesses do governo, não para que ele venha impor o que somos e do que necessitamos. Nós, homens, mulheres e crianças, buscamos melhorar nossa condição de vida, não dependendo do mau governo, mas a partir de nós mesmos, de dentro para fora. Autonomia quer dizer que nós mesmos nos governamos em nossas comunidades, que "mandamos obedecendo", que decidimos nosso próprio futuro. Aqui ninguém ganha salário, trabalhamos porque fomos designados por nossas comunidades, e aqui estamos. Somos pessoas humildes, como vocês percebem, mas estamos buscando nós mesmos a solução de nossos problemas, não teorizando, mas fazendo na prática, aprendendo neste caminhar. Estamos levando adiante a autonomia da educação, da saúde, da agricultura, porque já cansamos de ser explorados... E queremos seguir existindo, como indígenas que somos. Antes de 1994, nós não fazíamos parte deste país; antes, nós, indígenas, os verdadeiros habitantes destas terras, éramos invisíveis... Temos muitos problemas, como puderam ver na comunidade, mas posso dizer com toda a sinceridade, pois não há motivo para mentir, estamos muito melhor que antes de 1994.*[8]

8 Junta de Buen Gobierno Corazón del Arco-Iris de la Esperanza. Depoimento concedido em 23 jan. 2013 ao autor, no Caracol Zapatista IV (Morélia), Altamirano, Chiapas, México.

Depois dessa intensa experiência, retornei à cidade de San Cristóbal de las Casas, onde permaneci por mais dois meses, dedicando-me à busca de mais bibliografia, dessa vez em bibliotecas regionais. Nesse período, tive a possibilidade de conhecer o Centro Indígena de Capacitação Integral — Universidade da Terra (Cideci-Unitierra), projeto intercultural de forte engajamento na experiência zapatista, e nele Raymundo Sánchez Barraza (ânimo!). A partir desses encontros realizei entrevistas com pesquisadores e ativistas sociais dedicados à questão das autonomias indígenas.

Vivenciar o universo dos territórios autônomos me permitiu desmistificar os enigmáticos sujeitos que se escondiam por trás das emblemáticas balaclavas negras e *paliacates* que se tornaram símbolos da resistência indígena na América Latina. Tal experiência única e visceral me possibilitou testemunhar — e aqui sublinho a importância disso em um mundo que supervaloriza a produtividade e a hiperconectividade — momentos tão íntimos que nenhuma obra acadêmica ou livro poderia transmitir: desde dividir um humilde café com *tortilla* com alguns *compas*[9] em uma tarde fria e chuvosa até participar de uma inusitada partida de basquete, em que, ao lado de um argentino, fui vencido por um time cujo zapatista mais alto mal ultrapassava 1,60 m. Embora possa parecer evidente, a compreensão de que aquelas pessoas foram capazes de se organizar, pegar em armas e se insurgir contra um sistema que há tanto tempo as oprimia serviu para revigorar e reacender a coragem do mais pessimista dos céticos. Foi ao estar face a face com a força de vontade e a determinação que permeia os zapatistas que pude, afinal, vislumbrar a verdadeira materialidade dessa resistência autonômica.

Muitas coisas aconteceram desde então, inclusive a publicação da pesquisa em forma de livro, em 2017. Sinceramente, quando, já de volta ao Brasil, passava minhas tardes na biblioteca da Facul-

9 *Compa* é a maneira como os zapatistas se identificam uns aos outros.

dade de Filosofia e Ciências Humanas (FFLCH) da Universidade de São Paulo (USP), no duro trabalho de escrita, não imaginava que haveria tanto interesse pelo tema no país. Essa grata surpresa me deu ânimo para seguir pesquisando as autonomias indígenas. Iniciei meu doutorado em geografia humana em 2018, na USP, com um projeto sobre autonomias indígenas na Amazônia brasileira, um tema fascinante e pouco pesquisado. Também me vinculei ao Grupo de Trabalho Povos Indígenas, Autonomias e Direitos Coletivos, do Conselho Latino-Americano de Ciências Sociais (Clacso), o que me permite até hoje uma rica troca com pesquisadores de vários lugares da América Latina. Finalmente, voltei ao México em 2021, no contexto de um novo estágio de pesquisa no Cialc (o mesmo lugar que me recebeu da primeira vez), dessa vez recepcionado pela professora Gaya Makaran, que desde então tem me dado apoio incondicional em minha busca por compreender as autonomias indígenas no Brasil e na América Latina.

Embora meu objetivo dessa vez fosse mais teórico, realizei algumas viagens pelo México para me aproximar de outras experiências autonômicas, que, aliás, só se multiplicaram na última década. Pude conhecer a experiência de Cherán, em Michoacán, onde indígenas purépecha desenvolvem um interessante processo de autonomia municipal desde 2012, e que sem dúvida traz novos elementos à discussão aqui apresentada, já que se trata de uma autonomia urbano-rural. Agradeço à *compa* Daniela Parra por gentilmente ter me levado a Cherán, assim como a Yunuén Torres Ascencio por ter nos propiciado uma tarde de histórias e milho assado na *milpa* de sua família.

Também pude passar uma nova temporada em Chiapas, revisitando velhos amigos e me informando sobre a atual situação dos zapatistas. Nasce daí a atualização desta segunda edição do livro. Como é sabido (e pode ser facilmente sentido), a América Latina deu um grande giro nos últimos dez anos. Se em minha primeira viagem, em 2012, o Brasil havia ultrapassado o PIB do Reino Unido, tornando-se a sexta economia do mundo, em 2021

Fotografia 2 — Aviso em uma das entradas do município autônomo de Cherán K'eri, em Michoacán. México, setembro de 2021

o país sofria uma crise generalizada e era tristemente fustigado pela pandemia de covid-19. Isso para não mencionar o golpe parlamentar de 2016 e a guinada fascista promovida por Jair Bolsonaro, inclusive com a ascensão de grupos de apoiadores neonazistas, o que trouxe uma série de retrocessos sociais, políticos, econômicos e ambientais. O México, por sua vez, conseguiu em 2018 eleger Andrés Manuel López Obrador, um candidato de centro-esquerda, a princípio mais sensível às causas sociais, embora também eivado de contradições. Por mais que soubesse, como brasileiro, que a história do "progressismo" jamais termina bem, era perceptível um clima de otimismo, sobretudo na população das grandes cidades mexicanas.

No entanto, entre os povos indígenas mexicanos, o desalento em 2021 era tanto ou até maior do que antes, pois, como me disse um entrevistado de Chiapas, os "inimigos não eram tão evidentes". Os megaprojetos de infraestrutura da chamada "4T", ou "Quarta Transformação", vêm aprofundando os processos de despojo e desterritorialização em muitas comunidades indígenas no México. No caso específico de Chiapas, a construção do chamado "Tren Maya" tem causado uma série de problemas aos próprios indígenas maia que vivem na região, sendo inclusive combatida pelo movimento zapatista.

O estado de Chiapas, em particular, passou por grandes transformações nesse período. Em San Cristóbal de las Casas, por exemplo, o turismo tem sido responsável por um intenso processo de gentrificação, o que tem levado à expulsão da população local do centro histórico da cidade. Os tradicionais restaurantes de *comida corrida*, típicos do comércio familiar mexicano, estão sendo substituídos gradualmente por cafés *gourmet* e restaurantes estrangeiros, destinados aos turistas abastados. Em alguns locais de "San Cris", é mais fácil encontrar uma pizza italiana ou um crepe francês do que um taco mexicano.

A violência também aumentou, sobretudo pelo avanço do narcotráfico no estado. Em 2021, pelo menos quatro organizações criminosas disputavam o controle da região: os cartéis de Sinaloa, de San Juan Chamula, Jalisco Nueva Generación e Los Zetas. Dessa vez, ao contrário de 2013, vários pedidos de entrevista foram negados por medo de represálias. Ninguém queria se expor, e, quando alguém se animava a me contar algo, pedia anonimato. O México tem um dos maiores índices de assassinato de jornalistas, acadêmicos e ativistas no mundo. Durante o período em que estive em San Cristóbal, um jornalista foi executado em frente à sua casa às oito horas da noite.[10]

Apesar de tantos desafios, os zapatistas seguem na luta por território e autonomia, inclusive criando novos caracóis e municípios autônomos, como ocorreu em agosto de 2019. Com a ajuda de Diana Itzu, uma companheira militante de Chiapas, fiz questão de elaborar um mapa atualizado, o qual incluo na presente edição. Até onde sei, esse mapa é inédito. Os zapatistas também romperam o cerco internacional em 2021, a partir da chamada "Travessia pela Vida", quando pela primeira vez uma delegação zapatista percorreu o continente europeu, trocando aprendizados e estreitando a luta com organizações antissistêmicas locais. Abordarei um pouco dessas importantes iniciativas de ampliação do território-rede zapatista na escala global.

Assim, convido a quem porventura esteja lendo estas palavras a me acompanhar nesta travessia pelos territórios zapatistas. Que possamos chegar mais fortes ao outro lado, sabendo que não estamos sós.

10 "Asesinado de un disparo el periodista Fredy López Arévalo en San Cristóbal de las Casas", *El País*, 29 out. 2021.

1

PANORAMA IDEOLÓGICO DA "QUESTÃO INDÍGENA" NA FORMAÇÃO DOS ESTADOS LATINO-AMERICANOS

— Curso elementar de Consciência de Classe? Vamos ouvir isso um pouco mais alto. Na extremidade da sala, um alto-falante sobressaía da parede. O Diretor foi até ele e apertou um botão: "Francamente, estou contentíssimo de ser um Beta, porque não trabalho tanto. E, além disso, somos muito superiores aos Gamas e aos Deltas. Os Gamas são broncos. Eles se vestem de verde, e as crianças Deltas se vestem de cáqui. Oh, não, não quero brincar com os Deltas. E os Ípsilons são ainda piores. São demasiado broncos para saberem...".
— Eles ouvirão isso repetido mais quarenta ou cinquenta vezes antes de acordarem; depois, outra vez na quinta-feira, e novamente no sábado. Cento e vinte vezes, três vezes por semana, durante trinta meses [...] até que, finalmente, o espírito da criança seja essas coisas sugeridas, e que a soma dessas sugestões seja o espírito da criança. E não somente o espírito da criança. Mas também o adulto, para toda a vida. O espírito que julga, e deseja, e decide, constituído por essas coisas sugeridas. Mas todas essas coisas sugeridas são aquelas que nós sugerimos, nós! O Diretor quase gritou, em seu triunfo.
— Que o Estado sugere.
Bateu com a mão na mesa mais próxima.

— Aldous Huxley, *Admirável mundo novo* (1932)

1.1. Comunidades indígenas frente às comunidades imaginadas: considerações acerca da "questão étnico-nacional" na América Latina

O zapatismo é um sintoma revelador de algo muito mais profundo. Para entender sua origem e emergência, precisamos primeiro compreender os recursos ideológicos que legitimaram o submetimento dos povos ameríndios durante a formação dos Estados latino-americanos. Embora cada país tenha suas particularidades nesse quesito, há pontos em comum que nos ajudam a entender a dimensão desse problema em escala regional. Essas ideologias desterritorializaram as populações ameríndias no passado, marginalizando-as, e continuam a fazê-lo no presente.

Para alguém que vive na América Latina, é comum deparar-se, de tempos em tempos, com a expressão "questão indígena". O tom do discurso quase sempre possui um fundo econômico, geralmente relacionado a conflitos territoriais. A abordagem desses conflitos pela grande imprensa tende a adotar um viés tendencioso, parcial e dualista, opondo, por exemplo, "progresso" e "atraso", reificando dessa forma uma postura tutelar que nega a palavra aos próprios indígenas (Bittencourt, 2004). Tal retórica, cujo público-alvo é predominantemente urbanizado e muitas vezes permeado de preconceitos inconscientes, acaba cumprindo o papel de mantenedora de ideologias e estereótipos racistas, vale dizer, há muito invalidados pelas ciências humanas. Nesse sentido, tais meios de comunicação tendem a omitir, quando tratam da "questão", vários fatores que serviriam para contextualizar criticamente esse *processo*.

Ocultam-se a história e a geografia desses grupos, consequentemente seu processo de submetimento ao jugo colonial/estatal, assim como a lógica espoliativa de suas terras no processo de formação territorial dos Estados-nação. O eufemismo anacrônico "descobrimento do Brasil" ou ainda a expressão "deserto verde" para se referir à Amazônia são bons exemplos de como o Brasil apaga cotidianamente os indígenas do mapa. Como se não bastasse, esse senso comum tende a imobilizar os atributos culturais que definem a alteridade indígena, de modo que a cultura — como sabemos, algo extremamente dinâmico no tempo e no espaço — acaba sendo deslegitimada, quando não referida à pré-modernidade concebida idealmente por tais discursos.[11]

Deve-se notar que esse processo é fato presente no cotidiano político não só do Brasil mas de muitos países latino-americanos, em especial naqueles que ainda contam com áreas de expansão de interesse para a valorização capitalista, como o México. Desnecessário comentar que o tema em que aqui me debruço é um verdadeiro campo de batalhas — não só ideológico — com nítidos interesses políticos, econômicos e fundiários.

O próprio uso corrente da expressão "questão indígena" pode servir como indicativo da perspectiva adotada pelo Estado em relação aos povos indígenas. Lembremos que "questão" significa nada menos que um ponto ou um problema a ser resolvido. Assim, a existência e a perpetuação das sociedades indígenas parecem ser encaradas tanto como uma ameaça político-militar quanto como um entrave para a reprodução das forças produtivas capitalistas, dentro da lógica liberal do moderno Estado-nação.

Teorias sociais positivistas da segunda metade do século XIX e de considerável parte do século XX advogavam que as sociedades indígenas estariam fadadas ao desaparecimento, quando não

11 Esse estereótipo está arraigado e é reproduzido na cultura dos países latino-americanos. No Brasil, por exemplo, tornou-se comum "comemorar" o "dia do índio" nas escolas, na maioria das vezes representando-os como personagens do passado. Dessa forma, as crianças aprendem desde cedo que o "indígena" e a "modernidade" são conceitos antitéticos, sem dúvida uma mentira muito oportuna ao agronegócio e à mineração.

diretamente físico, pelo menos social, engolidas pela marcha inexorável do progresso nacional. Segundo essa perspectiva, caberia aos Estados-nação apenas administrar o processo de assimilação, transformando-os em camponeses e posteriormente em pequenos produtores ou trabalhadores alinhados à lógica cultural nacional.

Não obstante tais previsões, os dados concretos apontam justamente o contrário, demonstrando não só a invalidez de tais construções teóricas, mas, sobretudo, como até que ponto estavam permeadas de juízos racistas e etnocêntricos. Apesar das dificuldades de classificação, estima-se que a atual população indígena mundial no início do século XXI gire em torno de 350 a 400 milhões de indivíduos, com taxas de crescimento na maioria dos países (Cepal, 2006). Na América Latina, de acordo com os dados mais recentes da Comissão Econômica para a América Latina e Caribe (Cepal), os indígenas somam 45 milhões de pessoas, representando 826 grupos reconhecidos, distribuídos em praticamente todos os países do continente (Cepal, 2014a, p. 43-4). No Brasil, conforme o Instituto Brasileiro de Geografia e Estatística (IBGE), os indígenas passaram de 294 mil indivíduos em 1991 para mais de 1,6 milhão em 2022, conforme os dados preliminares do último Censo.

Os nacionalismos cumpriram, dessa forma, um papel histórico específico dentro da formação dos modernos Estados-nação. Ao mesmo tempo que permitiram a legitimação necessária à definição de fronteiras e à consequente consolidação dos territórios estatais, embasaram o controle colonial do Estado sobre as populações circunscritas ao interior dessas fronteiras, quer se reconhecessem sob sua jurisdição ou não. As classes sociais que detinham a hegemonia política do Estado acabavam, assim, atuando como os únicos e verdadeiros intérpretes da multiplicidade étnica e cultural que possuíam sob sua administração.

Conforme Toledo (2005), o período pós-independentista é um dos quatro grandes ciclos de crise que as sociedades indígenas na América Latina atravessaram, a saber: (i) a conquista no século XVI; (ii) as reformas bourbônicas no final do XVIII; (iii) a expansão das repúblicas liberais na segunda metade do século XIX; e (iv) os ajustes estruturais globais de caráter neoliberal, do final do século XX. Com efeito, como salienta Manuela Carneiro da Cunha (1992), é a partir de meados do século XIX que as terras ocupadas pelos povos indígenas se tornam cada vez mais cobiçadas, dando-se início ao processo de desterritorialização que segue até nossos dias.

Na perspectiva da geografia política, esse despojo se dá pela mobilização econômica dos chamados "fundos territoriais" ao longo da formação territorial estatal.[12] Buscarei aqui evidenciar as bases ideológicas desse processo. Começaremos bem se conseguirmos nos desvencilhar, já de antemão, das interpretações românticas que tendem a pairar sobre certas análises das sociedades indígenas — influência, em boa medida, do indianismo literário do século XIX. Essas perspectivas entendem a identidade como uma "coisa", uma essência imutável, um modelo fixo na história. Ao contrário dessa interpretação, entendo que as sociedades indígenas são configurações socioculturais contemporâneas, cuja alteridade vem experimentando modificações e readaptações ao longo do tempo. Assim como ocorre nas sociedades não indígenas, tais mudanças são lastreadas em uma continuidade, um fluxo, uma memória, não significando necessariamente a perda dos atributos culturais que definem tal identidade (Cunha, 2009, p. 259). Um português contemporâneo não deixa de ser e se sentir português por não se vestir igual a seus conterrâneos do século XVI, assim como um guarani não deixa de ser um guarani por usar um telefone celular.

12 Na perspectiva da geografia política, os "fundos territoriais" são áreas politicamente vinculadas ao Estado, mas economicamente pouco integradas ao restante do território, funcionando, nesse sentido, como reservas de espaço para uma futura expansão e mobilização econômica (Moraes, 2011, p. 75-6).

Em segundo lugar, as sociedades indígenas, salvo raras exceções, estão vinculadas ao sistema econômico e político do resto da sociedade nacional. Participam, portanto, da estrutura de classes inerente à sociedade capitalista. Nesse sentido, entendo que as identidades de classe, etnia e gênero se mesclam, complexificando os processos de submetimento socioeconômico e sociocultural, que devem ser considerados de maneira simultânea e interseccional (Sánchez, 1999, p. 107-8).

Por fim, apesar de esta pesquisa dizer respeito ao México, buscarei nesta seção, na medida do possível, extrapolar esse recorte a outros países latino-americanos. Não obstante as evidentes particularidades nacionais, acredito que muitos desses países tiveram processos paralelos quanto ao objetivo de dar certa unidade política ao Estado-nação e consolidar/desenvolver o modo de produção capitalista no interior de seus territórios, que é, afinal, o grande xis da questão.

1.1.1. Sistema de castas: um pressuposto colonial conveniente

Para compreendermos o papel legado às populações ameríndias na estrutura social da América independente, devemos inevitavelmente nos remeter ao processo de colonização, que, etimologicamente, trata-se de "ocupar um novo chão, explorar os seus bens, submeter seus naturais" (Bosi, 1992, p. 11-5). A subordinação ameríndia aos colonizadores, tanto em termos de espólio territorial e material quanto de apropriação dos corpos enquanto força de trabalho, deu-se não somente por simples coerção direta, mas também pelo estabelecimento de uma base ideológica que lhe dava sustentação moral e teológica.

Criou-se nessa relação entre metrópole e colônia uma alteridade social interessante à subordinação das populações originárias, as quais ficariam conhecidas genericamente como "índios", independentemente de suas particularidades históricas e culturais. Destarte, antes de mais nada, devemos entender que previamente à chegada dos europeus não havia, no que hoje chamamos de América, uma população homogênea de "índios", mas sim centenas ou milhares de grupos étnicos particulares, que viriam a originar as etnias que hoje conhecemos como Mapuche, Tzeltal, Guarani, Ianomâmi etc. Embora o uso da categoria "índio" tenha se generalizado, podendo ter atualmente um peso político interessante para os indígenas em certos espaços e ocasiões, devemos nos atentar ao fato de que esse conceito é supraétnico, portanto generalizador, não denotando assim nenhum conteúdo específico, mas, simplesmente, reforçando uma condição de alteridade em relação ao colonizador (Batalla, 1995, p. 342).

O esforço para submeter os indígenas, embora paulatinamente naturalizado, possuía um claro motor econômico, mantido com esmero pela aristocracia colonial e pelo redencionismo cristão. Nesse sentido, não obstante as conhecidas premissas teológicas da evangelização, a população indígena era vista como mera força de trabalho. Ao desconsiderar-se por completo a historicidade dessas sociedades e, por vezes, sua própria humanidade, passava-se a enquadrá-las como parte da natureza, isto é, como atributos naturais da geografia a ser conquistada, sendo consideradas, inclusive, um tipo de espólio privilegiado da conquista (Chaunu, 1984, p. 243). O antropólogo Claude Lévi-Strauss, em seu célebre *Raça e história*, diz que, enquanto os indígenas das ilhas da América Central se perguntavam se os espanhóis recém-chegados eram deuses ou homens, os brancos, por sua vez, interrogavam-se se os indígenas eram animais ou humanos.

Tudo isso não quer dizer, entretanto, que as populações ameríndias tenham sido passivas durante o processo colonial. Pelo contrário, fizeram parte da construção social das colônias, inclusive com grupos compactuando com os agentes colonizadores, quando essa agência indígena parecia interessante aos europeus. Lembremos que o contato era algo totalmente novo, incerto, e que a aliança com os europeus — fosse por critérios políticos, econômicos ou mesmo míticos — poderia parecer algo interessante dentro das disputas de poder entre esses mesmos grupos. Seja como for, tal estratagema permitia sempre a subordinação dos indígenas em relação ao colonizador branco europeu, ou ainda aos seus descendentes nascidos na América.

Devido ao extenso processo de miscigenação nas colônias americanas do império espanhol, a submissão baseada apenas na diferença subjetiva entre "índios" e "espanhóis" se tornou problemática com o passar do tempo. No início do século XVII, a metrópole institucionalizou uma lógica de poder baseada em critérios pigmentocráticos, conhecida como "sistema de castas" (Navarro Garcia, 1989), que estabelecia uma estratificação hierárquica dos grupos sociais existentes na colônia de acordo com a proporção de sangue espanhol. Portanto, os direitos atribuídos a uma pessoa estavam diretamente relacionados à sua casta, sendo os espanhóis brancos os mais poderosos, enquanto os africanos escravizados ocupavam a base do sistema. Entre brancos e negros, havia pelo menos uma dúzia de variações, incluindo os indígenas e diversas formas possíveis e imagináveis de mestiçagem.

Partindo desse pressuposto, Aníbal Quijano (2008, p. 108) afirma que a "questão indígena" na América só faz sentido se discutida em relação à colonialidade do padrão de poder vigente, especialmente ao que chama de "eurocentramento". Nessa perspectiva, entende-se que a Europa Ocidental ganhou um papel central na produção da modernidade, visto que, a partir da racialização das relações sociais estabelecidas com o resto do mundo, acabou por naturalizar os processos de dominação produzidos pela conquista e pela colonização, logrando desse modo tornar hegemônicas suas ideologias políticas, econômicas e culturais nos territórios por ela colonizados.

A crítica de Quijano não endossa um "fundamentalismo latino-americanista", já que é inegável que a modernidade europeia trouxe avanços técnicos e sociais. O que o autor afirma é que a dominação europeia se baseou em um padrão de poder, operado mediante a imposição de uma identidade racial e da exclusão das demais formas de subjetividade e de produção cultural e econômica. Essa imposição teve como consequência a marginalização e a exploração das populações indígenas e afrodescendentes, que foram submetidas a um regime de opressão colonial caracterizado por relações de trabalho forçado e por um sistema de castas que visava manter essa estrutura intacta ao longo do tempo.

Posteriormente, essa ordem colonial foi transferida para os Estados nacionais latino-americanos, que reproduziram os mesmos padrões de poder e subordinação que foram estabelecidos durante a colonização. Para o autor, tal processo serviu como lastro histórico para a instauração do moderno sistema produtor de mercadorias, com suas consequentes repercussões no sistema-mundo contemporâneo.

1.1.2. Nacionalismos *criollos* e eurocentrismo

Ainda que não institucionalizado, o sistema de castas colonial permaneceu vigente após a onda independentista das colônias espanholas, na primeira metade do século XIX (Favre, 1999). Isso se deu porque o controle do aparato estatal não ficou nas mãos dos indígenas (ou dos afrodescendentes), subalternos nessa classificação, mas sim nas dos *criollos*,[13] a casta mais alta depois dos espanhóis. Assim, os pressupostos coloniais da supremacia racial e cultural branca, de interesse desses últimos, acabaram

13 Filhos de espanhóis nascidos na América e membros das elites hispano-americanas.

operando e sendo reproduzidos nas novas repúblicas (Quijano, 2008, p. 109).

De tal sorte, a aristocracia latifundista da América hispânica, composta majoritariamente por brancos e estabelecida como classe economicamente hegemônica na época, acabou por conservar mais ou menos intactos seus direitos sobre a terra e, por consequência, seu domínio sobre as comunidades indígenas (Mariátegui, 1976). O regime de propriedade latifundista acabaria por blindar e reproduzir certas relações sociais e de produção originalmente coloniais, como formas compulsórias de trabalho e tributação, com todo tipo de violência material ou simbólica imaginável. Aí reside, conforme Mariátegui, o ponto central da "questão indígena":

> A crítica socialista a revela e esclarece, porque busca suas causas na economia do país, e não em seu mecanismo administrativo, jurídico ou eclesiástico, nem em sua dualidade ou pluralidade de raças, nem em suas condições culturais ou morais. A questão indígena se origina de nossa economia. Tem suas raízes no regime de propriedade da terra. Qualquer tentativa de resolvê-la com medidas administrativas ou policiais, com métodos de ensino ou com obras de mobilidade é um trabalho superficial ou secundário. (Mariátegui, 1976, p. 29)

Embora concorde com Mariátegui no que concerne à importância fundamental da economia como fator explicativo da "situação" das sociedades indígenas, creio que não podemos cometer o equívoco oposto, isto é, reduzir toda a complexa gama de relações operantes ao universo estritamente econômico. Evitamos assim simplificar demasiadamente esse processo histórico, acrescentando à reflexão os fatores políticos e culturais que serviram e seguem servindo como sustentação ideológica ao submetimento ameríndio.

A questão que se põe é que os *criollos*, seguidores dos ideais iluministas e liberais, passavam a conformar um projeto de

Figura 1 — Nesta pintura do vice-reino da Nova Espanha, datada do século XVII, observamos a representação pictórica do sistema de castas hispano-americano adotado nas colônias. Museo Nacional del Virreinato, Tepotzotlán, México

nação tipicamente ocidental e eurocêntrico, desconsiderando assim as desigualdades étnicas, culturais, econômicas e sociais presentes em uma sociedade pós-colonial (Favre, 1999, p. 34-5). No caso mexicano, isso é latente:

> A descolonização do México foi incompleta: a independência da Espanha foi conquistada, mas a estrutura colonial interna se manteve, porque os grupos que assumiram o poder a partir de 1821 jamais renunciaram ao projeto civilizatório do Ocidente, nem superaram a visão distorcida do país que é própria do ponto de vista colonizador. Assim, os diversos projetos nacionais segundo os quais se pretendeu organizar a sociedade mexicana nos distintos períodos de sua história independente foram em todos os casos projetos enquadrados exclusivamente no marco da civilização ocidental. (Batalla, 2001, p. 11)

A perspectiva europeia e liberal de nação acabaria por ocupar um lugar central na consolidação das repúblicas americanas e, por consequência, na sua relação com as populações indígenas (e afrodescendentes) assentadas nos territórios pleiteados pelo Estado. A ideologia nacional cumpriria a função de dar sustento político à manutenção das relações socioeconômicas e à hegemonia de certas classes (brancas) no poder. Como esclarece Hobsbawm (1990), deve ficar claro que a ideia moderna de nação — tanto na Europa quanto na América — é fruto dos nacionalismos gestados e fomentados pelos próprios Estados, não obstante tais Estados posteriormente se apresentarem como legítimos "representantes" de suas respectivas nações.

Os processos de independência ocorridos na antiga colônia ibérica e as formas de organização adotadas pelos novos Estados traziam a difícil questão da justaposição, em um mesmo território, de diversas identidades indígenas, todas com diferentes graus de continuidade, ruptura e interação com o restante da sociedade não indígena. A manutenção da estrutura social colonial fez com que as populações indígenas nessas novas repúblicas não estivessem incluídas no projeto nacional *criollo*, a não ser como formas sociais residuais a serem extintas, embora fossem demograficamente preponderantes. No México, por exemplo, mais de 60% da população era considerada indígena em 1810, ano de sua independência (Batalla, 2001, p. 154).

Como salienta Consuelo Sánchez, em consonância com Batalla (2001), essa condição de marginalização se refletiu na nova divisão político-territorial do emergente Estado nacional mexicano, onde muitos núcleos de populações indígenas sofreram fragmentações ou separações arbitrárias devido à conformação dos estados e municípios:

> A estrutura territorial do município nem sempre coincidiu com os núcleos populacionais indígenas, e em muitos lugares o município se integrou com a população indígena e mestiça. Com essa composição, as prefeituras foram controladas quase exclusivamente por mestiços ou *criollos*, já que os cargos eram designados por nomeação e implicavam uma certa posição econômica, como a posse de terras ou capital e saber ler e escrever. Submetidas a essa nova situação, muitas comunidades indígenas permaneceram de fato sem existência legal, tuteladas por municipalidades mestiças. (Sánchez, 1999, p. 66)

Assim, uma contradição política surgiu na adoção desse modelo "mononacional" pelos Estados latino-americanos: ao buscarem a autonomia e a soberania em relação às *outras* nacionalidades, esses Estados passaram, no plano interno, a exercer processos de heteronomia, submetendo, em nome de uma suposta unificação nacional, os diversos grupos étnicos existentes em seus territórios. Em outras palavras, a extrema diversidade étnica e cultural existente nos territórios pleiteados por esses Estados deveria ser homogeneizada em torno de novas identidades (nacionais, liberais, modernas e capitalistas), de forma a construir-se uma só identidade nacional: brasileira, mexicana, argentina etc. Buscava-se com isso assegurar a integralidade do território e a legitimação da existência desse Estado perante os demais.

Relembrando Benedict Anderson (2008), tais Estados deveriam construir verdadeiras "comunidades políticas imaginadas", criando vínculos afetivos e culturais entre grupos cujas história e geografia eram completamente desconectadas. Deve-se dizer que esse processo não foi nada espontâneo, tendo sido duramente impulsionado por ideologias, símbolos e mitos nacionalistas promovidos pelos respectivos Estados, o que, devido à heterogeneidade de projetos possíveis, levou inevitavelmente a disputas políticas.

No México, "conservadores" e "liberais" se alternaram em busca do controle sobre tais projetos, defendendo maneiras distintas de promover a assimilação indígena à sociedade dita nacional. Os partidos conservadores representavam principalmente os interesses da aristocracia rural e da Igreja. Buscavam fomentar um governo centralista que garantisse a reprodução dos grandes latifúndios e das relações de produção aí instauradas, ao mesmo tempo que afiançavam a perpetuação da Igreja como centro de poder político e econômico. Os liberais, que ganharam hegemonia na segunda metade do século XIX, tendiam, em contrapartida, aos ideais positivistas, ao progressismo, ao livre comércio, ao Estado laico e às relações assalariadas de trabalho.

Um ponto importante na pauta política liberal dizia respeito à geografia, mais especificamente ao regime da propriedade fundiária. Para os liberais, além da adoção de arranjos institucionais capitalistas, tornava-se fundamental a desamortização das terras em posse da Igreja, além, é claro, da privatização das terras de uso comum, entre elas os territórios indígenas. Buscavam com isso consolidar a moderna propriedade privada da terra nas ex-colônias, realizando uma completa transição para as relações de produção tipicamente capitalistas. Tratava-se de alavancar o que Marx chamou, no caso da Inglaterra, de acumulação primitiva ou originária:

> O roubo dos bens da Igreja, a alienação fraudulenta dos domínios do Estado, a ladroeira das terras comuns e a transformação da propriedade feudal e do clã em propriedade privada moderna, levada a cabo com terrorismo implacável, figuram entre os métodos idílicos da acumulação primitiva. Conquistaram o campo para a agricultura capitalista, incorporaram as terras ao capital e proporcionaram à indústria das cidades a oferta necessária de proletários sem direitos. (Marx, 1998, p. 847)

A particularidade em muitos países da América Latina foi a de que, por conta da predominância dos interesses políticos dos proprietários de terra, somada à existência de vastos fundos territoriais, o processo de desamortização fundiária contribuiu ao desenvolvimento de uma das heranças mais macabras da colonização: a estrutura agrária latifundista (Mariátegui, 1976). A análise elaborada por Mariátegui no estudo de caso do Peru nos serve para ilustrar esse processo, em certa medida semelhante ao ocorrido no México, que estudaremos com mais profundidade no próximo capítulo:

> A política de desamortização da propriedade agrária iniciada pela revolução da Independência — como uma consequência lógica de sua ideologia — não levou ao desenvolvimento da pequena propriedade. A velha classe de proprietários de terra continuou predominando. A sobrevivência de um regime de latifundiários resultou, na prática, na manutenção do latifúndio. É sabido que a desamortização atacou sobretudo a comunidade [indígena]. E o fato é que, durante um século de república, a grande propriedade agrária foi reforçada e engrandecida, a despeito do liberalismo teórico de nossa Constituição e das necessidades práticas do desenvolvimento de nossa economia capitalista. (Mariátegui, 1976, p. 43)

Como aponta o autor, o avanço do liberalismo foi parcial e seletivo, não tocando a estrutura latifundista reinante em países como o México e o Peru. Pelo contrário, o triunfo liberal tendeu a potencializar a concentração de terras mediante não só a amortização dos fundos clericais, mas também pela desterritorialização das comunidades indígenas. A propriedade coletiva da terra, *modus operandis* da organização social ameríndia, passava assim a ser duramente atacada, uma vez que era considerada um entrave ao "progresso", isto é, ao desenvolvimento do capitalismo. Acreditava-se que o fracionamento e a privatização fundiária — somados à disponibilidade de capital e aos esforços do Estado em "nacionalizar" as populações indígenas — desencadeariam, por fim, um processo de "superação" de tal condição étnica, em prol do surgimento de um moderno campesinato. No entanto, em muitos casos, tal população passou a atuar como força de trabalho servil nos latifúndios criados a partir de sua desterritorialização. Como aponta Mariátegui (1976, p. 62): "Destruir as comunidades não significava converter os indígenas em pequenos proprietários, nem mesmo em assalariados livres, mas entregar suas terras aos grandes proprietários e à sua clientela. O latifundiário encontrava, assim, mais facilmente, o modo de vincular o indígena ao latifúndio".

Algumas vezes, tais processos adquiriam nuances militares, uma vez que a apropriação dos recursos e da força de trabalho disponíveis nas áreas em questão, bem como o controle efetivo de todo o território estatal, fazia parte dos objetivos do Estado. Nesse sentido, reivindicar a soberania exigia a neutralização de agentes que pudessem desafiar a legitimidade e a hegemonia do Estado-nação (Iturralde, 2001, p. 4). Esse foi o caso, com suas respectivas peculiaridades históricas e nacionais, da Amazônia brasileira, ou de campanhas militares realizadas na segunda metade do século XIX contra populações indígenas que resistiam à anexação territorial promovida pelos governos centralistas republicanos. Exemplos incluem a "Guerra de Castas" (1847-1901) em Yucatán, México; a "Pacificación de la

Araucanía" (1860-1883) no território mapuche; e a "Conquista del desierto" (1878-1885) na Patagônia argentina.

A extensão da autoridade do Estado *criollo* e o fortalecimento da ideia de nação se traduziam no expansionismo do idioma oficial do Estado, que só poderia proclamar-se detentor exclusivo do poder quando as pessoas sobre as quais exercia sua autoridade falassem um mesmo idioma (Clastres, 2004, p. 88). Como particulariza Batalla (2001, p. 103): "Ao ser definida, a nova nação mexicana é concebida como culturalmente homogênea, porque, no espírito (europeu) da época, prevalece a convição de que um Estado é a expressão de um povo que tem a mesma cultura e a mesma língua, como produto de uma história comum".

O etnocídio, entendido como a destruição sistemática dos modos de vida e pensamento dessas sociedades indígenas, ou, como coloca Pierre Clastres (2004, p. 87), a "dissolução do múltiplo em Um", tornou-se intrinsecamente a lógica do Estado liberal *criollo*:

> Descobre-se, assim, no núcleo mesmo da substância do Estado, a força atuante do Um, a vocação de recusa do múltiplo, o temor e o horror da diferença. Nesse nível formal em que nos situamos atualmente, constata-se que a prática etnocida e a máquina estatal funcionam da mesma maneira e produzem os mesmos efeitos: sob as espécies da civilização ocidental ou do Estado, revelam-se sempre a vontade de redução da diferença e da alteridade, o sentido e o gosto do idêntico e do Um. (Clastres, 2004, p. 89)

Além do idioma, diversos mecanismos entrariam em jogo para a criação de uma identidade comum mexicana: a educação pública homogeneizadora e fortemente ideologizada, a obrigatoriedade do cumprimento de serviço militar, mitos religiosos, a implementação e difusão da imprensa, a literatura etc.

Não obstante, como poderíamos supor, o México não poderia simplesmente eliminar por completo as sociedades indígenas de seu projeto nacional, já que, como visto, representavam grande parte de sua população. O risco era o de que, carentes de um laço histórico com a "nação", os indígenas não se reconhecessem como parte dessa comunidade e, consequentemente, alimentassem projetos separatistas por meio da não legitimação do monopólio do poder estatal (Chapoy, 2007, p. 82).

A estratégia das elites mexicanas não poderia ser mais criativa: se no futuro não havia espaço para a existência das sociedades indígenas, as mesmas deveriam ocupar um espaço no passado, isto é, nas "raízes da nação", onde poderiam permanecer bem-comportadas. A criação de uma "identidade mexicana" bebeu, assim, da fonte de um passado pré-colombiano mítico, próspero e glorioso. Reproduziram-se os motivos e símbolos culturais do centro do México (onde reside a maioria da população do país), em especial aqueles do passado asteca, civilização admitida como precursora da "pátria mexicana".

O atual escudo nacional presente na bandeira do México — uma águia devorando uma serpente em cima de um cacto conhecido como *nopal* — simboliza essa narrativa estatal unificadora. Nela, conta-se que um grupo pioneiro asteca vagou por muitos anos no atual "território mexicano" (percebam o anacronismo), buscando nos desertos o sinal indicado pelos deuses para a construção do centro de seu império. Em certo lugar, viram a ave em cima do *nopal* e decidiram que aquele seria o local para a construção da grande Tenochtitlán. Posteriormente, nesse mesmo lugar, a cidade do México seria construída, levando adiante o legado asteca. Pouco se conta que as igrejas espanholas foram levantadas com os blocos rochosos provenientes da destruição dos antigos templos astecas.

As elites brasileiras também se apropriariam de tais elementos no século XX, em plena república federativa. Como salienta Knauss (2003, p. 1.059), "a identificação do Estado com o indianismo recaiu sobre a ideia de um 'índio genérico', composto da reunião de elementos indígenas descontextualizados, cujas qualidades não tinham rigor com as referências reais". Associava-se o indígena ao espaço natural, reforçando a noção de pátria, sem, contudo, cair em regionalismos que pudessem pôr em xeque a unidade nacional. Pelo contrário, os indígenas tomados como referência eram aqueles que lutavam pelo Brasil ou pela "civilização", como Poti e Arariboia, que "comandaram contingentes guerreiros a favor das forças lusitanas; arriscaram suas vidas em feitos militares contra europeus protestantes; se cristianizaram e se colocaram a serviço do projeto colonizador; resumidamente, ambos são caracterizados por terem deixado a condição de selvagem, defendendo a civilização" (Knauss, 2003, p. 1.058).

Curiosidades à parte, a preocupação residia em estabelecer uma continuidade legitimadora com o passado, de forma que os mexicanos se sentissem representados por seus "gloriosos antepassados" indígenas, mas não se sentissem indígenas no presente. Isso permitia incluir as populações indígenas no mito nacional mexicano sem maiores custos políticos, já que se ocultava a condição concreta reservada ao indígena real e contemporâneo. Este, por sua vez, deveria definitivamente enquadrar-se nos parâmetros homogeneizantes do México moderno, hispano-falante, católico e capitalista.

A profundidade da inserção do "índio mítico" nas narrativas nacionais geralmente está relacionada à proporção da população indígena na sociedade e/ou às dificuldades que elas apresentaram para serem "assimiladas" (ou seja, para terem seus territórios anexados ao Estado-nação). É o caso, por exemplo, do Estado chileno, que toma o fato de os Mapuche terem resistido bravamente à conquista espanhola para criar o mito de que formavam uma "raça militar", passando tais características a seus "descendentes" mestiços, isto é, aos próprios chilenos contemporâneos. Não tardaria para que o coronel Cornelio Saavedra Rodríguez — com a divisa nacional chilena *Por la razón o la fuerza* — mostrasse a essência belicosa chilena contra os próprios Mapuche, exterminando grande parte de sua população na chamada "Pacificação da Araucanía".

1.1.3. As ciências e a "questão indígena"

Não é possível desconsiderar, ao longo desse processo, o papel central conferido às ciências na legitimação do submetimento e despojo ameríndio. O positivismo darwiniano do século XIX viria a tornar o conceito de "raça" praticamente hegemônico no campo científico, fato que foi prontamente incorporado na leitura estatal acerca da "questão indígena". Em uma espécie de causalidade invertida, tais discursos tidos como científicos — emitidos em sua grande maioria por brancos de ascendência europeia — passavam a naturalizar racialmente as hierarquias sociais historicamente criadas e estabelecidas. Como se pode suspeitar, acabavam por repor o mito do branco (especialmente o europeu) como ápice da civilização, em detrimento dos bárbaros e primitivos da periferia capitalista (Gould, 1999).

De acordo com Aníbal Quijano (2008), ainda que praticadas com diferentes formas e nuances conforme os países, as políticas então adotadas na época se reduzem a basicamente duas: o extermínio e/ou a transformação forçada da sociedade e da cultura indígenas. A primeira, com grande influência dos pressupostos eugenistas, configura-se pelo genocídio indígena e pela conquista de seus territórios, seguidos pela colonização dessas áreas por imigrantes brancos (caso de Argentina, Uruguai e boa parte do Chile, por exemplo). Em outros casos, como nas zonas de grande demografia ameríndia, partiu-se para o assimilacionismo cultural e político (caso do México, da América Central e dos Andes), ou seja, o etnocídio.

Embora válida e em boa medida correta, essa tentativa de sistematização de Quijano acaba simplificando demasiadamente a questão. Poderíamos mencionar casos mistos, como nos parece ter sido o processo brasileiro, que, além de possuir as duas variantes, passou a contar com processos de reterritorialização de comunidades em áreas periféricas ou de pouca integração com o restante do país, especialmente na Amazônia, como forma de manter a integridade do território nacional.

De toda forma, a validação científica da hierarquização racial aqui discutida foi um fator fundamental para o submetimento das sociedades indígenas e a mobilização de suas terras. Como aponta Susana Devalle (1989, p. 15-6):

> Raça e etnicidade surgiram como elementos conceituais divorciados da totalidade social, mascarando tanto o passado colonial e a configuração que este conferiu às relações sociais, como a realidade atual da desigualdade. Converteram-se, ademais, em sujeitos autônomos, sem referenciais causais históricos. Foram considerados em situações hipotéticas de equilíbrio social supostamente favoráveis aos processos chamados de "modernização" ou "ocidentalização". [...] Assim, nesse contexto, raramente levou-se em consideração toda a dimensão política dos conflitos inerentes às relações estabelecidas pela força ou da resistência à dominação.

Ainda que essas categorias se refiram a modelos ideais, a ideologia por elas propagadas era concreta e funcional para o apoio e a reprodução das relações de poder estabelecidas e expandidas, não sobre um espaço neutro e vazio, mas sobre áreas de ocupação indígena.

Samuel George Morton, um famoso médico e cientista da Filadélfia, parece-me um bom exemplo desse positivismo nefasto e utilitarista. Morton escreveu em 1839 uma obra que ficaria bastante conhecida nos Estados Unidos: *Crania Americana*, cuja repercussão iria torná-lo conhecido como fundador da chamada escola americana de etnografia. A obra apresentava o resultado de suas pesquisas, que mediram o volume de 144 crânios de indígenas americanos. O cientista, que pertenceu à religião quaker até a meia-idade, acreditou ter percebido uma variação de volume desses crânios em relação à norma caucasiana, decretando, a partir dessas medições, de uma só vez, a essência das raças humanas na América.

Uma das conclusões do trabalho de Morton é que "só em escala muito limitada pode haver harmonia nas relações sociais entre ambos [brancos e 'índios']", visto que os segundos "não só resistem a adaptar-se às limitações impostas pela educação, mas também são incapazes, em sua maior parte, de raciocinar de forma contínua sobre temas abstratos" (Morton, 1839, p. 81 *apud* Gould, 1999, p. 48). Assertivas científicas como essa justificaram o processo de redução territorial indígena por parte do governo dos Estados Unidos, iniciado poucos anos depois da publicação do livro, mediante a instituição de reservas indígenas (*indian reservations*).

Os discursos racistas ganhariam ainda mais força após a consolidação da antropologia como campo científico, especialmente pela grande aceitação de teorias vinculadas ao chamado "evolucionismo cultural", entre a segunda metade do século XIX e o começo do século XX (Castro, 2005). Tais teorias repousavam num raciocínio básico: as diferenças culturais (incluindo a técnica) poderiam ser reduzidas a estágios históricos de um mesmo caminho evolutivo, como os degraus de uma escada. Dessa forma, o postulado era o de que, em qualquer parte do globo, a sociedade humana teria se desenvolvido em estágios sucessivos e obrigatórios, numa trajetória unilinear e ascendente, convencionalmente chamada de "progresso".

O método proposto era o comparativo: buscando-se um "desmembramento da cultura", agrupavam-se os artefatos culturais por tipos semelhantes, classificando-os de acordo com uma escala evolutiva predefinida. Mais uma vez, como se pode suspeitar, o ápice dessa escala era a própria sociedade ocidental emissora de tais discursos, a partir da qual todas as outras sociedades eram classificadas. Chegava-se à conclusão de que todos os povos "não ocidentais" estavam em estágios anteriores aos europeus na trajetória universal do homem. Eram, assim, considerados peças de um "museu-vivo" ou, em uma esdrúxula analogia, a "infância" da humanidade. Lembremos que, para a cultura ocidental, as crianças são consideradas seres incapazes e, portanto, devem ser tuteladas.

George Frazer (1854-1941), um influente antropólogo escocês e um dos fundadores do chamado "evolucionismo cultural", ratificava essa posição um ano antes de a Europa "civilizada" iniciar o terror da Primeira Guerra Mundial:

> um selvagem está para um homem civilizado assim como uma criança está para um adulto; e, exatamente como o crescimento gradual da inteligência de uma criança corresponde ao crescimento gradual da inteligência da espécie e, num certo sentido, a recapitula, assim também um estudo da sociedade selvagem em vários estágios de evolução permite-nos seguir, aproximadamente — embora, é claro, não exatamente —, o caminho que os ancestrais das raças mais elevadas devem ter trilhado em seu progresso ascendente, através da barbárie até a civilização. Em suma, a selvageria é a condição primitiva da humanidade, e, se quisermos entender o que era o homem primitivo, temos que saber o que é o homem selvagem hoje. (Frazer, 1913 *apud* Castro, 2005, p. 30)

Concluía-se que, por seu estado de "barbárie", as sociedades indígenas eram um entrave ao progresso e, portanto, deveriam literalmente dar espaço à civilização, isto é, ao modo de produção capitalista. É importante notar como a interpretação do indígena como um ser infantilizado legitimou, ao longo do século XX, a postura tutelar do Estado, que, como veremos adiante, fortaleceria as ações do indigenismo mexicano, o qual se amparava na ideia de mestiçagem. Em outros casos, recorreu-se diretamente às práticas eugenistas, visando ao branqueamento induzido da população a partir da imigração europeia.

A perspectiva evolucionista permearia também outros campos do conhecimento, como a história, que passaria a adotar uma visão primitivista dessas sociedades sem Estado. Como elucida Manuela Carneiro da Cunha:

> Na segunda metade do século XIX, essa época de triunfo do evolucionismo, prosperou a ideia de que certas sociedades teriam ficado na estaca zero da evolução, e que eram portanto algo como fósseis vivos que testemunhavam o passado das sociedades ocidentais. Foi quando as sociedades sem Estado se tornaram, na teoria ocidental, sociedades "primitivas", condenadas a uma eterna infância. E, porque tinham parado no tempo, não cabia procurar-lhes a história. Como dizia Varnhagen [em 1854], "de tais povos na infância não há história, há só etnografia. (Cunha, 1992, p. 11)

A geografia humana foi herdeira direta da teoria evolucionista da história (Moraes, 2005, p. 29). Como salienta James Anderson (1978), a geografia dessa época não teve êxito na criação de um campo teórico próprio, e se serviu de teorias e conceitos de outros campos do saber, formulações que na maioria das vezes carregavam uma alta dose de racismo e conservadorismo. Como é sabido, ela é alçada ao estatuto científico em pleno momento de consolidação dos Estados nacionais europeus e de reconfigurações no processo de mundialização da ordem capitalista, o que a faz servir tanto à legitimação da expansão imperialista europeia (no contexto político do final do século XIX) quanto como veículo de legitimação social dos discursos territoriais, no sentido da consolidação do sentimento de "pátria" (Allies, 1980).

Nesse último caso, faço referência ao uso ideológico dos discursos geográficos como recurso de fomento ao nacionalismo, partindo, por exemplo, do enaltecimento da dimensão ou das riquezas naturais presentes no território. A geografia atuaria também promovendo a ideologia de que o povoamento seria a tarefa básica a ser realizada no processo de formação do Estado, legitimando assim o avanço de frentes de colonização interna (Moraes, 2005, p. 33). A famosa frase do político argentino Juan

Bautista Alberdi (1810-1884) é clara nesse sentido: "governar é povoar"; isto é, seria função do Estado regulamentar o processo de ocupação dos "espaços vazios" no interior do território estatal, fomentando a imigração europeia se necessário. Entram em cena, além disso, funções técnicas especificamente geográficas, como a cartografia e a execução de censos — conforme Anderson (2008), fundamentais na criação das "comunidades imaginadas".

De acordo com Moraes (2005, p. 29), diferem destas os discursos geográficos impulsionados pelos países europeus, então imersos no contexto político neocolonialista. Nesses casos, tratava-se de gerar um levantamento exaustivo de lugares e povos, identificando riquezas potenciais e as relações particulares entre os agrupamentos humanos e os "meios" por eles ocupados, de maneira a finalmente abrir caminho à penetração capitalista no território.

Em consonância com tais objetivos imperialistas, a geografia produzida na Europa passou a conceber e formular práticas de representação que tendiam a naturalizar a condição social do mundo extraeuropeu, hierarquizando espaços e sociedades, revestindo assim o colonialismo com um sofisticado e moderno verniz científico (Name, 2010). Tal é o caso das teorias ligadas ao determinismo ambiental também chamado "geográfico", que passavam a explicar o suposto atraso das nações tropicais, entre outros fenômenos, pelo sítio geográfico ou pelo clima prevalente nessas áreas. Como aponta Leo Name (2010, n. p.), "mais importante para a geografia era o fato de que o determinismo ambiental também legitimava a nova ciência que tentava se afirmar, dando-lhe um objeto de investigação singular e a possibilidade de se descobrirem leis universais tão caras ao positivismo vigente. Era, portanto, duplamente útil".

Nesse sentido, costuma-se afirmar que Ratzel (1844-1904) foi um dos grandes teóricos do determinismo ambiental, fato altamente polêmico no campo da história do pensamento geográfico. Embora seja correto que o geógrafo alemão embasava, do ponto de vista teórico, as hierarquizações sociais que favoreciam a Alemanha e a Europa, e que além disso possuía uma clara postura imperialista e legitimadora do projeto bismarkiano, também é certo que o fazia de maneira não evolucionista, como em geral era concebido em outros campos do saber.

Em sua obra *Anthropogeographie* [Antropogeografia] (1882-1891), por exemplo, Ratzel usa como critério definidor dos "povos civilizados" — em contraposição aos "povos naturais" — não o conceito de raça, mas a capacidade racional de transformar a natureza, isto é, a exploração consciente do meio ambiente pelo trabalho, abrindo assim a possibilidade de desenvolvimentos aleatórios e paralelos, conforme a particularidade de cada "povo" (Name, 2010). Por tal motivo, Horacio Capel (1981, p. 285) afirma que "Ratzel não é um determinista, já que aceita a capacidade do homem, em um certo nível de desenvolvimento e organização, de modificar os mesmos elementos do meio natural".

De qualquer forma, a partir das formulações teóricas e dos materiais produzidos pela ciência geográfica da época, pode-se afirmar que o viés etnocêntrico em relação às sociedades indígenas foi ganhando hegemonia na Europa do final do século XIX. Já no século XX, o determinismo ambiental como formulação teórica teve forte aceitação acadêmica nos Estados Unidos, levando a inúmeros estudos acerca das determinações do clima ou do relevo na organização e no desenvolvimento das sociedades humanas. Destaca-se nessa produção a obra de Ellen Semple (aluna de Ratzel e responsável pela difusão de sua obra nos Estados Unidos) e de Ellsworth Huntington, que propunha que as condições naturais mais hostis seriam as que propiciavam o maior desenvolvimento humano, o que explicaria a situação de "subdesenvolvimento" das zonas tropicais.

É interessante notar que o peso das teorias vinculadas ao determinismo ambiental era tão forte nos Estados Unidos que, quando estas caíram em descrédito, a partir da década de 1930, as maiores universidades do país, como Columbia, Harvard,

Princeton e Yale, desmantelaram seus departamentos de geografia (Smith, 1987).

Embora novas formulações teóricas criticassem o viés determinista na geografia e até mesmo se aproximassem das questões relacionadas às sociedades ameríndias — veja-se o exemplo de Carl Sauer (1889-1975) —, pode-se dizer que tampouco conseguiram superar a perspectiva assimilacionista, isto é, de que as sociedades indígenas e seus "gêneros de vida" estariam inevitavelmente condenados à assimilação pela identidade dita "nacional".

1.2. O indigenismo como estratégia política institucional: o caso mexicano

As políticas liberais mexicanas na segunda metade do século XIX acabaram deixando as populações indígenas e camponesas do país em um estado de extrema precariedade. Essa situação, que não pôde ser resolvida pacificamente devido à centralidade dos latifundiários na estrutura política e social do México, conduziu aos processos que levaram à Revolução Mexicana de 1910.

Apesar da importante participação indígena na insurreição, não houve no projeto nacional mexicano uma mudança política para essas populações. A Constituição de 1917, por exemplo, não faz nenhuma menção a elas, não obstante seu pendor progressista. A interpretação dos povos indígenas como "primitivos" ou "entraves para o progresso" continuou preponderante na ala política que conquistou a hegemonia no México pós-revolucionário. Assim, a solução para a "questão" indígena continuou basicamente a mesma: a desindianização. Para isso, foram criados aparatos estatais específicos, em uma política que ficou conhecida como indigenismo.

Fotografia 3 — A imagem captura uma criança indígena lendo um livro didático sobre a história mexicana, simbolizando as tentativas do Estado de moldar a identidade indígena conforme a narrativa nacional. A política de assimilação cultural adotada pelo Instituto Nacional Indigenista (INI) visava integrar as comunidades indígenas ao ideal da nação mexicana, em detrimento de suas culturas e histórias próprias. INI, Fototeca Nacho López

Para o antropólogo francês Henri Favre (1999, p. 8), autor do livro *L'Indigenisme* [O indigenismo], essa foi uma forma particular de nacionalismo no contexto pós-colonial da América Latina, cujo objetivo era a assimilação progressiva dos povos indígenas à esfera nacional.[14] O autor define as políticas indigenistas como "a ação sistemática empreendida pelo Estado por meio de um aparato administrativo especializado, cuja finalidade é induzir uma mudança controlada e planejada no seio da população indígena, com o objetivo de absorver as disparidades culturais, sociais e econômicas entre os índios e a população não indígena" (Favre, 1999, p. 108).

Embora a definição de Favre não esteja necessariamente equivocada, ela esconde, no entanto, o caráter unilateral e o viés autoritário de tais ações, que possuíam, ao menos até a década de 1970, o propósito único de dissolução da identidade e dos modos de organização social indígena com vistas à sua incorporação à lógica nacional.

Assim, em uma perspectiva crítica, o indigenismo não diz respeito à incorporação das demandas dos povos indígenas por parte do Estado, com vistas à resolução de seus problemas, mas sim a uma reflexão *criolla* e mestiça sobre tais povos, carregada, portanto, de juízos de valores históricos: "[O indigenismo é] uma categoria política, teórica e prática dos governos latino-americanos para 'resolver' o problema dos indígenas sem a participação deles. Embora o indigenismo seja definido e aplicado com a destacada colaboração de antropólogos, não se trata

14 Favre (1999, p. 11) afirma que o indigenismo não possui equivalente na América do Norte, pois, à diferença de Espanha e Portugal, França e Inglaterra, os países desse continente não optaram pelo viés da mestiçagem e não reconheceram no "elemento indígena" um atributo caro à nacionalidade. Admitiram, conforme Favre, certos direitos de origem aos povos que ocupavam essa parte do continente, situando-os fora da problemática nacional e fundando à margem dos mesmos sociedades neoeuropeias.

de uma teoria antropológica, mas de uma política de Estado" (Díaz-Polanco, 1997, p. 31).

Como pontua Díaz-Polanco (1997), reconhecida a utilidade da antropologia às políticas indigenistas, a mesma é elevada à condição de ciência política e posta ao serviço da unidade nacional. Seja como for, há consenso entre historiadores e antropólogos de que o indigenismo mexicano, entendido como política estatal destinada à assimilação ou à integração indígena, atuou entre 1910 e 1970, com especial vigor nas décadas de 1930 e 1940. Conforme Favre (1999, p. 92), a partir de 1930 o indigenismo se torna um capítulo dentro de uma política mais geral de modernização da sociedade mexicana, cuja centralidade reside no desenvolvimentismo e na industrialização por substituição de importações. Um levantamento exaustivo das instituições indigenistas mexicanas criadas entre 1910 e 1960 pode ser encontrado no trabalho de Casas Mendonza (2005, p. 176-7).

Buscando uma periodização que nos ajude a compreender com maior exatidão esse processo, Arturo Warman (2003) distingue três diferentes etapas do indigenismo mexicano. A primeira nasce a partir da Revolução Mexicana, evento político que fundaria as primeiras instituições indigenistas. A segunda etapa se refere ao período posterior ao Congreso Indigenista Interamericano de Pátzcuaro, em 1940. A última etapa, iniciada a partir da crise do indigenismo integracionista na década de 1970, reconheceu a diferença cultural como um fato positivo e enriquecedor.

1.2.1. A primeira fase do indigenismo mexicano (1910-1940)

Durante o processo de organização do Estado nacional pós-revolucionário, a "questão indígena" se tornou importante não só por seu peso econômico e agrário, mas também, e especialmente, por sua vinculação com a "questão nacional".

O forte valor atribuído ao conceito de raça e ao evolucionismo cultural, como vimos, tornava ainda mais complexa a formulação de um projeto de unidade em um país socialmente cindido pelo processo revolucionário. Às lentes do modelo mononacional, a heterogeneidade étnica ainda representava um problema a ser resolvido pelo Estado. Nesse sentido, quatro principais correntes de pensamento buscavam uma solução: o nacionalismo integracionista, o comunismo, o lombardismo e o indigenismo interamericano (Sánchez, 1999, p. 28).

O nacionalismo integracionista deteve a hegemonia desse processo ao menos até a década de 1930. Era alavancado pela burguesia e por certos setores da intelectualidade mexicana. Para essa corrente, a "questão indígena" era derivada do atraso e do isolamento em relação ao resto da sociedade, de forma que sua superação residia na gradual integração étnica (na época, uma integração racial) e cultural dos grupos indígenas à nacionalidade predominante, isto é, à nacionalidade mestiça, tornada o elemento ideológico unificador da pluralidade sociocultural mexicana (Chapoy, 2007, p. 87). Uma das obras que sintetizam o paradigma da mestiçagem no México é o livro *La raza cósmica* [A raça cósmica], de José Vasconcelos. Sua tese central é que "as distintas raças do mundo tendem a se misturar cada vez mais, até formar um novo tipo humano, composto pela seleção de cada um dos povos existentes" (Vasconcelos, 1997, p. 43). Esse novo tipo humano seria parte da "quinta raça", mais evoluída, síntese das quatro "raças" existentes no mundo. Na análise de Vasconcelos, o lugar propício para o nascimento desse novo e mais evoluído ser humano seria a América Latina.

Assim, enquanto a homogeneização racial seria fomentada pelo fortalecimento dos processos de mestiçagem, caberiam à educação a disseminação e a consolidação de valores universais (incluindo o idioma espanhol), somadas ao fortalecimento de uma consciência nacional mestiça. A educação ocidental era, nas palavras da época, a única maneira de resgatar as sociedades indígenas de seu "sonho pueril", de sua "decadência cultural" e de seus "hábitos primitivos" (Vaughan, 2001, p. 55).

A percepção era a de que, uma vez liberados pela reforma agrária e integrados cultural e "racialmente" ao resto dos mexicanos, os indígenas deixariam sua condição étnica, conformando uma emergente classe camponesa, posteriormente constituída por pequenos produtores capitalistas. É notável o viés economicista presente nessa corrente do indigenismo, que busca solucionar a "questão indígena" a partir da modernização do campo e da abertura das terras ao capital. Por exemplo, Manuel Gamio (1883-1960), autor da obra *Forjando patria* e importante teórico da assimilação cultural indígena, fundou em 1917 o primeiro departamento de antropologia da América Latina, subordinado, por sua vez, à Secretaria de Agricultura Mexicana.[15]

José Vasconcelos foi um dos expoentes da corrente nacional-integracionista. O patrono da educação no México apregoava a seguinte solução: "Vamos colocar o camponês sob nossa proteção e ensiná-lo a centuplicar sua produção mediante o emprego de melhores métodos" (Vaughan, 2001, p. 55). Vasconcelos, defensor dos benefícios da miscigenação para a identidade mexicana, criou as chamadas escolas rurais, bastante disseminadas no país, onde se ensinava desde a língua espanhola até os malefícios do álcool, passando por oficinas sobre técnicas agrícolas, uso de

15 Um paralelo pode ser feito com o Brasil, dados os interesses compartilhados pelo indigenismo que começava a se institucionalizar aqui. O Serviço de Proteção ao Índio (SPI), criado pela iniciativa do Marechal Rondon, em 1910, era subordinado ao Ministério da Agricultura, vínculo mantido até 1967, quando o SPI foi substituído pela Fundação Nacional do Índio (Funai) — atualmente, Fundação Nacinal dos Povos Indígenas. Mas a história não é linear: presenciamos em 2019 o retorno dessa perspectiva, que entende o indigenismo como um braço dos interesses ruralistas. Em seu governo, o presidente Jair Bolsonaro tentou transferir ao Ministério da Agricultura a tarefa de demarcar terras indígenas e quilombolas (medidas provisórias 870 e 886/2019).

fertilizantes, organização de cooperativas, hábitos de higiene e técnicas de saneamento. Tentava-se, assim, ressignificar a história mexicana a partir de uma perspectiva nacionalista, fomentando o civismo e o progresso em prol da diminuição do poder da Igreja Católica e das tradições indígenas na cultura do país. "O ensino de geografia", por exemplo, "explicava a propriedade e o uso dos recursos regionais, buscando elucidar o impacto da exploração imperialista da riqueza natural do México" (Vaughan, 2001, p. 67).

Os comunistas, conforme Sánchez (1999, p. 32), definiram sua posição a respeito da heterogeneidade étnica mexicana especialmente na década de 1930, quando o presidente Lázaro Cárdenas impulsionou a unificação do sistema educacional no país. Aparentemente em consonância com Mariátegui, defendiam que a "questão indígena" não possuía um fundo racial, mas se radicava nas desigualdades econômicas e sociais decorrentes da opressão da nacionalidade, o que os levava a defender a autodeterminação como caminho a ser seguido. Isso não significava a conformação de novos Estados, mas uma crítica ao assimilacionismo, visto que defendiam a unidade nacional das sociedades indígenas em defesa da soberania e contra as ameaças imperialistas. A partir de 1940, a corrente começou a perder força política.

Os lombardistas — epíteto que qualifica os seguidores das teses do advogado e filósofo Lombardo Toledano — eram críticos das teses do nacionalismo integracionista. Após uma viagem à União Soviética, Toledano buscou adaptar as ideias stalinistas de nacionalidades oprimidas à interpretação da realidade pluriétnica do México (Sánchez, 1999, p. 36). Para o autor, a solução da "questão indígena" residia em uma reforma político-territorial por parte do Estado. As propostas consistiam em:

> (i) modificar a divisão político-territorial do país para criar distritos homogêneos, habitados exclusivamente por indígenas;

> (ii) conceder autonomia política a essas entidades, de tal maneira que suas autoridades sejam indígenas;
> (iii) fomentar as línguas vernáculas e criar um alfabeto para as que não o possuam;
> (iv) criar fontes de produção econômica nas localidades indígenas;
> (v) coletivizar o trabalho indígena, assim como suprimir a propriedade e a posse individual da terra nas regiões indígenas. (Toledano, 1973, p. 55 *apud* Sánchez, 1999, p. 36-7)

Na década de 1940, Toledano abandonou parcialmente tais propostas, convergindo teoricamente para as teses do indigenismo integracionista. Não mais defendia, assim, uma reforma político-territorial em nível nacional, e sim a atuação do Estado no âmbito restrito das comunidades ou, no máximo, dos municípios indígenas. Lombardo Toledano parece ser, ao menos teoricamente, o precursor do debate das autonomias territoriais das sociedades indígenas no México, linha que, como veremos, recobraria força a partir da década de 1970.

1.2.2. Pátzcuaro e a segunda fase do indigenismo mexicano (1940-1970)

Finalmente temos o indigenismo interamericano, corrente que se tornou hegemônica após o I Congreso Indigenista Interamericano, realizado em 1940 na cidade mexicana de Pátzcuaro, dando alento e renovação à perspectiva nacionalista integracionista. A importância desse evento foi tamanha que, como propõe Warman, inaugurou-se uma segunda etapa no indigenismo do país.

Partindo-se de uma conceitualização explícita do indígena como "um indivíduo econômica e socialmente débil", enfatizou-se a necessidade de sua integração ao resto da sociedade mexicana. O presidente Cárdenas, na abertura do congresso em Pátzcuaro, ratificou tal posição quando afirmou que o problema do México não era a "conservação do índio", tampouco a "indigenização do México", mas sim a "mexicanização do índio" (Chapoy, 2007, p. 87).

De acordo com Favre (1999, p. 104), o congresso de Pátzcuaro inspirou três grandes princípios que iriam guiar a política indigenista de boa parte da América Latina. Em primeiro lugar, definiu-se que a chamada "questão indígena" era urgente e de inteira responsabilidade do Estado, o que requereria, portanto, a institucionalização formal de políticas indigenistas. Nesse sentido, além da recomendação de que os países criassem institutos nacionais indigenistas, fundou-se, como órgão coordenador destes, o Instituto Indigenista Interamericano (III). Com diversas categorias e funções, que vão de um simples conselho local até a realização de programas nacionais, os institutos indigenistas realmente foram sendo criados a partir de 1940: na Colômbia, Equador e Nicarágua, em 1943; na Costa Rica, em 1944; na Guatemala, em 1945; no Peru, em 1946; na Argentina, em 1947; no México, em 1948; na Bolívia, em 1949; e no Panamá, em 1952 (Favre, 1999, p. 105). Em 1948, no começo da Guerra Fria, o III se converteu em uma agência especializada da Organização dos Estados Americanos (OEA), o que demonstra os interesses difusos presentes em seus objetivos e sua operacionalidade.

Em segundo lugar, defendeu-se que, diferentemente do que se havia pensado no começo do século XX, a "questão indígena" não possuía uma explicação racial, mas sim um fundo cultural, social e econômico. Assim, a mestiçagem racial como requisito à formação nacional acabou perdendo força, bem como os princípios de *assimilação* ou *aculturação*, que passam a dar lugar à ideia de *integração*, noção menos rígida que permitia a manutenção de elementos culturais por parte dos indígenas, desde que não comprometessem a unidade nacional. A educação se tornou ainda mais central no projeto político indigenista, que passou a fomentar a capacitação de professores bilíngues, em geral da própria comunidade de atuação, o que facilitaria a alfabetização na língua espanhola e segundo os costumes ocidentais.

Por fim, definiu-se que, para o sucesso do indigenismo, os direitos indígenas deveriam ser protegidos e defendidos pelo marco do sistema legal dos respectivos países, de forma a efetuar uma ocidentalização gradual e segura. Além disso, os Estados deveriam lhes disponibilizar o acesso às técnicas modernas de produção, facilitando sua integração econômica. No caso mexicano, o viés economicista do indigenismo integracionista tomou grandes proporções. O foco das políticas é o "desenvolvimento comunitário":

> O desenvolvimento comunitário atribui particular importância ao fim do isolamento das comunidades e à sua articulação com as metrópoles regionais mediante uma rede de caminhos. As estradas são indispensáveis para que os excedentes gerados na comunidade pelo aumento da produtividade e da produção sejam vendidos diretamente nos mercados urbanos. Mas também são necessárias para que os novos bens oferecidos pelo mercado cheguem à comunidade e incitem indiretamente os seus membros a produzir ainda mais, para que assim possam adquiri-los. Como efeito esperado dessa mudança, tem-se a inserção da comunidade na economia mercantil, devido a uma espécie de deriva economicista. Inclusive, essa inserção se converte no principal objetivo do desenvolvimento rural integrado, de inspiração liberal, que, durante os anos 1970, e sob a influência do Banco Mundial, deslocou o desenvolvimento comunitário como metodologia da modernização do campo. (Favre, 1999, p. 116)

A modernização agrária, a qual o indigenismo integracionista se incorpora como política complementar, manifesta-se concretamente na geografia mexicana a partir da crescente mobilização de fundos territoriais e da conformação de uma divisão territorial da produção. As estepes do norte e do noroeste do país passam a concentrar vastas produções agrícolas destinadas à exportação, especialmente aos Estados Unidos. O sudeste mexicano, onde se encontra Chiapas, acabaria por dar ênfase à pecuária extensiva e a cultivos específicos de seu clima e relevo, como o cacau e o café.

De acordo com Batalla (1992, p. 52), em afirmação corroborada por Favre (1999, p. 116), a vocação integradora expressada nas políticas indigenistas corresponde a uma necessidade econômica capitalista, visando à consolidação e à ampliação do mercado interno. Mas, embora os autores estejam corretos, devemos saber que a questão não se reduz a isso, ao menos politicamente. Ao indigenismo também cumpria o objetivo de consolidar a ideia de nação (em termos políticos, econômicos, culturais e ideológicos), e isso de acordo com as suposições implícitas do modelo de Estado eurocêntrico, adotado após a independência.

Finalmente, deve ser dito que a efetividade de aplicação do indigenismo integracionista não seria possível sem o fenômeno do caciquismo (Sánchez, 1999, p. 78-9). Essa relação — que Gilly (2002) chama de "paternalismo corporativo" — possuía dois polos básicos. Nas comunidades indígenas, tendeu a centrar-se na tradicional figura do cacique, líder comunitário bilíngue que intermediava as relações com os grupos sociais extralocais, especialmente o Estado. Dada a propensão dos caciques ao aliciamento estatal mediante práticas clientelistas, estes tendiam a conservar, na medida do possível, os costumes e as relações internas de dominação que davam funcionalidade a tal agenciamento. O fenômeno do "caciquismo" de forma alguma é novo na história mexicana, mas praticamente se institucionalizou nesse período, impossibilitando transformações na precária estrutura econômica das comunidades.

Em outro polo, em uma relação íntima com os caciques, apresentava-se o próprio Estado, na figura do Partido Revolucionário Institucional (PRI),[16] que governou o México ininterruptamente de 1929 a 2000. O PRI buscou criar relações de dependência nas comunidades como forma de capilarização de seu sistema de governo e de consolidação de sua hegemonia política, orientando as demandas indígenas e camponesas segundo seus próprios interesses, sempre alinhados à aristocracia local. A repressão violenta era utilizada, se necessário.[17]

1.2.3. A terceira fase do indigenismo mexicano (meados da década de 1970 em diante)

A terceira fase corresponde à crise da proposta integracionista. Colaboraram para esse processo mobilizações indígenas e camponesas que reivindicavam a reforma agrária. De fato, o indigenismo até então não havia criado uma solução para a problemática territorial, já que as políticas de reforma agrária se encontravam sob a égide de outras instituições do Estado (Favre, 1999, p. 118). Tal limitação, somada ao crescente descrédito dos caciques, passou a fomentar processos organizativos de base que buscavam resolver os próprios problemas, sem mais mediações (Sánchez, 1999, p. 80).

Somaram-se a isso, no plano teórico, as críticas de certa ala da antropologia, que passou a demonstrar o fracasso do viés integracionista tomado pelo indigenismo, defendendo assim

16 O PRI é uma herança direta do Partido Nacional Revolucionário (PNR), criado em 1929 por Plutarco Elías Calle. Em 1938, a partir de Cárdenas, mudou seu nome para Partido de la Revolución Mexicana (PRM). Finalmente, em 1946, do PRM nasceu o PRI. No total, o PRI se manteve no poder federal por 71 anos ininterruptos, até a entrada de Vicente Fox Quesada (PAN-PVEM).

17 No final da década de 1940, Pablo Neruda passou pelo México e escreveu: "Tudo podia acontecer, tudo acontecia. O único jornal de oposição recebia subsídios do governo. Era a democracia mais ditatorial que se possa conceber" (Neruda, 2005, p. 224).

a pluralidade e a diversidade socioculturais como direitos das sociedades indígenas, posição documentada nas Declarações de Barbados I e II, de 1971 e 1977, respectivamente.

No entanto, segundo Consuelo Sánchez (1999), essa terceira fase do indigenismo tampouco apresentou uma solução concreta à "questão indígena". A autora qualifica tal corrente da antropologia como "etnicista", "culturalista" e "romântica", já que tendia a explicar a situação indígena por seus aspectos étnico-culturais, polarizando-as com as sociedades ditas ocidentais, subestimando, assim, os aspectos políticos e econômicos por meio dos quais se dava a reprodução dessas relações desiguais (Sánchez, 1999, p. 92).

As críticas de Sánchez, ainda que não de modo explicitamente declarado, parecem ser direcionadas, entre outros intelectuais, ao antropólogo Bonfil Batalla, que buscou analisar a situação indígena no México em sua obra *México profundo: uma civilização negada* (1987). Seu livro tem grande importância para o debate indigenista mexicano, de forma que me deterei um pouco sobre seus argumentos. A tese principal é a da existência de uma cisão profunda na sociedade mexicana, expressão de uma confrontação não resolvida de duas "civilizações" durante todo o processo histórico de colonização. Conforme o autor, essas duas civilizações, chamadas de "México Profundo" e "México Imaginário", se reproduzem no interior do território mexicano até os dias atuais.

O México profundo diz respeito às populações com ascendência mesoamericana, com formas de organização, produção e consumo específicas. Apesar de múltiplos, descontínuos e culturalmente diversos, Batalla (2001, p. 31) defende que esses grupos tiveram origem em um único processo civilizatório. O autor enfatiza que, para esses grupos, a terra não é uma mercadoria, e sim um ente vivo, uma fundamental herança cultural onde deve prevalecer o uso comunitário e inalienável.

O México imaginário, por sua vez, seria a população ocidentalizada, urbana, moderna e liberal. Trata-se de um país concebido de fora para dentro, isto é, idealmente pensado a partir de ideias e valores exógenos. O México imaginário estaria irremediavelmente ligado aos arquétipos e paradigmas estadunidenses (Batalla, 2001, p. 93). Nesse polo social, a terra é concebida como propriedade individual e livre mercadoria, portanto atrativa à exploração se nela for auferido algum tipo de renda.

Embora a cultura ocidental se encontre contraditoriamente interpenetrada à cultura mesoamericana, para Batalla elas não se fusionam por completo, revelando assim a fragilidade do arquétipo do mestiço mexicano, figura cindida que busca dar coesão nacional à multifacetada realidade étnico-cultural do país. Trata-se, segundo o autor, de um conflito entre duas civilizações e dois projetos históricos distintos: "Os vínculos entre esses dois universos culturais correspondem a uma situação de dominação em que o setor do México imaginário tenta impor seu projeto ao resto da população" (Batalla, 2001, p. 14).

A formulação de Bonfil Batalla sem dúvida trouxe avanços importantes às interpretações das contradições presentes na sociedade mexicana, especialmente por tentar não reproduzir pressupostos epistemológicos eurocêntricos, como a ideia de aculturação, em geral presente nas teorias que tratam dos impactos culturais da modernização. Entretanto, deve-se pontuar que a dualidade existente na formulação do autor — reduzindo toda uma gama de particularidades e situações diversas em duas categorias — parece limitar seus alcances teóricos e explicativos. Embora busque se desvincular de certos paradigmas típicos do pensamento moderno, acaba por repô-los em outros, como na ideia do dualismo estrutural, presente na polaridade tradição *versus* modernidade.

Nesse sentido, ainda que lance mão de uma vasta erudição histórica, parece-nos que Batalla acaba por perder importantes aspectos da realidade ao focar sua análise preponderantemente na cultura. A clivagem e o submetimento do México profundo possuem uma raiz política que não pode ficar em segundo plano;

não por acaso, um verdadeiro projeto de democratização nacional se torna uma das frentes de batalha dos movimentos indígenas contemporâneos. O próprio movimento zapatista, como veremos, é um exemplo disso, na medida em que reivindica maior autonomia política como forma de superação de suas condições de marginalidade social. Ao criticar a legitimidade da democracia representativa e apostar na demanda autonômica, esses movimentos exigem, no fundo, maior participação política mediante um rearranjo jurídico-político, fundamental para o pleno exercício da cultura.

O que se convencionou chamar de "questão indígena" é fruto de um processo complexo, cuja compreensão não se dá apenas por um aspecto, de forma que a economia é tão importante quanto a cultura e a política nessa discussão. Não podemos nos esquecer que o antagonismo presente na concepção de Batalla se revela, no fundo, como uma unidade funcional útil ao polo economicamente dominante, no sentido da apropriação da força de trabalho e dos excedentes produzidos pelas populações indígenas do México profundo. Assim, tal cisão se intercruza também no nível da classe social. Se a questão for reduzida meramente a um sistema dualista da cultura, perdemos todo o avanço teórico alcançado ao menos desde os escritos de Mariátegui e Manuel Gonzalez Prada.

Em outras palavras, ainda que a cultura transpareça como fator determinante na clivagem social existente no México, as sociedades indígenas ali existentes estão subordinadas a outros grupos e estratos sociais, sobretudo por questões políticas e econômicas, reproduzidas ao longo de todo o processo da formação territorial mexicana. No contexto de emergência de movimentos indígenas organizados, tais críticas ao indigenismo acabaram por propiciar um recuo no paradigma integracionista, aproximando-o paulatinamente dos pressupostos do multiculturalismo.

1.3. A emergência indígena latino-americana e seu processo de territorialização

Sem sombra de dúvida, um dos fenômenos sociopolíticos e culturais mais relevantes na América Latina nas últimas décadas tem sido o que Bengoa (2007) classifica como "emergência indígena", isto é, a conscientização e a organização de novos atores sociais cujas demandas políticas se amparam na afirmação de identidades coletivas de fundo étnico.

A hipótese trabalhada pelo autor é a de que, nesse período, na América Latina, muitas pessoas que se reconheciam — ou se deixavam reconhecer — como camponeses, caboclos ou *paisanos* começaram a se autodefinir como indígenas, indicando assim um processo de reetnização (Bengoa, 2007, p. 10). Tal hipótese é corroborada por outros autores, como Ramon Maíz (2007, p. 411), ao afirmar que esse processo representa uma estratégia identitária que privilegia a dimensão econômica, política e cultural das comunidades indígenas como grupos étnicos dotados de uma identidade coletiva, fazendo frente à imposição de uma identidade classista e liberal de corte camponês e/ou mestiço.

De maneira geral, é correto dizer que a emergência dessas identidades étnicas no período aqui discutido foi distinta daquelas ocorridas em outros momentos da história. No processo atual, os movimentos indígenas tendem a se apropriar de técnicas, discursos, instrumentos e instituições típicas da modernidade — incluindo aí, em certos casos, o próprio Estado —, não mais para se retraírem às suas comunidades originárias, em uma espécie de isolamento ou "autoapartheid", mas sim para impulsionarem um projeto diferente de modernidade e de nação (Bengoa, 2009, p. 7).

Como aponta Chapoy (2007, p. 95), as organizações indígenas que foram criadas dentro desse processo social não ressurgiram, despertaram, nem foram resgatadas de um passado ancestral.

Pelo contrário, são reflexos de processos tipicamente modernos, como a liberalização fundiária, tentativas de objetivação das comunidades via políticas assimilacionistas, o despojo territorial devido a megaprojetos de infraestrutura, ou mesmo a contaminação ambiental de seus territórios. Como salienta Ivon Le Bot:

> O que faz com que os movimentos indígenas modernos sejam exemplares e expressivos é a combinação da vontade de emancipação com o projeto de construção de um sujeito, individual e coletivo. São sublevações contra as forças de objetivação — externas e internas à comunidade — e tentativas de se constituir em atores e sujeitos a partir da diferença étnica. São lutas para se despir da indianidade negativa (o índio como produto colonial e neocolonial) e convertê-la em indianidade positiva, lutas por reconhecimento, por identidade, que articulam reivindicações socioeconômicas e políticas com a mobilização de recursos culturais. (Le Bot, 1998, p. 203)

É interessante comentar que parte do êxito logrado na articulação dessas organizações se deu, em grande medida, justamente pela apropriação de técnicas modernas de comunicação. Isso permitiu uma considerável ampliação na articulação e no intercâmbio entre os diversos movimentos, além, é claro, de facilitar a divulgação de relatos, demandas e propostas pelos próprios atores indígenas, sem mais mediações. Mais uma vez podemos nos remeter ao EZLN, que conseguiu, já em 1994, ainda no começo da era virtual, difundir seus comunicados e declarações via internet, tornando o movimento mundialmente conhecido — fator importantíssimo para os desenlaces políticos e militares posteriores. Desnecessário afirmar que a apropriação de tais ferramentas não os faz menos indígenas, como querem alguns essencialistas da cultura.

Outro elemento importante para a conformação dessas organizações foi o fator educativo, no sentido da apropriação de um repertório cultural ocidental por parte da juventude indígena, que passou a articular esses discursos em prol do fortalecimento de sua própria alteridade:

> Conforme mais e mais jovens indígenas passaram pelo sistema educativo formal e conseguiram empregos como agrônomos, professores, médicos, advogados etc., surgiu uma elite intelectual indígena em vários países latino-americanos que está se transformando na fibra vital das novas organizações. Os intelectuais indígenas estão envolvidos ativamente na elaboração do "novo discurso indígena" que outorga legitimidade e identidades diferenciadas a essas organizações. Não apenas se ocupam de formular a agenda política de seus movimentos; também redescobrem suas raízes históricas, se interessam pela língua, pela cultura e pela cosmologia, e se envolvem ativamente em "inventar tradições" e construir novas "comunidades imaginadas". À medida que participa de redes nacionais e internacionais e consegue difundir sua mensagem a outros setores da população, e à medida que é capaz de mobilizar recursos e obter determinada quantidade de "bens coletivos" (recursos materiais e políticos, reconhecimento público e jurídico etc.), a nova *intelligentsia* indígena se transforma em vínculo indispensável no processo de organização e mobilização. (Stavenhagen, 2002, p. 30-1)

Tais fatores permitiram o surgimento de organizações indígenas de diversos tipos e escalas de atuação, das quais poderíamos citar ao menos três. Primeiramente estão aquelas reunidas em torno de uma identidade étnica específica, como, por exemplo, a Confederação Mapuche, no Chile. Podem ter uma escala local ou regional.

Em segundo lugar estão aquelas cujo elemento unificador é uma região geográfica. São em geral pluriétnicas, tal qual a Coordenação das Organizações Indígenas da Amazônia Brasileira (Coiab) ou o EZLN, em Chiapas. Elas podem ser, inclusive, supraestatais, como a Coordenadoria das Organizações Indígenas da Bacia Amazônica (Coica), formada por entidades de nove países (Brasil, Equador, Peru, Bolívia, Venezuela, Suriname, Guiana, Guiana Francesa e Colômbia).

Finalmente, há as organizações que buscam uma articulação em nível nacional. Pluriétnicas e lidando com várias pautas e demandas distintas, sua escala de representatividade lhes permite exercer uma maior pressão política nas disputas contra o Estado, embora apresentem dificuldades em termos de organização.[18] Poderíamos citar como exemplo desse tipo de estrutura a Confederação de Nacionalidades Indígenas do Equador (Conaie).

Apesar de muitas semelhanças, não é possível entendermos tais organizações de maneira homogênea ou generalizante, pois, de acordo com as particularidades nacionais ou regionais, são criadas demandas e formas de atuação específicas (Sánchez, 1999, p. 16). Nesse sentido, Christian Gross (1998) nos recorda que, apesar de essas organizações terem surgido praticamente em um mesmo contexto (a crescente deterioração material resultante do esgotamento dos projetos nacionais-populistas nas décadas de 1960 e 1970), distintos fatores estruturais as impulsionaram politicamente. Segundo o autor, uma análise acurada dos movimentos indígenas deve lançar mão da divisão efetuada pela etnologia moderna, que diferencia as "terras altas" das "terras baixas" como domínios etnográficos diversos por natureza.

Nas populações indígenas das terras altas, as organizações se apresentam como resistência à marginalização em um contexto de crescimento demográfico, falta de terras, crise da pequena produção e alta competitividade do mercado e do livre comér-

18 Henri Favre (1999, p. 137) tem certa razão quando afirma que boa parte da população indígena, especialmente aquela que vive em zonas rurais ou afastadas dos centros urbanos, não está concretamente afiliada a essas organizações, fato que acaba por questionar sua representatividade nacional. Entretanto, também é correto afirmar que, na grande maioria dos casos, essas populações tampouco estão representadas pelo Estado. Tais grupos parecem estar no "ponto cego" da dita democracia representativa.

cio. Conforme Gross (1998, p. 185), nessas áreas "a população indígena não é nada mais que um caso particular no seio da produção agrícola familiar, forçada a se modernizar ou desaparecer. Um setor que sofre mais que os outros por conta do tamanho exíguo de seus territórios, de seus recursos limitados e do abandono por parte do Estado".

Já nas terras baixas, a mobilização política das populações indígenas se apresenta mais como uma resposta à sua rápida e brutal incorporação à sociedade nacional e global, no contexto do avanço das frentes de expansão e colonização internas.

> Estão ocorrendo desmatamentos massivos conduzidos por empresas madeireiras ou para dar lugar à pecuária extensiva, grandes represamentos que inundam terras indígenas, gigantescos projetos de mineração desalojam as populações, projetos de desenvolvimento promovidos por agências internacionais e que não levam em conta a existência de populações nativas nem a poluição de grandes e pequenos rios: a ofensiva é tão violenta quanto generalizada. A dialética da inclusão e da exclusão coloca em perigo a sobrevivência de povos inteiros. Desterritorialização, proletarização, aculturação forçada. Cada grupo, em sua diversidade, está enfrentando uma brutal aceleração da história (ou, em alguns casos, uma "entrada na história") e riscos maiores. (Gross, 1998, p. 186)

Esse é o contexto político das organizações indígenas no Brasil, cujas demandas tendem a enfatizar os direitos territoriais indígenas como forma de sofrear o despojo territorial e/ou impulsionar a recuperação de territórios. Soma-se a isso a luta contra a degradação ambiental decorrente do avanço do agronegócio e da mineração, contra a construção de megaprojetos de infraestrutura e, mais recentemente, por justiça climática.

Embora os movimentos indígenas das terras altas e baixas possuam razões estruturais distintas, a hipótese de Gross

(1998, p. 187) é a de que em ambas a alteridade identitária passa a ser mobilizada com o objetivo de reconhecimento de direitos particulares e da defesa de interesses coletivos, no contexto de expansão do neoliberalismo. Tal conjuntura parece ser o principal indutor de mudanças nos paradigmas teóricos dos indigenismos latino-americanos entre a década de 1970 e 1990. Se antes, como vimos, o objetivo do Estado era fazer desaparecer as sociedades indígenas por meio da mestiçagem biológica e cultural, posteriormente ele passa a trabalhar em torno da "gestão da etnicidade", reconhecendo constitucionalmente o caráter multiétnico e pluricultural do Estado-nação, como aponta Henri Favre (1999). O autor afirma que a aceitação desses pressupostos multiculturalistas não ocorreu graças à simples generosidade do Estado; o que se deu foi a expressão de seu esvaziamento no contexto da ascensão do neoliberalismo. O Estado passa, assim, a desconcentrar e a descentralizar capacidades que já não pode exercer, sendo que o indigenismo não escapa de tal influência (Favre, 1999, p. 143).

Certamente, as pressões oriundas das organizações indígenas foram determinantes para a adoção de constituições mais progressistas em termos de direitos étnicos. Muitos Estados latino-americanos, depois de longos anos de ditaduras, guerras civis e/ou governos centralistas, impulsionaram projetos de suposta democratização entre as décadas de 1980 e 1990, tendo absorvido parte das demandas desses movimentos. Tais foram os casos de Brasil (1988), Colômbia (1991), México (1992), Paraguai (1992), Peru (1993), Argentina (1994), Bolívia (1995), Nicarágua (1995), Equador (1998) e Venezuela (1999) (Gregor Barié, 2005, p. 128-9). Por mais limitados e frágeis que sejam, alguns direitos conquistados significaram avanços concretos para os movimentos indígenas, que tiveram um papel fundamental na demonstração do fracasso da proposta assimilacionista. Os indígenas demonstraram que não estavam desaparecendo e que, ao contrário, estavam crescendo demograficamente.

Ao mesmo tempo, embora devamos reconhecer avanços políticos nessas mudanças, precisamos também nos perguntar até que ponto eles foram efetivos. Para muitos autores, como Charles Hale (2004), a gestão da etnicidade e o reconhecimento de certos direitos fomentados pelo multiculturalismo neoliberal não representaram o fim da reprodução das relações sociorraciais de dominação. Isso ocorre basicamente porque essa boa-fé no Estado não existe fora do campo discursivo. No contexto do capitalismo, os governos — dos mais progressistas aos mais ultraneoliberais — funcionam como agentes diretos do mercado, sendo antagonistas, portanto, dos interesses da grande maioria dos grupos indígenas. Assim, na grande maioria dos casos, não se cumpriu ou não se vem cumprindo integralmente o que determinam as respectivas constituições, como bem mostra o caso brasileiro.[19]

Nesse sentido, é substancial o fato de que as organizações indígenas muitas vezes tenham que recorrer a foros e convenções internacionais para efetuar denúncias de abusos e violações, buscando assim a mínima efetividade do que teoricamente já está garantido na legislação.[20] É preciso dizer que, embora tais foros sirvam como mecanismos de denúncia supranacional, enfrentam dificuldades em efetivar o cumprimento de tais direitos, bastando observar os casos concretos em que foram mobilizados.

19 Na Constituição brasileira de 1988 foi decidido que as Terras Indígenas (TI) fariam parte dos bens da União, destinadas à posse permanente e exclusiva das comunidades indígenas, sendo inalienáveis e indisponíveis a outros fins. Fixou-se, então, o ano de 1993 como limite para que todas as TI no Brasil fossem demarcadas e regularizadas. Conforme dados do Instituto Socioambiental (ISA), cerca de 700 mil indígenas viviam em 723 TI em 2018, sendo que um terço dessas terras indígenas ainda não havia sido regularizada, descumprindo, portanto, a própria Constituição Federal.

20 Poderíamos citar, por exemplo, a Convenção 169 da Organização Internacional do Trabalho (OIT), de 1989, ou ainda a Declaração das Nações Unidas sobre os Direitos dos Povos Indígenas, de 2007.

Em segundo lugar, o fato é que muitos desses avanços constitucionais vieram acompanhados de outras medidas políticas ou econômicas que significaram um processo de retrocesso e deterioração das condições de vida das populações indígenas. O México é um bom exemplo dessas contradições. Em 1992, o Estado mexicano reformou sua Constituição, o que teoricamente fez com que admitisse a "composição pluricultural" de sua sociedade nacional, permitindo que os povos indígenas conservassem "suas próprias instituições sociais, econômicas, culturais ou políticas". Ao mesmo tempo, o país encerrou seu histórico processo de reforma agrária, não só pondo fim às desapropriações dos latifúndios, mas mudando a própria Constituição para permitir a privatização das terras comunais já distribuídas aos pequenos produtores, até então inalienáveis em formas de *ejidos*. Tal medida, que será analisada com maior profundidade ao longo do livro, foi uma premissa política para a entrada do México na zona de livre comércio com Estados Unidos e Canadá, tendo sido o motivo do colapso econômico de muitas comunidades indígenas que dependiam, até então, da renda proveniente da venda de seus excedentes agrícolas (Altmann, 1992, p. 85).

Buscando uma síntese crítica entre as diversas leituras possíveis desse processo, o antropólogo Guillaume Boccara e a antropóloga Patricia Ayala defendem que o multiculturalismo e o neoliberalismo não são contraditórios, mas se complementam: "O multiculturalismo, que é, em parte, uma resposta às mobilizações sociais indígenas dos anos 1970 e 1980, representa uma nova arte de governo congruente com a nova razão neoliberal" (Boccara & Ayala, 2011, n. p.).

É justamente nesse complexo contexto neoliberal que observamos a ascensão da demanda por autonomia territorial por parte de muitas organizações indígenas, com algumas respostas do Estado, como se deu na Bolívia, por exemplo, em 2014. É lícito questionar se a demanda autonômica admitida e/ou operacionalizada pela via estatal, através de práticas de autogestão de certas esferas da vida social, tende realmente a significar um avanço nos princípios democráticos para as sociedades indígenas. Críticos apontam que esses processos de descentralização de "cima para baixo" acabam por ser limitados, constituindo-se como uma forma de gestão neoliberal da etnicidade.

O ponto nevrálgico e intolerável ao Estado, no que toca às autonomias, é sem dúvida o aspecto territorial. O exercício de poder por parte das comunidades sobre determinado território acarreta, na maioria das vezes, empecilhos ao controle político e à livre exploração econômica desses territórios por parte do Estado. Quando tais interesses são colocados em jogo, o Estado não abre mão da violência como forma de restituir o domínio sobre tais espaços. Para Daniel Villafuerte Solís, cientista social e pesquisador de Chiapas, o controle territorial é justamente o ponto de tensão que a existência dos territórios autônomos zapatistas impõe ao Estado mexicano:

> Do ponto de vista estatal, [o Estado] deve possuir controle sobre todo o território do país e, se for concedida a autonomia, ele perde parte do controle sobre um território que além do mais é fronteiriço e possui um valor geopolítico estratégico. Um território que possui grande biodiversidade e onde potencialmente pode haver petróleo, urânio e outros minérios. Para o Estado, é um grave problema não poder controlar esses territórios. Então esse é o ponto, pois o projeto de autonomia é um projeto de autodeterminação dos povos para não somente desenvolver suas próprias formas de governo, mas também para ter um aproveitamento de todos os recursos que existem aí. [...] Hoje o que o capitalismo requer são condições ótimas para o investimento: boas estradas, boa comunicação e até bom clima requer o capitalista. O capital escolhe territórios, conforma territórios. Faz e desfaz territórios. Essa é a grande estratégia do capital. Então o que interessa ao território mexicano neste momento, permeado pela ideologia neoliberal, é

> que as coisas caminhem bem para o capital. Se há minério aí, que entrem as companhias de mineração, sem conflitos. Então esta é a preocupação do Estado, perder o controle, e que, ademais, isso possa "contaminar" outras regiões.[21]

Presenciamos assim uma mudança nos termos em disputa, segundo a qual o território assume cada vez mais centralidade na pauta política dos movimentos indígenas latino-americanos. À luz dessa reflexão, o geógrafo Carlos Walter Porto-Gonçalves (2009) aponta que a partir da década de 1980 ocorre um "deslocamento da luta pela *terra* enquanto meio de produção, característico de um movimento que se construiu em torno da identidade camponesa, para uma luta em torno do *território*" (grifo meu), o que também é corroborado por Raúl Zibechi: "Com a emergência do movimento indígena nas últimas duas décadas, desde meados ou fins dos anos 1980, o conceito de território se modifica, é modificado pelos indígenas com suas lutas. A Declaração de Quito [1990] sublinha que 'o direito ao território é uma exigência fundamental dos povos indígenas', e conclui: 'sem autogoverno indígena e sem controle de nossos territórios não pode existir autonomia'" (Zibechi, 2008, p. 32).

Entendido não só como meio de vida material, mas também como espaço simbólico e político para o exercício da identidade, o *território* é assim reivindicado e defendido com cada vez mais ênfase por parte dos movimentos indígenas (Gross, 1998, p. 191). Tal nuance discursiva está longe de se reduzir a uma simples mudança de sufixo, indicando um divisor de águas nas relações entre as sociedades indígenas e os Estados nacionais:

> As demandas indígenas progressivamente passaram a incorporar a ideia não apenas de ter acesso aos benefícios materiais daquilo que

21 Entrevista concedida por Villafuerte Solís ao autor em San Cristóbal de las Casas, Chiapas, México, em 7 mar. 2013.

é socialmente produzido em seus países (em especial, as riquezas produzidas a partir da exploração dos recursos naturais das regiões onde eles habitam), mas também *requerer o controle das condições sociais, econômicas e políticas de sua reprodução como comunidade étnica*, mediante a retomada da *gestão territorial* e tudo que isso signifique em termos de realização social de autogovernos. (Brancaleone, 2012a, p. 215)

Assim, no contexto dos movimentos indígenas contemporâneos, o conceito de território passou a indicar a apropriação da etnicidade para além do aspecto cultural. Esse território reivindicado diz respeito não só à superfície da Terra, mas a tudo o que se encontra no interior de seus limites, seja no subsolo ou na atmosfera,[22] seja no campo material ou no simbólico, incluindo os processos políticos, econômicos, sociais e culturais que se dão sob a gestão desses povos (Navarro, 1998, p. 3).

Nesse sentido, Zibechi afirma que os movimentos indígenas e agrários na América Latina são movimentos territorializados, o que os qualifica de maneira distinta em relação aos movimentos do passado e aos atuais movimentos do Norte Global. Tal afirmação se ampara não só no fato de esses movimentos terem a demanda territorial como uma de suas principais bandeiras de luta, mas também, e principalmente, no fato de essa apropriação vir criando relações sociais diferenciadas nos territórios, efetivando, consequentemente, uma produção diferenciada do espaço. Reside aí, em sua opinião, seu principal potencial emancipatório no contexto neoliberal, inclusive para os movimentos sociais não indígenas (Zibechi, 2008, p. 140).

22 A demanda pelo território reivindica, inclusive, o controle sobre as ondas eletromagnéticas, devido à importância das rádios comunitárias na comunicação entre áreas isoladas.

2

FORMAÇÃO TERRITORIAL CHIAPANECA: DA CENTRALIDADE MAIA À PERIFERIA MEXICANA

Em torno da renda da terra giraram todas as revoluções mexicanas, com suas sangrentas lutas pelo poder político. Quem detém esse poder decide quem efetivamente possui e usufrui da terra e da água, o que, por sua vez, afirma e consolida o poder existente. A raiz e a razão da tragédia são a existência e o destino do povo mexicano; seu tema recorrente, seu leitmotiv, *a terra e o poder.*

— Adolfo Gilly, *La revolución interrumpida* (1971)

"Quando você não sabe o que está buscando, ajuda muito olhar para trás."

"Mas por que você me diz que, quando não se sabe o que se está buscando, é preciso olhar para trás? É para encontrar o caminho de volta?", pergunto.

"Não", responde o Velho Antonio. "Não é para encontrar o caminho. É para ver onde você estava antes, o que aconteceu e o que você queria."

"Como assim?", pergunto, agora sem constrangimento.

"Assim, pois. Virando-se para olhar para trás, você percebe onde estava. Ou seja, assim pode ver o caminho que você não fez bem. Se você olha para trás, percebe que o que você queria era voltar, e o que aconteceu é que você respondeu que devia encontrar o caminho de volta. Aí está o problema. Você procurou um caminho que não existe. Era preciso fazê-lo."

O Velho Antonio sorri, satisfeito.

— Subcomandante Galeano, *Relatos del Viejo Antonio* (1996)

2.1. Um lugar chamado Chiapas

O viajante descuidado que visita o estado de Chiapas tende a descrevê-lo como mágico, exótico, um "museu vivo". Elogia a culinária regional, deslumbra-se com a arte e a tecelagem indígena, exalta as *amazing landscapes*. O México é atualmente o principal destino turístico da América Latina, e está entre os dez países mais visitados do mundo. As divisas advindas do turismo representavam em 2019 cerca de 8,7% do PIB do país (Sectur, 2019). Nesse contexto, o governo de Chiapas, estado historicamente marginalizado dentro da distribuição da riqueza mexicana, tem apostado cada vez mais na "cultura maia ancestral" como principal atrativo de investimentos e estratégia de dinamização econômica.

De acordo com dados oficiais de 2020, 7,36 milhões de pessoas se identificavam como indígenas falantes de sua língua originária no México, o que representa cerca de 6,14% da população. Quando o critério era a autodeclaração e não o idioma, 21,5% da população mexicana se autodeclarava como pertencente a um dos 68 grupos indígenas do país (Inegi, 2020).[23] Em Chiapas, de acordo com o mesmo censo e utilizando como parâmetro critérios linguísticos, quase 28,2% da população era indígena, passando para 36,1% quando era usado o critério de autodeterminação (Inegi, 2020). Outras fontes defendem a existência de uma população indígena majoritária em Chiapas, indicando que

23 Isso demonstra ao menos duas coisas: primeiramente, o caráter tendencioso dos métodos estatísticos e dos censos demográficos mexicanos, no sentido de ocultar a existência de seus povos indígenas em favor de uma suposta modernidade mestiça (Díaz-Polanco, 1997, p. 9); em segundo lugar, a eficácia da política indigenista do país em sua estratégia de erradicação dos idiomas indígenas. Ainda que feitas as devidas ressalvas no uso da informação desses censos, em 2000, 7,1% da população falava algum idioma indígena; em 1990, 7,5%; em 1970, 7,8%; em 1950, 11,2%; em 1930, 16%.

Situação geográfica de Chiapas e distribuição espacial aproximada de sua população indígena

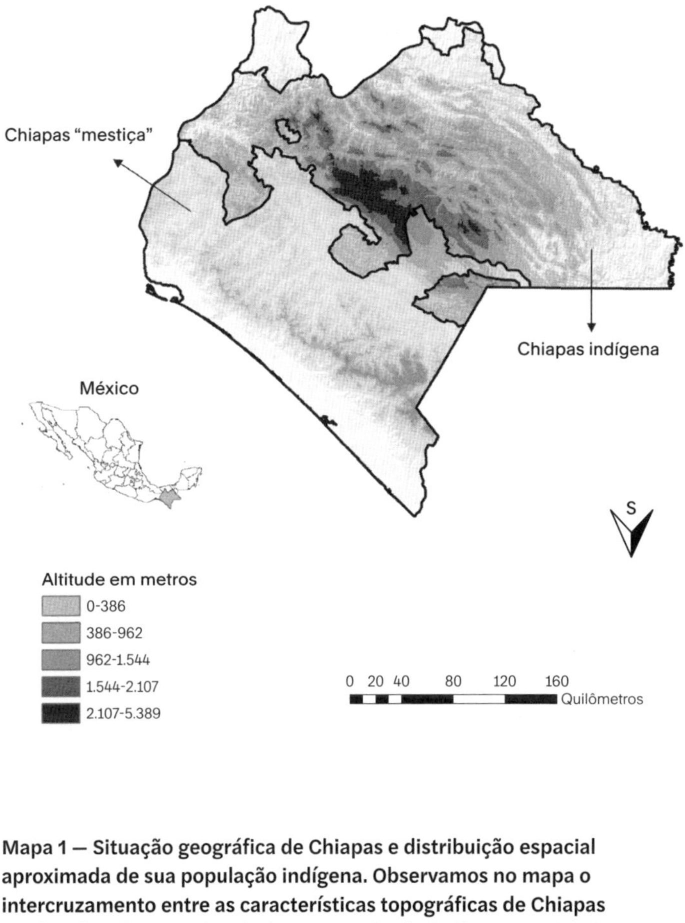

Mapa 1 — Situação geográfica de Chiapas e distribuição espacial aproximada de sua população indígena. Observamos no mapa o intercruzamento entre as características topográficas de Chiapas e a distribuição aproximada de sua população indígena, em 2010. Na borda oriental, em tom mais escuro, concentram-se as populações indígenas. Essa região é caracterizada por um relevo de planalto que, por ser bastante irregular, dificulta a agricultura mecanizada. Na borda ocidental, mais clara, concentra-se a população mestiça. Essa região é caracterizada por um relevo de planície, o que favoreceu o processo de mecanização da agricultura e consequentemente a expulsão da população indígena via projetos de colonização. Adaptado pelo autor a partir de Vos (2010, p. 259), com cruzamento de informações em base hipsométrica e tratamento de Daniel Bruno Vasconcelos

três quartos de seus habitantes falavam algum idioma indígena em 1994 (Dossier sobre Chiapas, 1994, p. 41-5). O grande tronco linguístico maia é falado por mais de seis milhões de pessoas, com mais de trinta subgrupos, alguns deles localizados em Chiapas, como por exemplo o tzotzil, o tzeltal, o tojolabal e o chol. Por razões históricas e geográficas, essa população não se distribui de maneira homogênea no território chiapaneco.

O relevo montanhoso da borda oriental de Chiapas — conhecida regionalmente como Las Cañadas — acabou por dificultar a mobilização econômica e fundiária da área, contribuindo para a permanência de suas populações indígenas mais ou menos territorializadas. A estrada que conecta San Cristóbal de las Casas a Ocosingo (município da Selva Lacandona mais próximo), por exemplo, só foi asfaltada em 1980. A borda ocidental de Chiapas conta com relevo mais plano, terras mais férteis e vias de escoamento para a produção. Isso favoreceu a desterritorialização das populações indígenas dessa região ao longo da formação territorial chiapaneca, o que resultou na predominância de mestiços e descendentes de imigrantes e em uma produção voltada principalmente para a exportação.

De qualquer forma, a cultura indígena está tão arraigada no cotidiano chiapaneco que quem circula pelas ruas do Alto de Chiapas facilmente se depara com lideranças locais tzotzil transitando com suas vestimentas tradicionais e seus característicos bastões de mando, símbolo de sua autoridade, ou ainda pode observar em alguma praça pública mulheres com seus ponchos tzotzil coloridamente bordados.

A pitoresca ideia *new age* do fim do mundo, erroneamente atribuída aos Maia e profetizada para o dia 21 de dezembro de 2012, propicia-nos valiosos subsídios para uma reflexão acerca das atuais contradições do estado de Chiapas, famoso por ter sido, junto com Yucatán, o berço dessa civilização. Se formos criteriosos com a memória histórica, o fim do mundo indígena chiapaneco vem sendo um objetivo perseguido desde o

Fotografia 4 — Indígenas tzotzil durante o III Seminario Internacional de Reflexión y Análisis Planeta Tierra: Movimientos Antisistémicos. San Cristóbal de las Casas, Alto de Chiapas, janeiro de 2013

Fotografia 5 — Marcha zapatista em San Cristóbal de las Casas, em 21 de dezembro de 2012. Ao contrário dos relatórios governamentais, o EZLN demonstrou estar tão organizado quanto em 1994, quando então se insurgiu em armas.
Autor desconhecido, publicada originalmente em "Movilización zapatista 21 de diciembre de 2012", *Koman Ilel*, 24 dez. 2012

período colonial, apesar de tais povos continuarem existindo e continuamente reelaborando seu mundo. Não por acaso mais de quarenta mil indígenas zapatistas desfilaram em absoluto silêncio em sete municípios chiapanecos justamente no dia 21 de dezembro de 2012. Demonstraram assim que não só resistiam enquanto zapatistas, mas também lutavam pelo fim do mundo como tal.[24]

Não obstante, ao percorrer Chiapas em meus trabalhos de campo, não pude deixar de notar um fenômeno curioso: a reificação estatal do mundo maia a partir de um grosseiro simulacro turístico. Em uma nova era do capital, a resiliência identitária secularmente constrangida pela aristocracia chiapaneca parece agora ser espoliada pelos processos de mercantilização da cultura. Os órgãos estatais, cientes da valorização do que é visto como exótico pelo turista — que nada mais é que um consumidor de diferença, nas palavras de Hakin Bey (2014) —, passam nitidamente a fazer uso da imagem maia e a mercantilizar os símbolos mais delicados da história desse povo. Nesse sentido, os turistas são incentivados pela publicidade estatal, por exemplo, a "explorar o mundo maia".

Curioso notar que, para as agências de turismo chiapanecas, o mundo maia é fetichizado na arquitetura colonial, nos sítios arqueológicos, nas cachoeiras privadas, nos parques naturais e nos luxuosos hotéis *resorts*, todos em áreas anteriormente ocupadas por indígenas, esquecendo-se sempre, devemos lembrar, do indígena contemporâneo, reduzido na perspectiva estatal a um folclore ambulante. Aqueles grupos e comunidades que divergem dessa perspectiva colonizadora são excluídos do reparto das riquezas e, como se não bastasse, acabam progressivamente expropriados desse "admirável mundo novo" chiapaneco.

Baseado nesse fetiche "neonaturalista", o espaço literalmente se remodela, abrindo caminho ao capital, como já demonstravam

24 "Derrumbe y renacimiento en el mundo Maya zapatista", *La Jornada*, 22 dez. 2012.

as obras de reestruturação urbana com que me deparei em San Cristóbal de las Casas em minha primeira viagem, em 2012.

Já em meu retorno, em 2021, fiquei impressionado em ver como o turismo se expandiu em apenas nove anos. O centro histórico da cidade foi gentrificado, fazendo com que os bairros pobres — predominantemente habitados por indígenas — se expandissem para os morros que rodeiam a cidade. Restaurantes italianos, argentinos, vietnamitas, entre outros, haviam tomado o espaço dos tradicionais restaurantes de *comida corrida* (popular) mexicana, enquanto cervejarias gourmet surgiram em número espantoso nas ruas mais movimentadas. Nas palavras de um amigo, San Cristóbal se tornou um grande "parque temático", com direito a verdadeiras *maquiladoras de artesanato*.

Pensava sobre tudo isso no começo de uma fria noite de outubro de 2021, sentado no banco de uma praça no centro histórico de San Cristóbal de las Casas. Dois garotos indígenas de aproximadamente oito anos se aproximaram, com cestas de palha repletas de artesanatos. Comecei a conversar com eles enquanto me mostravam alguns animaizinhos de argila, que diziam ter sido produzidos por suas mães. Em certo momento lhes perguntei de onde eram, imaginando que responderiam que viviam em algum bairro afastado de "San Cris". Disseram-me, entretanto, que eram de Amatenango del Valle, uma cidade cinquenta quilômetros ao sul de onde estávamos. Perguntei então onde estavam se hospedando, pois sabia que naquele horário não havia mais possibilidade de retorno àquela cidade, e realmente fazia frio; imaginava que mencionariam a casa de algum parente ou coisa do tipo. Eles ficaram em silêncio e depois de alguns segundos de hesitação, como se aquilo fosse algo muito óbvio e só um estrangeiro não compreendesse, disseram-me que "não ficavam em lugar nenhum", isto é, dormiam na rua. Essa triste cena vivida em primeira pessoa talvez exemplifique o substrato silencioso da vida real que existe sob o dinâmico e colorido verniz turístico de Chiapas.

Dessa forma, o que se percebe em Chiapas é que o "multiculturalismo neoliberal" (Hale, 2005), promovido pelo Estado ao som melodioso da marimba, visa positivar a identidade indígena não para sua real emancipação política e econômica, mas como estratégia para transformá-la em "capital cultural", valorizando, concomitantemente, as terras que esses indígenas ocupam. Como nos tempos coloniais, distingue-se o mau gentio do bom selvagem, ou, em outras palavras, o "índio contestador" do "índio permitido" (Hale, 2004), aquele que não ameaça a institucionalidade do Estado.

De acordo com Boccara e Ayala (2011), esse modelo multicultural foi a forma de governabilidade encontrada pelos Estados-nação no atual contexto neoliberal, pois tangencia a crescente efervescência das demandas políticas indígenas, ao mesmo tempo que cumpre o papel de definir e normatizar o exercício estatalmente legítimo desta indianidade. Os autores observam que, na prática, esses mecanismos tendem a burocratizar e padronizar as culturas indígenas, individualizando e profissionalizando seus portadores, de forma a torná-los "patrimônios nacionais".

Para Araceli Burguete (2010), o multiculturalismo como política de reconhecimento surge como um contraparadigma estatal à proposta autonômica, no sentido de evitar seu fortalecimento. Para a autora, enquanto a autonomia se ampara no direito à "livre determinação" dos povos indígenas, com todo o peso territorial inerente a esse conceito, o multiculturalismo se limita a enxergar os povos indígenas como "minorias étnicas", limitando suas demandas políticas ao aspecto cultural, no máximo a uma lógica de descentralização. Não à toa essa perspectiva goza do apoio de organismos multilaterais como o Banco Mundial e o Banco Interamericano de Desenvolvimento.

As lutas fora do campo multiculturalista — ou seja, a dos "índios desautorizados" — são deslegitimadas, quando não criminalizadas: basta ver as recorrentes prisões de indígenas por motivos políticos em Chiapas.[25] Tornam-se, assim, aos olhos do Estado, um entrave à nação e ao progresso, isto é, impedem a reprodução ampliada do capital. Ilustrarei tal diferença com um exemplo concreto, mostrando como a perspectiva heterônoma do Estado é persistente no tempo, independentemente das cores partidárias. Em 2005, o Plano de Ordenamento Territorial do Estado de Chiapas dizia:

> Um problema grave em matéria de ordenamento territorial é o antagonismo entre a concepção, a ocupação e o uso do território pelos povos indígenas e a concepção ocidental e urbana de ordenamento territorial, situações que [...] estão presentes em Chiapas. Os conflitos da lei indígena aprovada pelo Senado e os Acordos de San Andrés e a proposta do EZLN das Juntas de Bom Governo são um exemplo desse antagonismo e dessa contradição. (Sedesol, 2005, p. 294)

O "antagonismo" declarado pelo documento sintetiza claramente as diferentes formas de reprodução espacial em disputa no estado de Chiapas. Temos, por um lado, uma perspectiva que privilegia o *valor de uso*, isto é, os aspectos identitários e históricos de uso e ocupação da terra, e outra que privilegia o *valor de troca*, vislumbrando uma potencialidade econômica a partir de sua capitalização. O discurso estatal tende a apregoar que a dinamização econômica baseada no turismo e na extração de recursos naturais mudará o histórico de marginalidade e esquecimento da população chiapaneca, omitindo, porém, que os possíveis benefícios desse processo estarão concentrados, como sempre, em certos pontos do espaço e em certos grupos étnicos.

Passados catorze anos desde que foi produzido o documento acima citado, o modelo multiculturalista neoliberal — agora

25 A mero título de exemplo (já que notícias como essa já soam cotidianas em Chiapas), ver "Por segundo día, el gobierno de Chiapas pospone excarcelación de nueve indígenas", *La Jornada*, 4 jul. 2013.

alavancado pelo governo "progressista" de López Obrador — segue tentando formatar as culturas indígenas de Chiapas em prol da entrada de capitais. Vejamos o Plano Estatal de Desenvolvimento de Chiapas (2019-2024):

> Os centros ecoturísticos são fundamentais para o desenvolvimento das comunidades. Por isso, é necessário coordenar esforços com os povos indígenas para melhorar o manejo sustentável do meio ambiente e para que compartilhem com os visitantes seus costumes e tradições. [...] A perda de biodiversidade dentro e fora das Áreas Naturais Protegidas (ANP) se deve à presença de espécies não nativas invasoras, ao tráfico e à superexploração ilegal de espécies, aos usos e costumes das comunidades rurais e indígenas, à alta incidência de incêndios florestais, às transformações constantes no uso do solo, assim como ao incremento de doenças emergentes, entre outros. (Secretaría de Hacienda del Estado de Chiapas, 2019, p. 94, 115)

Ao mesmo tempo que o governo reconhece que as comunidades indígenas são atrativos fundamentais para o turismo, dentro do projeto de exotização da cultura maia, entende que, do modo como estão organizadas, elas constituem um risco para o meio ambiente, ou ainda um empecilho para a dinamização do turismo.

Em relação ao combate à pobreza, programas sociais — como o Progresa (1997) e o Oportunidades (2002) — passaram a ser disponibilizados em Chiapas logo depois do levante zapatista, em 1994. Um novo programa chamado Cruzada Nacional contra a Fome foi iniciado em abril de 2013, abrangendo 55 municípios chiapanecos (de um total de quatrocentos municípios em todo o México). O projeto inspirou-se no modelo brasileiro do Bolsa Família, e foi bastante discutido. Analistas políticos mexicanos, como Hermann Bellinghausen, assim como os próprios zapatistas, compreendiam que o Cruzada contra a Fome se tratava

Fotografia 6 — Catedral de San Cristóbal de las Casas, um dos principais centros turísticos do estado. Na praça, observam-se indígenas tzotzil vendendo tecidos, artesanatos, doces e cigarros aos turistas em circulação. Chama a atenção o número de crianças dedicadas ao trabalho. Alto de Chiapas, janeiro de 2013

Fotografia 7 — O crescimento do turismo nos últimos anos vem impulsionando a realização de obras públicas de adequação estrutural no plano urbano de San Cristóbal. Na foto, observamos a construção de um calçadão no centro histórico da cidade. Janeiro de 2013

de mais um intento de instrumentalização da pobreza indígena, em especial aquela que possuía potencial conflitivo.

Os zapatistas também apontavam que tais projetos consistiam em mais uma estratégia governista na busca da desarticulação política do EZLN e, por consequência, de seu projeto autonômico.[26] Rigoberto Serrano, da organização chiapaneca Desarrollo Económico Social de los Mexicanos Indígenas (Desmi), em entrevista a mim concedida, afirmava em 2013 que tais projetos "possuem a intencionalidade de fracionar, de dividir a comunidade pelos interesses pessoais, destruindo a coesão social que as comunidades tinham de acordos comunitários e de benefício comum".[27]

O tema é complexo: até que ponto os programas de distribuição de renda em Chiapas não jogavam, ou jogam, o jogo do multiculturalismo neoliberal mexicano? Em termos práticos, pode-se afirmar que os efeitos concretos foram poucos. Dados oficiais informam que Chiapas continua sendo o estado mais pobre do México, tendo o nível de pobreza aumentado de 74,7% para 75,5% no período que vai de 2012 a 2020. No mesmo período, a "população não pobre e não vulnerável" foi de 6,4% para 7,1% (Coneval, 2020). Embora o Índice de Desenvolvimento Humano (IDH) de Chiapas tenha aumentado de 0,63 para 0,66 entre 2010 e 2015, o estado continua a ter o pior índice de todo o México.[28]

Destarte, ao que tudo indica, tais programas cumprem um papel político: reafirmar a presença do Estado e fazer frente aos movimentos sociais, trazendo consigo objetivos implícitos de cooptação e desarticulação. Quanto ao programa iniciado em 2013, por exemplo, a área de influência zapatista (como a Selva

26 "La cruzada contra el hambre, plan de ataque a nuestra autonomía: zapatistas", *La Jornada*, 1º ago. 2013.

27 Entrevista concedida ao autor em San Cristóbal de las Casas, Chiapas, 11 mar. 2013.

28 "Transformando México desde o local: informe de desarrollo humano municipal (2010-2015)", PNUD, 30 mai. 2019.

Lacandona e Las Cañadas) tendia a ser o lócus privilegiado para sua instalação. Sem dúvida aumentou desde então a polarização política em Chiapas.

Em termos de recursos naturais, Chiapas — que possui uma área correspondente a nove vezes a região metropolitana de São Paulo — é um dos estados mais ricos do México. Ali se localizam os rios mais caudalosos do país, cerca de 30% de toda a água superficial mexicana (Sedesol, 2005, p. 291). Não obstante, em 2015, metade dos habitantes não dispunha de água encanada (Inegi, 2015b). A população de Chiapas pode ser considerada jovem, já que metade dos habitantes possui menos de 22 anos; contudo, quase 18% da população com 25 anos ou mais é analfabeta (Inegi, 2020). Se consideradas apenas as pessoas de sessenta anos ou mais, 86% da população chiapaneca é analfabeta (Inegi, 2020).

Mais da metade da população vive em zonas rurais produzindo milho, feijão, banana, café, cacau, palma africana e frutas diversas, em uma área que corresponde a 77% da superfície total do estado. Apesar disso, 68% de sua população não possui recursos suficientes nem mesmo para a compra de alimentos crus (Vos, 2010, p. 258), o que torna Chiapas o segundo estado com maior desnutrição do país: a desnutrição severa devido à má alimentação está presente em seis de cada dez municípios (Sedesol, 2005, p. 211). Quanto à mortalidade infantil, Chiapas possui a maior taxa nacional, com 31,9 mortes de crianças de até um ano a cada mil nascimentos (Sedesol, 2005, p. 211).

Quem tem a possibilidade de conhecer Chiapas para além da superfície perceberá que o que mais chama atenção não é a beleza de seus lagos e montanhas, mas os altíssimos índices de marginalidade, carência e estratificação de sua população indígena desde o período colonial. Que o exotismo propalado pelo governo faz com que cada vez mais crianças indígenas sejam obrigadas a se transformar em vendedoras de cigarros e artesanato aos turistas nacionais e estrangeiros; que sejam condenadas, por conta desse processo de modernização, a se transformar em agentes de entretenimento ou reduzir-se a coletores de resíduos recicláveis. Que o "museu vivo" se manifesta em Chiapas, sim, mas sobretudo no arcaísmo de suas relações sociais coloniais.

O historiador Jan de Vos, uma das maiores referências sobre a história de Chiapas, dizia que, "se o curso atual [de um rio] leva muita água turbulenta e suja, é por conta das chuvas e deslizes que se produziram, desde há muito tempo, na serrania de seu passado" (Vos, 2010, p. 11). Tomando de empréstimo essa imagem, interessa-me na próxima seção percorrer esses turvos mananciais de Chiapas, questionando seu passado a partir de uma geografia a contrapelo, a fim de entender o desenvolvimento de suas contradições sociais e agrárias desde sua formação territorial.

2.2. Formação territorial chiapaneca e a exploração da força de trabalho indígena

Uma reflexão que busca compreender a situação de um determinado grupo indígena no que diz respeito a seu território contemporâneo deve, necessariamente, partir de elementos materiais, de maneira a compreender sua conformação enquanto processo histórico. Assim, concordo com o antropólogo João Pacheco de Oliveira (1996, p. 9) quando afirma que "não é da natureza das sociedades indígenas estabelecerem limites territoriais precisos para o exercício de sua sociabilidade. Tal necessidade advém exclusivamente da situação colonial a que essas sociedades são submetidas".

Buscando uma interpretação histórica da emergência zapatista, o sociólogo José de Souza Martins defende que o conflito eclodido em 1994 é "uma das últimas guerras de descolonização na América Latina" (Buenrostro y Arellano & Oliveira, 2002a, p. 62), no sentido de um insuportável tensionamento neoliberal das contradições sociais e econômicas originadas no período colonial e repostas em Chiapas até o final do século XX. Não é apenas um simbolismo retórico o EZLN começar a "Primeira Declaração da Selva Lacandona", seu primeiro comunicado público, afirmando: "Somos produto de 500 anos de lutas" (EZLN, 2003, p. 33).

Partindo da premissa de que o processo de formação territorial chiapaneco não se deu em um espaço vazio, e sim ocupado por diversas etnias ameríndias, enfatizarei dois aspectos que operam de maneira relacional e, a meu ver, possuem grande importância: a paulatina concentração de terras em mãos privadas (a partir da desterritorialização de populações indígenas ou autóctones) e a superexploração da força de trabalho desses grupos expropriados.

É possível dizer que as disputas por terra e pela força de trabalho indígena foram as grandes responsáveis pelas contradições de fundo agrário e social de Chiapas, contradições que se perpetuaram ao longo do processo de formação territorial do estado até os nossos dias. Conforme Nunes (1975, p. 12), a disputa pela terra possui uma grande centralidade explicativa nos conflitos sociais e políticos não só desse estado, mas, de maneira geral, do México como um todo. Nesse sentido, Adolfo Gilly (1997, p. 13) enxerga a insurgência zapatista como parte de um ciclo de revoltas das classes subalternas mexicanas, prolongamento histórico das contradições coloniais e da revolução agrária de 1910 — ou, em suas palavras, uma "revolução interrompida". De acordo com o historiador, a consigna autonômica do EZLN reflete um imaginário que se constrói no desenrolar do período colonial, de maneira que desconsiderar essa raiz profunda "é ignorar a substância da questão e o significado do objeto em disputa" (Gilly, 1997, p. 27).

Assim, não se pode entender a emergência zapatista como um processo que nasce de maneira inusitada, a partir de 1994. O zapatismo surge dialeticamente das contradições oriundas da formação territorial chiapaneca, como apontam muitos autores.[29] A compreensão desse processo em seus diferentes períodos históricos nos permite analisar, de maneira concreta, o processo abstrato de valorização do espaço e seus desdobramentos sociais, especialmente as contradições etnopolíticas e agrárias que daí derivam.

Não se trata aqui, advirto, da busca de uma imemorial essência autóctone. Tampouco se trata de tentar explicar o levante zapatista segundo uma perspectiva estrutural simplista, fundamentada apenas na falta de terras ou na superexploração da força de trabalho indígena, situação relativamente comum em muitos países latino-americanos. Entretanto, como veremos, essas condições são fundamentais para entendê-lo.

Finalmente, esclareço que fiz questão de enfatizar aspectos jurídicos nesse processo de formação territorial, não por acreditar que as particularidades socioterritoriais de Chiapas sejam um reflexo imediato dos arranjos institucionais do Estado (onde, por vezes, as leis se restringem a papéis sem validade efetiva), mas porque, à maneira do historiador Edward Thompson,[30] creio que tais regulamentações demonstram de maneira explícita e inequívoca os persistentes intentos do Estado (ou, no contexto colonial, da Metrópole) de qualificar, restringir, regular e orientar o uso do espaço e a disponibilidade da força de trabalho indígena no território chiapaneco.

29 Para citar apenas alguns exemplos: Aguirre Rojas (2002; 2008); Gilly (2002); Buenrostro y Arellano (2002b); Aubry (2005); Vos (2010).
30 Ver Thompson (1987), especialmente o item "O domínio da lei", incluído nas conclusões do livro.

2.2.1. Chiapas no período colonial: breve contextualização

Conforme o geógrafo Antônio Carlos Robert de Moraes (2011, p. 71-80), a colonização pode ser definida como a conquista de determinada porção territorial e a subordinação de seus antigos ocupantes, implicando, para além de outras relações, uma hierarquia entre sociedades e lugares. Como bem nota Américo Nunes: "A guerra levada a efeito pelo conquistador, desde a conquista, contra a organização social dos nativos e contra a propriedade comunal dos *pueblos*, teve efetivamente um duplo objetivo: de um lado trata-se de obter uma abundante mão de obra e, de outro, de aumentar a propriedade fundiária colonial" (Nunes, 1975, p. 17).

Desse modo, a entidade político-territorial que hoje conhecemos como "Chiapas" é invenção dessa subordinação colonial, não possuindo antecedentes pré-hispânicos. A empresa colonial teve ali seu início por volta de 1530, a partir da criação da Alcadía Mayor de Chiapa,[31] a qual ocupava mais ou menos a metade do atual território do estado. Excluíam-se a Selva Lacandona (leste do estado) e a província de Soconusco (oeste do estado, na costa do Oceano Pacífico), esta última agregada somente em 1786. Foi nessa área central, atualmente chamada de Alto de Chiapas, que foi fundada em 1528 a chamada Villa Real,[32] centro administrativo colonial de Chiapas, vinculada à época à capitania geral da Guatemala.

Ainda que legitimada por um discurso teológico, a empresa colonial foi, antes de tudo, um empreendimento econômico.

31 O nome "Chiapas", no plural, só passaria a ser utilizado a partir de 1768, quando Chiapa se dividiu em duas regiões administrativas: Tuxla e Ciudad Real (Vos, 2010, p. 275). Neste capítulo, quando usarmos o termo "Chiapa", no singular, estaremos fazendo menção à Alcadia Mayor de Chiapa.

32 Posteriormente Ciudad Real e finalmente San Cristóbal de las Casas, capital do estado até 1892.

Nesse sentido, tais interesses tiveram uma influência fundamental no processo de formação territorial do que hoje chamamos de Chiapas. Diferentemente do que se deu em outras regiões do continente americano, os espanhóis não encontraram em Chiapas consideráveis riquezas minerais, desmotivando assim investimentos em infraestrutura como os ocorridos em outras áreas do Vice-Reino da Nova Espanha. Chiapas era uma província economicamente pobre, periférica, com poucas vias de comunicação, sem portos e sem produtos valorizados no exterior.

Por outro lado, possuía uma população relativamente grande para a época, ao redor de 350 mil indígenas (Vos, 2010, p. 34), os quais se agrupavam em sete grandes núcleos étnicos, segundo suas línguas: chol, tzotzil, tzeltal, tojolabal, zoque, chiapaneco e lacandão. Por conta da situação geográfica da província — conectando a América Central e a Nova Espanha — e da carência de braços em outras áreas, a exploração da força de trabalho autóctone se tornou a primeira fonte de riqueza da empresa colonial espanhola na região.

Automaticamente tornada súdita dos reis espanhóis quando contatada, essa população possuía basicamente dois destinos: a escravização (a venda massiva dos indígenas ao México, Antilhas e Peru) e a subordinação, por meio de formas compulsórias de trabalho e/ou tributação. Entre tais formas, destacavam-se a *encomienda* e o *repartimiento*, além do submetimento serviçal, voltado basicamente à reprodução da oligarquia local (Vos, 2010, p. 52-8). A *encomienda* consistia basicamente no pagamento de tributos (em trabalho ou espécie, posteriormente em dinheiro) por parte dos indígenas a um *encomendero*, isto é, um particular, súdito da Coroa espanhola. No plano discursivo, as *encomiendas* legitimavam o submetimento indígena mediante a ideia de ressarcimento aos trabalhos de evangelização e "proteção" levados a cabo pelos *encomenderos*.

O *repartimiento* dizia respeito ao trabalho compulsório sazonal de indígenas em atividades econômicas vinculadas a particulares espanhóis. Grupos se revezavam de forma a possibilitar uma força de trabalho contínua nas propriedades do colonizador. Em troca, recebiam uma compensação financeira de baixo valor, geralmente utilizada para pagar os tributos cobrados pela Coroa e pelos *encomenderos*. Conforme Flávio Rojas Lima, esse sistema foi oficialmente abolido pela Espanha em 1812, embora tenha perdurado sob novos nomes em alguns lugares da América hispânica até a década de 1990 (Lima, 1992, p. 122).

A violência perpetrada pela conquista e pela subordinação nesses primeiros anos de contato possui amplos registros históricos: até 1580, os indígenas que viviam no território que hoje é o México Central sofreram uma redução de 95% em sua população (Elliott, 2004, p. 191), sendo que em Chiapas, entre 1528 e 1611, aproximadamente 65% da população indígena foi exterminada (Vos, 2010, p. 33). A repercussão política das denúncias realizadas pelo frei Bartolomé de las Casas[33] em meados do século XVI favoreceu o empoderamento da Igreja, em especial a ordem dos dominicanos, que no final do mesmo século possuiria o monopólio da evangelização de quase todas as comunidades indígenas em Chiapas, o que implicava obviamente o controle político sobre suas terras e corpos (Vos, 2010, p. 285-7).

Ainda conforme Jan de Vos (2010, p. 61), isso mudaria definitivamente o mapa geográfico e sociocultural do atual território chiapaneco, já que os dominicanos imporiam a partir de então inúmeras reduções nas áreas de predomínio indígena, desterritorializando sua população e a concentrando em pequenas vilas, de forma a facilitar o controle político e ideológico sobre as mesmas. Tais reduções eram chamadas no México de *pueblos de indios*.[34] De acordo com Nunes (1975, p. 16), desde essa época

33 Que residiu na Villa Real de Chiapas até 1546, quando foi expulso a pedradas pela oligarquia local, enraivecida por sua postura pró-indígena.
34 A maioria dos povoados indígenas que atualmente existem em Chiapas deve sua localização às reduções da época (Vos, 2010).

se encontram bem delimitadas "as três formas de posse de terras no México: a propriedade fundiária dos colonos espanhóis, a propriedade da Igreja e a propriedade das aldeias indígenas".

Cientes da impossibilidade de uma transformação radical na cultura local, o sistema de dominação colonial buscava absorver e pôr ao seu serviço a organização social pré-hispânica. Isso se dava, dentre outras formas, mediante a cooptação de lideranças locais, o que permitia a manutenção de certa legitimidade política e, ao mesmo tempo, a reprodução de certos atributos culturais caros ao grupo submetido. Essa conjuntura levou a um sistema de relações de dependência e exploração indireta, especialmente a partir do século XVII, mediante o recolhimento de tributos como produtos agrícolas, animais, madeira e artesanatos. Contudo, como meio de submetimento direto da força de trabalho, parte dos tributos era cobrada em moeda, meio de circulação alheio às comunidades. É importante observar que o pagamento de tributos não era novidade para as comunidades indígenas que habitavam essas terras no período pré-hispânico, muitas delas submetidas a outros grupos indígenas. A inovação da colonização europeia foi a cobrança dos tributos de forma individual, juntamente com a exigência de que parte do pagamento fosse em moeda, que não era produzida pela população autóctone (Aubry, 2005, p. 72).

De acordo com Oliveira (2007, p. 58), ainda que também apareçam sob a égide do capitalismo, tais formas de transferência da renda da terra (via espécie ou trabalho) possuem origem pré-capitalista. São formas residuais que persistiram na gradual transição da transferência da renda da terra pela via do dinheiro, sua modalidade mais desenvolvida. Embora todas tenham origem no trabalho do produtor, indicam claramente a obrigação de uma crescente vinculação ao sistema econômico colonial, mediante a monetização das relações e da mercantilização da produção.

No plano territorial, as reduções tiveram o papel de liberar as terras até então ocupadas pelas comunidades indígenas.

O confinamento em núcleos estáveis propiciou as condições históricas para o posterior surgimento de uma forma particular de propriedade fundiária, a qual seria o centro de gravidade da economia chiapaneca até o século XX: a *hacienda*. Os indígenas eram proibidos de transitar fora de suas reduções, sob pena de "vinte chicotadas ou outros castigos", e sua força de trabalho surgia de forma paralela aos regimes de trabalho forçado baseados em endividamentos fraudulentos (Vos, 2010, p. 65). Em meados do século XVII, o sistema colonial-eclesiástico e sua forma de tributação já haviam se estendido a outras regiões de Chiapas e Soconusco, expandindo, ao mesmo tempo, a mestiçagem na província.

No final do século XVII, o sistema de exploração instaurado se desenvolvia em plena potência, refletindo-se no progressivo aumento do número de *haciendas* (Vos, 2010, p. 77). A face oculta desse processo, isto é, a gradual desterritorialização da população indígena e os altos níveis de exploração de sua força de trabalho, gênese da riqueza oligárquica emergente, refletia-se por sua vez em um crescente descontentamento das populações submetidas. Uma primeira rebelião eclodiu em Tuxla em maio de 1693, quando indígenas zoque, incapazes de suportar a carga de impostos, os *repartimientos* e os trabalhos forçados exigidos pelas autoridades coloniais, assassinaram o então governador da província de Chiapas (Aubry, 2005, p. 81).

Mas esse episódio foi apenas um prenúncio do que ocorreria dezenove anos depois: um levante que ficaria conhecido como a Rebelião Tzeltal.[35] Vou me deter um pouco nesse acontecimento histórico, pois ele ilustra de forma clara a complexidade social, política e cultural de Chiapas no início do século XVIII.

35 Existe uma ampla bibliografia a respeito da Rebelião Tzeltal em Chiapas. Parece-nos que Jan de Vos (2010, p. 81-102) faz uma boa síntese da mesma, de maneira que nos basearemos nesse historiador para descrever o ocorrido.

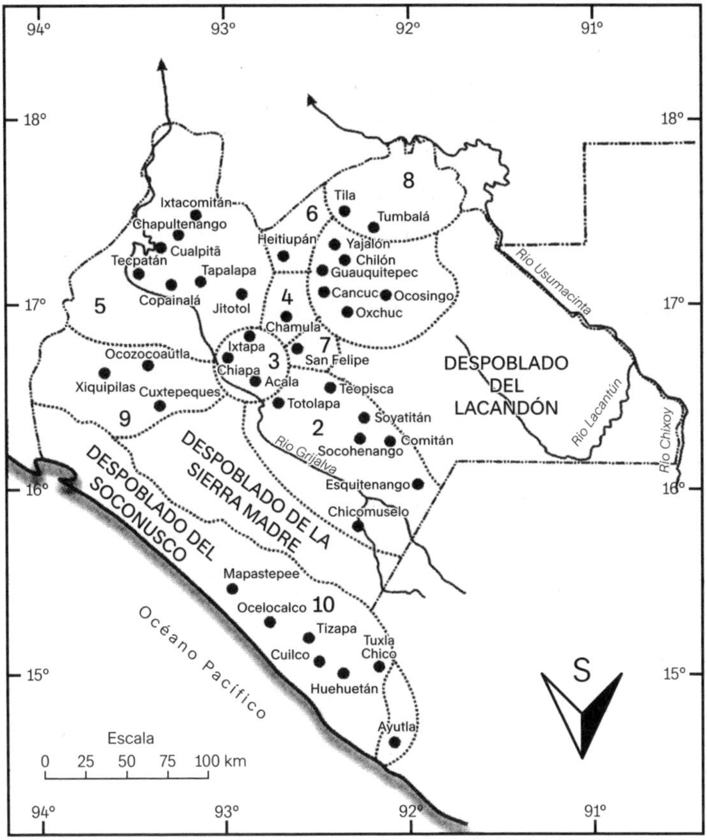

Mapa 2 — Reduções indígenas em Chiapas, século XVII. Reduções indígenas vinculadas à Igreja em meados do século XVII divididas em dez zonas pastorais. Percebe-se o avanço centrífugo da colonização a partir da Villa Real, no centro do estado (zona 3 do mapa). Observa-se também a representação de "zonas despovoadas" (*despobladas*) da Selva Lacandona, de Soconusco e da Sierra Madre. O termo "despovoado" corresponde mais à ausência de núcleos colonizadores do que a comunidades indígenas propriamente ditas. Tais áreas "despovoadas" começariam a ser exploradas economicamente somente a partir do século XIX (Vos, 2010, p.70)

Foi possivelmente o levante mais violento e de maior duração registrado na Capitania Geral da Guatemala, envolvendo mais de trinta comunidades indígenas em uma ação conjunta e planejada.

A particularidade dessa rebelião reside na forma como foi convocada, não por um heroico líder indígena, nem mesmo por uma liderança da igreja, mas sim pela própria Virgem do Rosário. A santa católica teria se manifestado em junho de 1712 a uma pequena menina tzeltal chamada María de la Candelaria, no povoado de Cancuc (interior da província de Chiapas), pedindo que os indígenas se reunissem no local, "pois já não havia Deus nem Rei". Construíram ali uma pequena capela e nela um espaço privado, um quarto escuro onde só a menina e seu pai podiam entrar para receber as mensagens da santa. As lideranças do povoado apoiaram o milagre, e não tardou para que indígenas de diversas localidades começassem a peregrinar à capela para orar e cultuar a dádiva recebida. As reduções e a evangelização sistemática dos dominicanos já perduravam havia um século e meio naquelas paragens, e o simbolismo da Virgem com suas mensagens teve grande adesão, aglutinando inclusive etnias de diferentes línguas, como os tzotzil.

Ao saberem do ocorrido, os espanhóis da Ciudad Real destituíram as lideranças administrativas locais e, como forma de represália, ordenaram que fossem chicoteadas publicamente. Rapidamente nomearam novos administradores, que se encarregariam de destruir a capela e punir exemplarmente os devotos. No entanto, quando a nova junta administrativa lá chegou, por volta de um mês depois da primeira aparição, foi bravamente expulsa por uma multidão de indígenas organizados, que já residiam em volta da capela.

Em finais de julho, o milagre se converteu em movimento armado em aberta rebeldia contra o sistema de exploração colonial. Os fiéis ignoraram as lideranças coloniais e criaram uma "república de índios". Não se sabe exatamente quantos espanhóis morreram na ofensiva militar indígena, mas existem registros de que o movimento se estendeu por outros povoados, onde destruiu igrejas, conventos, *haciendas* e variados bens da aristocracia local.

A guerra teve fim em novembro de 1712, com a invasão de Cancuc pelos espanhóis, que responderam com a queima de povoados, a destruição de plantações e enforcamentos sumários, e finalmente puderam destruir a capela da santa subversiva, sem, no entanto, resolver por completo o mistério que se punha à igreja: haveria realmente ocorrido uma manifestação divina em Cancuc? Segundo declaração de Augustín López, capturado posteriormente pelos espanhóis, a ideia da aparição da Virgem havia sido algo armado entre cinco indígenas, que pactuaram com a criança, conhecida na localidade por sua religiosidade, para que dissesse que mantinha contato com a santa. "Dessa maneira", confessou López, "todos os povos se uniriam e elegeriam à nossa maneira rei e lei nova, matando a nossos inimigos todos os espanhóis, com o que teremos descanso dos trabalhos de que padecemos" (Vos, 2010, p. 90).

Os interrogatórios continuaram, e diversos indígenas envolvidos na rebelião confessaram algo que era ainda mais surpreendente: na escuridão do aposento onde a santa se manifestava, havia realmente uma imagem. Não se tratava de uma imagem barroca da Virgem Maria, mas sim um ídolo de pedra, uma espécie de jaguar com traços humanos, possivelmente a representação de um animal mitológico fusionado à imagem de uma mulher. Segundo a interpretação documental de Jan de Vos (2010, p. 101), "em Cancuc, o jaguar mesoamericano e a Virgem cristã se fundiram para formar uma única epifania do divino, duplamente poderosa por concentrar os atributos masculinos e femininos mais significativos de ambas as religiões".

Tais acontecimentos e relatos nos dão pistas dos complexos mecanismos culturais envolvidos no processo colonial, assim como da agência indígena envolvida nesses processos. Ocorrem a adoção e a manutenção de ideias, hábitos e crenças, e esses acabam ressignificados e/ou se fusionam, mas jamais são meramente substituídos. Nessa constante reelaboração, valores e práticas forâneos parecem servir como estratégia de manutenção de uma identidade cultural própria, fenômeno que alguns antropólogos, como Flávio Rojas Lima, chamaram de "cultura de resistência" e "reação de autonomia":

> Esta forma parte indissolúvel da memória coletiva dos indígenas e implica uma aderência obstinada aos velhos padrões culturais do mais remoto passado, e implica também, eventualmente, uma reelaboração de valores e práticas culturais de origem forânea, mas esta última com o deliberado propósito de evitar a imposição e a agressão cultural que possam provocar o desaparecimento físico ou a rachadura da própria identidade cultural. (Lima, 1992, p. 159)

Esse imaginário particular, refratário às relações da modernidade, mas que se apropria de seus símbolos para fortalecer-se e conformar uma cultura de resistência — no sentido pleno do termo —, corrobora a tese do historiador Adolfo Gilly, que, em seu livro *Chiapas: la razón ardiente* [Chiapas: a razão ardente], defende que, em uma perspectiva histórica, essas rebeliões

> se apresentam como gestos coletivos seculares e sucessivos, materiais e simbólicos, às vezes muito diversos nas motivações imediatas e aparentes de seus participantes, mas cujo conteúdo principal pode encontrar-se na vontade dessas comunidades de persistir em sua existência: resistem e se sublevam para persistir, porque só se persiste na resistência ao movimento do mundo que dissolve e nega essa existência [...] essa realidade cultural, política e histórica explica a espessura e os múltiplos significados da demanda por autonomia por parte das comunidades agrárias, seja qual for, depois, sua forma jurídica específica. (Gilly, 2002, p. 22-27)

O uso político dos símbolos espanhóis na rebelião e, especialmente, a ideia presente no testemunho de López, que pensava que a partir do levante elegeriam à sua maneira "rei e lei nova", constituíam elaboradas estratégias e mecanismos de agência indígena. O que ao olhar ocidental parecera um disparate era interpretado, no outro lado do *front*, como uma estratégia política contra o crescente despojo de terras e o submetimento às pesadas cargas de trabalho que os *pueblos de indios* vinham sofrendo como impacto da expansão das *haciendas*, no começo do século XVIII. Ao final, isso significava a perda definitiva do que lhes restava de controle sobre suas terras, seus corpos e sua cultura. Como aponta John Tutino,

> a preservação da autonomia de subsistência e da independência do governo local era crítica para os camponeses comunitários. Na época colonial tardia protestavam, amotinavam-se e esporadicamente se rebelavam quando viam ameaçada essa autonomia local. (Tutino, 1989, p. 33)[36]

Acerca dessa autonomia de subsistência e independência local, observamos um ponto de inflexão em 1747, quando a Coroa espanhola passou a obrigar indígenas a pagar a totalidade de seus tributos em dinheiro, não sendo mais aceitos os pagamentos em espécie. Em um contexto de expansão do mercado externo, a transferência da renda da terra, agora só admitida em sua forma monetária, cumpria o papel de mobilizar a força de trabalho disponível (majoritariamente indígena, no caso de Chiapas) para suprir a carência de braços no trabalho das *haciendas*. Observa-se, assim, a mercantilização não só dos excedentes produzidos, mas do próprio corpo, no ato do trabalho. Como aponta Jan de Vos, "devido a essa medida, muitos homens começaram a sair de seus povoados em busca de trabalho nas

36 John Tutino se refere a William Taylor, *Drinking, Homicide and Rebellion in Colonial Mexican Villages* [Bebida, homicídios e rebelião em vilas coloniais mexicanas]. Stanford: Stanford University Press, 1979.

haciendas e oficinas, com o objetivo de conseguir as moedas requeridas" (Vos, 2010, p. 109). Já no final do século, no contexto das Reformas Bourbônicas, as *haciendas* exportavam à Europa seus produtos, como por exemplo o anil, cujo destino era a incipiente indústria têxtil inglesa.

A partir de 1812, uma nova Constituição promulgada pela Corte de Cádiz aboliu as antigas Leis das Índias,[37] declarando cidadãos todos os indígenas, até então súditos espanhóis. Com isso, passaram teoricamente a ter os mesmos direitos e obrigações que os outros habitantes da colônia (Vos, 2010, p. 122). Os *pueblos de indios*, por sua vez, foram abolidos em favor de municípios governados por conselhos, sendo que os tributos passaram a ser os mesmos aplicados a qualquer outro súdito ibero-americano. A emancipação agiu contra o que restava de autonomia nas comunidades, pois os mestiços passaram a tomar o controle das formas de representatividade e dos aparatos locais de poder.

Nesse contexto político, os movimentos independentistas que afloravam nas colônias espanholas desde 1810 ganharam mais força. Os ecos desses levantes tomaram forma em Chiapas em 1821, quando se proclama a independência da Espanha. Finalmente, em 1824, com o patrocínio das elites locais, Chiapas se desvinculou da Guatemala para então anexar-se ao México.

2.2.2. Chiapas como periferia do México independente

Com a anexação de Chiapas ao México, a situação dos povos indígenas se tornou ainda mais crítica do que no contexto colonial.

37 As Leis das Índias foram um conjunto de leis e decretos aplicados pela Coroa espanhola nas possessões americanas e nas Filipinas. Buscavam regulamentar a vida social, política e econômica nas colônias, incluindo as relações entre os colonos, as sociedades indígenas e os escravizados africanos.

Mesmo que o projeto nacional mexicano incorporasse traços do passado mítico das civilizações indígenas pré-hispânicas, buscava, na prática, a dissolução dos "índios vivos" (Florescano, 1998). Nas palavras de Jan de Vos (2010, p. 157), o século XIX ficou conhecido na história de Chiapas como o "século da agressão mestiça contra a população indígena".

A sociedade não indígena chiapaneca, a exemplo do restante do México, polarizou-se entre conservadores e liberais. No primeiro grupo, além de uma ascendente classe comerciante local, encontravam-se a oligarquia de origem colonial e a Igreja, principais detentores de terras; tais grupos possuíam vasta disponibilidade de força de trabalho indígena, especialmente por se situarem na região dos Altos de Chiapas. Politicamente, buscavam blindar a estrutura agrária latifundista e suas relações de produção pré-capitalistas, mantendo, assim, intacto seu poder político e econômico local.

No grupo liberal estavam agricultores, comerciantes e pequenos produtores, que buscavam ampliar as relações capitalistas de produção e consolidar mecanismos de mercado por meio da liberalização das extensas propriedades vinculadas à Igreja e da força de trabalho indígena, controlada pelos conservadores. Esses grupos estavam localizados nos campos férteis dos vales centrais de Chiapas e defendiam políticas convenientes à produção para exportação, incluindo culturas como cana-de-açúcar, algodão, anil, tabaco e cacau.

Como observa Marx, são necessárias duas condições históricas para a consolidação do modo de produção capitalista: "a troca de trabalho livre por dinheiro, com o objetivo de reproduzir o dinheiro e valorizá-lo", e também a "separação do trabalho livre das condições objetivas de sua efetivação", isto é, a separação do trabalhador da terra (Marx, 1980, p. 65). Em termos práticos, isso significava a expropriação dos territórios indígenas, chamadas por Marx de "comuna oriental".

Na década de 1820, a elite agrarista conservadora começou a apresentar sinais de fissura política, permitindo que os liberais instaurassem leis agrárias que declaravam como devolutas as terras que não pertenciam à Igreja ou a particulares (1826). Mais tarde, essa lei foi estendida a todas as terras cuja posse não pudesse ser comprovada legalmente (1844). Na época, as populações indígenas chiapanecas possuíam um alto índice de analfabetismo, que ultrapassava 95%, o que gerava desconhecimento sobre a necessidade de possuir títulos legais para suas comunidades (Vos, 2010, p. 187). Em 1847, decretou-se que a população indígena deveria se concentrar em povoados semelhantes às reduções eclesiásticas do século XVII, a fim de facilitar a incorporação de suas terras "abandonadas" por terceiros. O objetivo dessas ações era potencializar o processo de desapropriação das terras dos povos indígenas.

Nesse processo, o Estado literalmente abria terreno ao capital: "As terras comunais indígenas foram as primeiras a serem afetadas, porque muitas delas faziam limite com fazendas cujos proprietários estavam ansiosos para avançar sobre os vizinhos indefesos" (Vos, 2010, p. 158). Assim, grande parte da população indígena de Chiapas se viu reduzida a força de trabalho nas propriedades privadas, dividindo-se em dois principais grupos: os que trabalhavam porque foram expulsos de suas terras (*mozos*) e os que trabalhavam porque nelas resistiram (*baldíos*).

Os *mozos* eram trabalhadores sazonais, destinados a suprir a demanda de força de trabalho nas *haciendas*, especialmente nas temporadas de maior atividade agrícola. Se na ideologia liberal eles eram livres, isto é, trabalhavam em troca de um salário, na prática a maioria era submetida a uma versão renovada do sistema colonial de peonagem, que mobilizava e retinha os trabalhadores nas propriedades por meio de dívidas fraudulentas. Os *mozos* eram obrigados a comprar seus víveres a preços exorbitantes nas bodegas das fazendas (chamadas no

México de *tiendas de raya*), forçando o endividamento. Além disso, fomentava-se o alcoolismo, multava-se por falta de rendimento e, em caso de morte do trabalhador, transferiam-se as dívidas a filhos ou familiares, que deveriam assim repor a força de trabalho subtraída (Vos, 2010, p. 161-2).[38] De acordo com Aubry (2005, p. 138), a partir de 1840 o sistema de peonagem foi levado a cabo sistematicamente em Chiapas, sendo que em 1900 quase dois terços da população masculina ativa estava reduzida ao trabalho forçado, um grau de exploração que, diga-se de passagem, jamais se conheceu durante o período colonial (Vos, 2010, p. 180).

Os *baldíos*, também conhecidos como *acasillados*, eram indígenas e camponeses cujas terras haviam sido incorporadas pela expansão das *haciendas*. Em troca de permanecerem em seus territórios, eram obrigados a trabalhar de três a cinco dias por semana para o dono da *hacienda*, além de servi-lo nos afazeres de casa. Isso incluía favores sexuais: quando uma mulher indígena se casava, a noite de núpcias geralmente era passada com o patrão (Vos, 2010, p. 161). Os *baldíos* não possuíam remuneração alguma e, se não aceitassem tais condições, eram expulsos da terra. Em certa medida, essa forma de submetimento remonta ao *repartimiento* colonial.

Uma parcela da população indígena conseguiu conservar sua propriedade, mantendo uma produção minifundista de subsistência e a venda de excedentes. Conforme estudos historiográficos, ainda que possuíssem essas terras, as famílias geralmente necessitavam recorrer à venda da força de trabalho —

38 Mandieta e Nuñez (1926, p. 86) contextualizam: "O pobre trabalhador não vê quase nunca uma moeda entre seus dedos. A *tienda de raya* paga sempre os salários em mercadorias desprezíveis, e os quatro pesos além da ração, salário mensal dos trabalhadores, se transformam numa série de notas que o *peón* não compreende nem procura compreender".

fosse em propriedades próximas, fosse em distantes plantações voltadas à exportação — como maneira de complementar a renda (Vos, 2010, p. 162).

No plano nacional, a Guerra do Texas (1845), na fronteira norte, significou para o México a perda de mais da metade de seu território para os Estados Unidos, além de uma mudança profunda no jogo de forças no interior do Estado. Desgastado pelo conflito, o caudilhismo da primeira metade do século XIX — representado pela ditadura do general Antonio Santa Anna — acabou perdendo força, abrindo espaço para o chamado movimento da reforma liberal, que chegou ao poder em 1854 com Benito Juárez (Altmann, 1992, p. 17). Benito Juárez foi o primeiro presidente do México de origem indígena, assim como o primeiro a não possuir um passado militar.

A "modernização" mexicana se tornava o novo slogan de Juárez, e abrir caminho às forças produtivas capitalistas, induzindo o surgimento de uma burguesia nacional, era um dos principais objetivos do Estado. Mediante uma lei de desamortização (Lei Lerdo, 1856), o Estado proibiu que corporações religiosas e civis possuíssem bens imóveis fora do indispensável para suas funções, buscando com isso liberalizar as terras e desamortizar o capital, criando uma classe de pequenos produtores agrários. Isso significou, primeiramente, a expropriação dos bens da Igreja, que concentrava na época ao menos um terço da área total de Chiapas. A questão indígena novamente vinha à tona, e nos discursos liberais da época a miséria indígena era explicada pela "propriedade", isto é, pelo caráter comunitário das terras indígenas. Conforme tais discursos, o desenvolvimento só viria com a transformação dos territórios indígenas em propriedades individuais (Nunes, 1975, p. 25).

Um dos expoentes dessa política foi José Luis Mora, liberal vinculado à maçonaria mexicana. Ele propunha ao Congresso, por exemplo, a eliminação legal da identidade indígena e de seus regimes de propriedade coletiva, alegando que os costumes e a cultura dos povos indígenas significavam um obstáculo insuperável ao progresso (Mora *apud* Lira, 1984, p. 75-9).[39]

De acordo com Gilly (2010, p. 17), a intenção subjacente à política de privatização das propriedades comunitárias indígenas era a sua aquisição por particulares. Os liberais buscavam, desse modo, fomentar a formação de pequenas e médias propriedades capitalistas. No entanto, essa política falhou profundamente em seu objetivo. Mesmo a ameaça de excomunhão por parte da Igreja não impediu os latifundiários chiapanecos de prosseguir em sua expansão territorial, submetendo indígenas e camponeses aos mais brutais métodos de peonagem. Como aponta Werner Altmann (1992, p. 28): "Ainda que o objetivo fosse oposto, as leis de Reforma abriram caminho para nova concentração fundiária. As terras das comunidades agrárias indígenas foram invariavelmente fracionadas e adquiridas ou arrebatadas por grandes latifundiários vizinhos. E os camponeses indígenas transformaram-se, então, em peões dos grandes proprietários".

Dessa maneira, como salienta Altmann, o papel histórico fundamental da reforma ficou circunscrito ao "cancelamento da propriedade eclesiástica e à dissolução da comunidade camponesa, sem que, simultaneamente, se abrisse passagem à empresa capitalista no campo, nem se ampliassem as bases do mercado interno" (Altmann, 1992, p. 25).

Porfirio Díaz assumiu a presidência do México por meio de um golpe militar em 1876, permanecendo no poder até 1911. Com base no positivismo, Díaz se cercou de tecnocratas conhecidos como "científicos", responsáveis por políticas esta-

39 Tal discurso (neo)liberal é incrivelmente persistente ao longo da história latino-americana. Citemos o caso emblemático do Decreto-Lei 2.568, expedido por Augusto Pinochet em 1978. Após afirmar que no Chile "já não existem Mapuche, porque todos somos chilenos", o ditador não só liquidou a figura jurídica da propriedade comunitária mapuche como eliminou da própria Constituição o reconhecimento da existência de povos indígenas no território chileno.

bilizadoras e pela integração do México à divisão mundial do trabalho. Seu governo abriu a economia para investimentos estrangeiros, impulsionou a industrialização e procurou criar um mercado interno. Díaz e seus assessores criaram mecanismos para estender a proletarização dos trabalhadores e a formação da propriedade capitalista da terra a todo o território mexicano. Segundo Américo Nunes (1975, p. 152), foi somente no porfirismo que as relações capitalistas de produção ganharam impulso necessário para sua hegemonia no México. Tais reformas foram implementadas a um alto custo social, e viabilizadas por meio de autoritarismo, repressão, violência e censura (Altmann, 1992, p. 32).

A questão agrária se tornou central dentro do projeto de modernização liberal porfirista. Em 1878, Díaz decretou o fracionamento dos *ejidos* indígenas e camponeses (as terras de uso comum, como pastos, bosques etc.), sendo que, após 1882, essas terras passariam a ser vendidas por meio de leilões públicos (Vos, 2010, p. 159). Com efeito, a partir dessa época foram ampliadas as plantações de cana-de-açúcar e algodão nos vales centrais chiapanecos, assim como o café nas regiões montanhosas do estado.

Em 1883, Porfírio Díaz decretou uma lei que possibilitou a criação das chamadas "companhias demarcadoras" (*deslindadoras*). Essas companhias eram responsáveis por demarcar terrenos denunciados como baldios e por trazer colonos estrangeiros para trabalhar neles. Para incentivar esse processo, o Estado garantia às *deslindadoras* um terço de toda a terra que fosse demarcada. É importante ressaltar que, para a "ciência porfiriana", qualquer área que não ostentasse um título oficial de propriedade era considerada terra devoluta. Segundo Altmann (1992, p. 31), até 1906, cerca de 49 milhões de hectares no México foram expropriados, o que representava um quarto de todo o território do país, evidenciando o impacto significativo dessa medida:

> No concernente às terras comunais indígenas, também elas declaradas devolutas por não possuírem os títulos oficiais de propriedade, o processo era particularmente perverso, pois eram terras habitadas e até produtivas, se bem que a produção visava à autossuficiência da comunidade e não à produção de excedentes com o objetivo de comercialização. Seu "pecado" era, portanto, não produzir para o mercado. A trajetória do avanço sobre as terras comunais está bem expressa no fato, inúmeras vezes repetido, de as próprias comunidades indígenas haverem se transformado em companhias demarcadoras para, de suas terras, salvar aquela terceira parte que cabia legalmente à companhia assim constituída. (Altmann, 1992, p. 31)

Também foi na década de 1880 que ocorreu a entrada de companhias madeireiras na Selva Lacandona, em busca do "ouro verde" chiapaneco: a *caoba* (mogno), madeira extremamente valorizada na Europa. O viajante alemão Bruno Traven sintetizou com maestria as desumanas condições de trabalho nesse recanto esquecido do mundo. Em seu livro *La rebelión de los colgados* [A rebelião dos pendurados] (1936), o escritor retrata — a partir da história de um indígena tzotzil chamado Candido — os métodos de recrutamento dos cortadores de mogno, a precariedade do trabalho na Selva Lacandona e as práticas de castigo para aqueles que não cumprissem as metas de corte exigidas. Os castigos consistiam em amarrar o indivíduo pelos pés e deixá-lo pendurado de cabeça para baixo durante toda uma madrugada.

Durante o meu trabalho de campo em Chiapas, em janeiro de 2013, vivenciei uma anedota. Eu estava em uma comunidade zapatista perto do município de Palenque e planejava ficar lá por duas semanas. Percebi que a comunicação com o grupo seria um desafio, já que a maioria dos zapatistas só falava tzeltal, embora alguns entendessem um pouco de espanhol. A maioria dos que conheci era de outra comunidade, estava ali para fazer a vigilância e voltaria para seus locais de origem após duas semanas de trabalho. Quando eles viram o meu antigo laptop e "tomaram confiança", como se diz no México, vieram me perguntar se era possível assistir a filmes no equipamento. Como uma forma de nos aproximarmos, passamos a desenvolver o hábito cotidiano de assistir a um filme a cada noite, antes de dormir.

Certa vez resolvemos assistir ao longa-metragem *La rebelión de los colgados* (1954), versão fílmica do livro de Bruno Traven. A reação foi incrível e emocionante: durante todo o filme, permaneceram extremamente compenetrados (por sorte não havia ameaças à comunidade naquela noite), sendo que ao final iniciaram uma agitação e um falatório em tzeltal, do qual obviamente eu não entendia nada. Explicaram-me depois que, apesar das dificuldades em entender os diálogos em espanhol, compreenderam perfeitamente todo o filme, pois se lembravam das histórias que os "antigos" lhes contavam sobre as situações de tortura na selva. Aqueles acontecimentos haviam sobrevivido por mais de cem anos por meio da história oral, e naquele momento essa memória viva se cruzava com as imagens e os diálogos do filme mexicano da década de 1950 exibido em meu pequeno laptop. Quando nos despedimos, eles me pediram uma cópia do filme, que, em suas palavras, "passariam para aqueles que haviam se esquecido da própria história, e que por isso não queriam fazer parte da organização [EZLN]". Queriam lembrá-los, diziam, de que "os antepassados só haviam se livrado das torturas nas *haciendas* por meio da organização e da luta".

Traven, em sua obra, mostrou de forma genial como ideias anarquistas e anticapitalistas permeavam a realidade dos abusos retratados. No livro, o autor sugere que somente uma sublevação dos indígenas seria capaz de mudar o sistema de exploração que os afligia: "O indivíduo restitui seu valor quando não permite ao seu opressor exercer poder algum sobre sua pessoa. Por isso, ainda que sofra o pior castigo, o escravo recupera sua força quando ainda alenta em si o desejo de libertação, esse que inspirava o canto do pendurado: se minha vida vale nada e vivo pior que um animal, nada perco matando quem me pendura, e muito ganho mandando ao inferno um condenado" (Traven, 1997, p. 87).

A forma como o tzotzil Candido foi recrutado para o corte de madeira era muito comum no final do século XIX em Chiapas, levando inclusive à criação de uma profissão específica para isso: o chamado *enganchador*. Esse sujeito, que segundo o historiador Andrés Aubry (2005, p. 138) teve trabalho garantido ao menos até a metade do século XX, nada mais era que o elo entre os indígenas e os grandes proprietários de terra. Com efeito, o *enganchador* nasce da terceirização do trabalho sujo de recrutamento dos *mozos*, que, como discorremos anteriormente, eram trabalhadores submetidos à servidão por dívidas. Os *enganchadores* possuíam várias estratégias de recrutamento, às vezes embriagando um grupo de homens em alguma festa religiosa, às vezes mediante empréstimos por alguma necessidade médica ou alimentar. Em pouco tempo a pequena soma se tornava uma grande dívida, de forma que os indígenas eram obrigados a trabalhar nas fazendas durante toda uma estação para efetuar o pagamento ao agiota (Vos, 2010, p. 178).

Em Chiapas, particularmente, o avanço das empresas demarcadoras possibilitou grandes estoques de terras disponíveis para investimentos ao mesmo tempo que um crescente número de indígenas e camponeses despojados oferecia vasta disponibilidade de força de trabalho livre. Caso necessário, a oferta de imigrantes europeus com experiência na agricultura supria facilmente a demanda por força de trabalho. Com o desenvolvimento gradual das vias de transporte chiapanecas durante o porfirismo e os altos preços no exterior de produtos como café, madeiras e cacau, Chiapas precisava apenas de capital para que o capitalismo se desenvolvesse plenamente. O contexto internacional no final do século XIX era muito favorável para isso, pois havia uma grande quantidade de excedentes de capital disponíveis para investimento por parte dos países centrais.

Um estadunidense chamado W. W. Byam foi um dos primeiros a perceber o potencial de Chiapas para a reprodução de capital. Buscando atrair investimentos nos Estados Unidos, publicou em 1897 o livro *Sketch of State of Chiapas, Mexico* [Prospecto do estado de Chiapas, México],[40] fazendo inclusive uso de fotos ilustrativas para persuadir os investidores ao "grande negócio".

Vejamos o que diz Byam junto a uma das sequências de fotos de seu livro-propaganda:

> Esses índios são pessoas amáveis e inofensivas que, com o treinamento adequado e o mínimo de conforto e bem-estar, tornam-se os melhores e mais devotos servos [...]. Durante longas horas o índio, apenas com seu facão, consegue realizar mais trabalho, como limpar terrenos e "capinar", do que o homem branco inteligente com ferramentas mais modernas. Para a sorte dos fazendeiros americanos no México em geral, e no departamento de Palenque em particular, pode-se dizer que o "americano" tem a reputação de ser o mais justo e generoso de todos os empregadores. Na aplicação dessa mão de obra barata — dezoito a vinte e cinco centavos por dia — para a produção de um produto tão valioso como o café, encontram-se as possibilidades de enormes lucros que os plantadores do México desfrutam. (Byam, 1897)

Durante o período entre 1875 e 1908, aproximadamente 27% da área total de Chiapas foi privatizada através das atividades da empresa britânica Mexican Land and Colonization Company, que foi responsável pelo processo de "regularização fundiária" em Chiapas (Leon, 1997, p. 177). Registros históricos indicam que, em apenas vinte anos, entre 1889 e 1909, a quantidade de propriedades, tais como fazendas e ranchos, mais do que dobrou em Chiapas, passando de 3.159 para 6.862 (Vos, 2010,

40 É possível acessar o livro em sua versão digital na Biblioteca do Congresso. Disponível em: http://goo.gl/EyGLIS.

GOING TO MARKET

DESCENDANT OF AN ANCIENT KING

Fotografia 8 — Com seu livro, utilizado como ferramenta de propaganda, W. W. Byam visava atrair investimentos estrangeiros para a produção de café em Chiapas. Ele enfatizava os "enormes lucros" que poderiam ser alcançados por meio da exploração da mão de obra indígena. Nas legendas das fotografias apresentadas se lê: "indo ao mercado" (esq.) e "descendente de um antigo rei" (dir.) (Byam, 1897)

p. 159). Em geral se estima que, entre 1889 e 1893, mais de dez milhões de hectares em todo o México foram transferidos das comunidades indígenas e/ou camponesas para particulares (Altmann, 1992, p. 35).

A ditadura porfirista finalmente conseguiu, à custa do despojo indígena, separar os produtores de seus meios de produção para fomentar o desenvolvimento das forças produtivas capitalistas, como indicara Marx. De fato, se tomado na escala nacional, o México viveu uma estrondosa reestruturação produtiva na passagem do século XIX para o XX. Os investimentos estrangeiros, por exemplo, subiram de 110 milhões de pesos em 1884 para 3,4 bilhões em 1910. As exportações, por sua vez, cresceram seis vezes, ao passo que as importações, três vezes e meia, de maneira que a economia como um todo cresceu a uma taxa de 2,7% ao ano (Altmann, 1992, p. 14-6).

O processo de desenvolvimento capitalista em Chiapas se materializou graças ao crescente influxo de colonos e investimentos e ao desenvolvimento da infraestrutura, especialmente aquela voltada para a exportação de produtos agrícolas e recursos naturais. As engrenagens do capitalismo começaram a girar: em 1908, a primeira linha férrea foi inaugurada em Chiapas, contornando a costa e abrindo a região produtora de café e cacau de Soconusco para o mercado mundial.

Muito poderia ser escrito acerca desse boom econômico, não cabendo explicações simplistas a respeito. O que se pode afirmar, sem sombra de dúvida, é que o milagre mexicano foi sustentado pela extrema concentração de terras e riquezas, além do consequente aumento da desigualdade social, que chegou a níveis atrozes no porfirismo. Em 1910, por exemplo, cerca de 1% dos proprietários possuíam 97% das terras disponíveis, enquanto outros 96% controlavam apenas 1% delas (Rigol, 1969, p. 17).

A média de vida de um homem no campo era de apenas trinta anos, enquanto a mortalidade infantil levava uma a cada três crianças nascidas no país, conforme dados de Meyer e Camín (2000, p. 14-6). A violência da política desenvolvimentista de Porfírio Díaz foi o estopim para o surgimento de processos organizativos de resistência, os quais viriam a desencadear em 1910 a Revolução Mexicana, conflito que durou sete anos e causou mais de um milhão de mortes.[41]

Para Américo Nunes (1975), a Revolução Mexicana teve como traço peculiar a busca de um movimento agrário por estabelecer uma direção política autônoma, independente dos setores intelectuais urbanos (Nunes, 1975, p. 151). Na esteira dessa busca por maior autonomia, vale aqui lembrar a influência que Zapata recebeu do pensamento de Ricardo Flores Magón, anarquista considerado um dos precursores intelectuais da Revolução Mexicana e um dos expoentes do movimento magonista. Em uma perspectiva abertamente anarcocomunista, tecia duras críticas à autoridade, ao clero e ao capital, defendendo o autogoverno como forma de solução dos problemas sociais do México e dos povos indígenas em particular.

Embora Emiliano Zapata não tenha seguido exatamente os preceitos anarquistas de Ricardo Flores Magón, é possível notar algumas ideias convergentes entre ambos. Zapata defendia que a resolução dos conflitos agrários não passava pela tomada do poder do Estado, mas sim por sua dissolução, mediante a distribuição do poder político em uma escala local. Além disso, o líder zapatista também advogava pela defesa da propriedade comunal e do apoio mútuo entre os camponeses. As frentes revolucionárias lideradas por Zapata, compostas por indígenas

41 A Revolução Mexicana aparece aqui retratada de maneira extremamente resumida. Pelo recorte da pesquisa, destacaremos nesta breve contextualização o movimento liderado por Emiliano Zapata, por ter sido, ao que nos parece, o que mais encarnou politicamente os dramas e as aspirações de indígenas e camponeses do sul do México.

e camponeses do estado de Morelos, lutavam basicamente para impedir a dissolução dos regimes de propriedade e das relações de produção comunitárias, fortemente impactadas pela inserção agressiva do México no mercado mundial.

A revolução, assim, era concebida como um *processo* de reestabelecimento da autonomia relativa que possuíam as comunidades na esfera política e, é claro, como luta pela terra, base material para o exercício do poder popular. O historiador John Womack sintetiza esse aspecto em sua célebre frase, na qual afirma que os zapatistas eram "uns camponeses que não queriam mudanças e que, por isso mesmo, fizeram uma revolução" (Womack, 1969, p. 11), afirmação corroborada por Arturo Warman (1990, p. 297):

> A proposta pública zapatista tem no programa agrário o eixo para a reorganização da sociedade e da comunidade agrária como unidade social básica. Propõe-se a transformar a estrutura agrária por meio da restituição da propriedade histórica das comunidades, às quais outorga plena autonomia para definir e estabelecer as formas de organização da produção que convenham a seus recursos e tradições. A essa restituição se agrega um sistema de dotação individual da terra, que será inalienável, embora seja possível organizar sua exploração de maneira cooperativa.

Para Altmann (1992, p. 51), o zapatismo (de Emiliano Zapata) era "um movimento de reposição de justiça e visava garantir o estatuto agrário original que tinha como cerne a propriedade comunal de origem indígena". Nesse sentido, a historiadora Alicia Chávez ressalta a importância do território e da autonomia para o "Exército Libertador do Sul", como era chamada a frente militar zapatista:

> De 1914-1915, o zapatismo representou os interesses dos povos com forte tradição comunitária fundada na defesa dos bens patrimoniais sobre água, bosques, pastos e terras e em seu direito a uma

> administração autônoma. Para isso, apoiou-se em uma extensa rede de notáveis e chefes naturais que se identificavam com a defesa secular do direito de autogoverno e de autonomia municipal. Nesse sentido, o zapatismo não foi só um movimento regional limitado, senão que, ao acolher uma reivindicação difundida em todo o país — autonomia municipal e autogoverno —, sua capacidade de convocatória se estendeu a povos e municípios de outras regiões. (Chávez, 2002, p. 328-9)

Poderíamos supor que, a partir dessa conjuntura revolucionária e da emergência de um movimento como o zapatista, finalmente se dariam as condições para o rompimento das seculares estruturas de subordinação indígena no sudeste mexicano. Mas não, a Revolução Mexicana não tomou impulso popular em Chiapas, ao menos não nas proporções que teve no Centro-Sul do México. Colaborou para isso sua situação geográfica periférica: o estado se localiza ao sul do istmo de Tehuantepec, distante das principais zonas de conflito e também de Morelos, estado de Emiliano Zapata, onde o movimento nasceu. Alguns autores, como Adolfo Gilly, também afirmam que a revolução possuía maior alcance simbólico junto àqueles que se reconheciam como camponeses, em detrimento daqueles que se reconheciam culturalmente como indígenas (talvez o fator linguístico seja um ponto importante nesse argumento). Seja como for, o zapatismo acabou por ter pouca penetração política na base popular chiapaneca, limitando-se a grupos isolados no extremo noroeste, região de fronteira com Oaxaca e Veracruz (Vos, 2010, p. 200).

Em 1914, a Revolução Mexicana se expandiu para Chiapas através de mudanças constitucionais que incluíam algumas das demandas agrárias defendidas por Zapata e Pancho Villa. A chamada "Ley Obreros" [Lei dos trabalhadores], por exemplo, visava regular as relações trabalhistas para abolir práticas generalizadas de trabalhos forçados por endividamento e castigos corporais, que seguiam sendo comuns em Chiapas. Buscava-se também uma redistribuição fundiária no estado, permitindo aos povos indígenas, por exemplo, a recuperação de terras espoliadas a partir do porfirismo (1876), bem como o livre acesso à água e aos bosques comunitários, fundamentais às comunidades para obtenção de lenha e caça (Vos, 2010, p. 193).

A reação chiapaneca a tais mudanças não poderia ser mais surpreendente: a emergência de um movimento armado contrarrevolucionário, formado pela união de dois adversários políticos ferrenhos do passado, os liberais e os conservadores. Os *mapaches*, como ficaram conhecidos, articularam-se como grupo armado até 1920, quando, mediante acordos e concessões do governo federal, lograram retomar o controle político de Chiapas. Os dois líderes do movimento reacionário, Tibúrcio Fernández e Alberto Pineda, foram então nomeados, respectivamente, governador de Chiapas e general no Exército federal.

Nesse processo, a elite econômica chiapaneca mais uma vez se apropriou do controle do estado, conservando assim as relações e as estruturas de poder fundamentais para sua reprodução. Pedro Faro, ativista do Centro de Derechos Humanos Fray Bartolomé de las Casas (Frayba), explicou-me claramente esse processo em uma entrevista concedida em Chiapas, em meu trabalho de campo de 2013:

> A concepção de divisão e utilização mercantil da terra é o que vem marcando, desde a época da colonização, a distribuição do território em Chiapas. Primeiro com os *encomenderos*, depois, quando se dá a independência, com os filhos dos espanhóis (os *criollos*), que começam a controlar as terras a partir de grandes fazendas. Nesse sistema de fazendas, que é um sistema praticamente feudal, você trabalha para comer e praticamente tudo em que você trabalha é do *encomendero* ou do fazendeiro, e a única coisa que se tem em troca é a permissão de viver e trabalhar em um lugar. Enfim, toda essa estrutura colonial permanece com

> a independência e a Revolução Mexicana. De fato, a Revolução não chega a Chiapas [...]. E isso repercutiu no fortalecimento das fazendas e de grupos de poder relacionados aos fazendeiros. Aí se constrói uma concepção interessante, pois, quando se começam a criar as instituições de governo, os que passam a decidir sobre as terras e as formas de organização em Chiapas são os mesmos fazendeiros. Então todos os povos, e sobretudo os indígenas, eram encarados como atrasados e, por pertencer a esse estrato social, deveriam trabalhar para eles. Assim, quando começa a Revolução Mexicana, esse sistema se mantém e, ainda que existam diferentes manifestações de reivindicações de direitos na zona norte e no Alto de Chiapas, por exemplo, muitos fazendeiros e caciques seguiram usufruindo da exploração da mão de obra indígena. Aí se criaram as classes políticas em que os mesmos fazendeiros são os que se convertem em representantes políticos ou governadores ou presidentes municipais etc.[42]

A aristocracia agrária a que se refere Faro — que formaria na época o movimento *mapache* — empreendeu algumas reformas liberais na esfera econômica, mas manteve o que havia de mais conservador na esfera agrária e trabalhista. Uma das primeiras medidas foi a manutenção das condições de trabalho precárias e sub-remuneradas da força de trabalho indígena e camponesa, o que foi logrado por meio da anulação da "Ley Obreros" (Vos, 2010, p. 203). Nesse contexto, a agricultura comercial destinada ao mercado exterior se viu extremamente fortalecida, enquanto a agricultura de subsistência, prevalecente nas pequenas propriedades, entrou em plena decadência.

Na escala nacional, as demandas da Revolução Mexicana foram expressas no importante artigo 27 da Constituição de 1917. Por meio desse artigo, o Estado institucionalizou a reforma agrária

42 Entrevista concedida por Pedro Faro ao autor em San Cristóbal de las Casas, Chiapas, em 24 jan. 2013.

no país, com a criação do *ejido*, um tipo de propriedade coletiva concedida pelo Estado a comunidades e povos que careciam de terras e água. Para tanto, o Estado expropriaria propriedades que não cumprissem sua função social. O *ejido*, por sua vez, consistia em concessões estatais inalienáveis e transferíveis apenas por herança, compostas de parcelas de uso coletivo e outras destinadas ao uso exclusivo de cada família. Visando cumprir a função social da reforma agrária, o *ejidatário* que deixasse de cultivar a terra por um período superior a dois anos perderia seu direito sobre a mesma e seria desligado da comunidade *ejidal*. A assembleia geral, por sua vez, exerceria a função de máxima autoridade política nos *ejidos*. Segundo Adolfo Gilly (1997, p. 33), o artigo 27

> incluiu a luta camponesa pela terra nas normas constitutivas da relação estatal e outorgou [...] um estatuto particular aos camponeses entre todos os cidadãos [...]. Com isso, por um lado, absorveu na lei a rebelião agrária. E, por outro, introduziu na disputa subsequente sobre o conteúdo e o alcance do texto legal os métodos e as formas dessa rebelião. A persistência e difusão até hoje das invasões de terras rurais e urbanas como recurso de fato para conquistar direitos de posse ou de propriedade são uma das sequelas dessa absorção.

Considerando a impossibilidade de confrontar ou ignorar o artigo 27 da Constituição Federal, os governos *mapachistas* adotaram uma estratégia para preservar as grandes propriedades fundiárias e a estrutura de poder no estado: a concessão de *ejidos* em terras públicas ainda não utilizadas para o cultivo. Essa estratégia foi implementada por meio da ocupação das bordas da Selva Lacandona, localizada no centro-leste de Chiapas. Essa ocupação se intensificaria ao longo do século XX, como veremos adiante.

De forma geral, as mudanças mais profundas em Chiapas só se deram após a chegada do general Lázaro Cárdenas à presidência do México, em 1934. Coube-lhe a tarefa de impulsionar a acumulação capitalista no país (pós-crise mundial), tentando conciliá-la aos pressupostos agrários oriundos da Revolução Mexicana. Para tanto, Cárdenas buscou fomentar uma industrialização por substituição de importações (ISI), articulando-a em três eixos básicos: o Estado seria incumbido da conciliação entre sindicatos e a burguesia urbana, fomentaria uma política de nacionalização, especialmente das ferrovias e dos recursos naturais, como o petróleo, e, por último, impulsionaria a reforma agrária no campo, acalmando os ânimos dos movimentos camponeses (Altmann, 1992, p. 71).

Nos dezessete anos entre a criação do artigo 27 (1917) e a posse de Cárdenas (1934), o Estado mexicano redistribuiu cerca de dez milhões de hectares de terras, em geral nas áreas menos valorizadas. O governo de Cárdenas, por sua vez, redistribuiu em seis anos aproximadamente dezoito milhões de hectares, com 772 mil *ejidatários* beneficiados. Mesmo após esse processo, restavam em 1940 cerca de trinta milhões de hectares concentrados em apenas trezentas propriedades (Prado, 1981, p. 22). Em Chiapas, particularmente, o período que antecede Cárdenas foi marcado pela quase inexistência de uma redistribuição fundiária, com o sério agravante da perpetuação de relações de trabalho não remuneradas, como a peonagem por dívida. Apesar de suas limitações, Cárdenas conseguiu mover o estático jogo de forças da política chiapaneca a ponto de que em alguns lugares do estado seu mandato ficasse conhecido como *la revolución de los indios* (Gilly, 2002, p. 52).

Entre 1934 e 1940 foram desapropriados cerca de trezentos mil hectares em Chiapas, geralmente em regiões afastadas e menos férteis (Aubry, 2005, p. 154). Ao mesmo tempo, leis trabalhistas como a determinação de um salário mínimo e de uma jornada máxima de trabalho começaram a ser aplicadas, ainda que o sistema de peonagem tenha continuado a existir em localidades isoladas até a década de 1990.[43]

É importante compreender o impulso da reforma agrária em Chiapas como parte integrante de um processo mais amplo de modernização agrária no México, com todas as suas contradições. Embora parcial em Chiapas, a reforma agrária promovida por Cárdenas ocorreu simultaneamente a uma reforma educacional e à oficialização de uma política indigenista pelo Estado, como discutido no primeiro capítulo. O objetivo era dotar terras e integrar as populações indígenas e camponesas na "nação mexicana", não para preservar sua identidade étnica e cultural, mas para criar a figura do moderno produtor rural mexicano. De acordo com Adolfo Gilly (2002, p. 52), "os maias foram incluídos, enfim, embora só parcialmente, na Revolução Mexicana. Mas o foram como camponeses e *ejidatários*; muito menos, ou menos, como indígenas. O preço dessa inclusão foi a subordinação das comunidades e povoados à tutela do Estado, ou seja, ao intercâmbio constitutivo da comunidade estatal mexicana: tutela em troca de proteção".

No plano territorial, é na década de 1930 que observamos em vários países latino-americanos a expansão de suas fronteiras internas. Se no Brasil esse processo foi chamado de "Marcha para o Oeste" e na Bolívia, "Marcha para o Oriente", no México ficou conhecido como a "Colonização do trópico úmido". Conforme Cárdenas, em dezembro de 1940, "o crescimento humano se derrama como os rios: corre até as terras baixas ou desabitadas" (Cárdenas, 1978, p. 442). Assim, a partir do final da década de 1930, a região da Selva Lacandona passou a ser um importante destino migratório para chiapanecos e outros mexicanos em busca de terras para cultivo. Inicialmente, esse processo ocorreu de maneira espontânea, mas, na

43 Informação de Pedro Faro. Entrevista concedida ao autor em San Cristóbal de las Casas, Chiapas, em 24 jan. 2013.

década de 1950, foi institucionalizado pelo Estado por meio da criação de frentes de colonização dirigidas. Essas frentes perduraram até a década de 1970, quando o Estado mexicano, já buscando frear a ocupação humana desordenada, criou uma série de reservas territoriais, como a Zona Lacandona (1972) e a Reserva Integral de la Biosfera Montes Azules (1978).

No entanto, a fronteira da Lacandona não era desprovida de conflitos pelo uso do espaço. As terras eram propícias para o plantio de pastos, e, com a derrubada da floresta, surgia o interesse econômico na expansão da pecuária. A partir da década de 1940, houve um aumento considerável no número de propriedades e na área dedicada à criação de bovinos em Chiapas, o que levou a um grande crescimento no setor (Rodríguez, 1988). O apoio governamental aos pecuaristas foi fundamental para a consolidação desse setor, tanto pela emissão de *certificados de inafetabilidad* (que impediam que essas grandes extensões de terra fossem desapropriadas e transformadas em *ejidos*, pela aplicação do artigo 27), como por meio de subsídios, créditos, facilidades políticas e proteção legal, com a criação, inclusive, de uma "polícia especial pecuarista" (Villafuerte Solís; Garcia & Meza, 1997, p. 87). Segundo o pesquisador e economista Villafuerte Solís,[44] o governo federal havia definido naquele momento o papel de Chiapas na divisão territorial do trabalho mexicano: a produção de energia e de alimentos baratos.[45]

44 Entrevista concedida por Villafuerte Solís ao autor em San Cristóbal de las Casas, Chiapas, México, em 7 mar. 2013.

45 O jornalista Rafael Cardona, baseando-se em entrevistas e trabalhos publicados a respeito, escreveu em um jornal chiapaneco de 1978: "A zona norte da Selva Lacandona está sendo transformada em pastagens. Dirijam pela estrada Pénjamo-Bonampak e verão, quilômetro após quilômetro, [o] que antes era selva limpo e plantado como pasto para o consumo do gado. Esse gado não pertence aos camponeses da região" (*Uno Más Uno*, 4 abr. 1978, *apud* Villafuerte Solís; Garcia & Meza, 1997, p. 145).

A modernização da infraestrutura veio posteriormente dar respaldo a essa especialização produtiva, integrando Chiapas ao restante do país. Em 1950, por exemplo, inaugurou-se a primeira rodovia entre o estado e a capital federal, acesso que até então só era possível pela ferrovia. Também foi nessa década que se iniciaram as explorações petrolíferas em Chiapas — a princípio na região norte, depois na Selva Lacandona —, atraindo expressivo capital nacional e internacional. A partir da década de 1960, grandes represas hidrelétricas foram construídas, alagando vastas áreas agrícolas excepcionalmente férteis na região central do estado, o que reforçou ainda mais os fluxos migratórios em direção à floresta.

O processo de ocupação desordenada da região da Selva Lacandona, somado à competição pelo uso do espaço e ao confronto entre atores sociais diversos, incluindo indígenas despojados de suas terras, mestiços camponeses, empreendedores aventureiros, pecuaristas, madeireiros e petroleiras, gerou um cenário extremamente conflituoso e violento. É importante destacar que, durante a década de 1940, a região abrigava menos de mil colonos, enquanto no final da década de 1980 esse número ultrapassava 100 mil e, na década de 2000, estimava-se que havia entre 300 mil e 500 mil, a depender das fontes consultadas (Vos, 2010, p. 231; Aubry, 2005, p. 176). De acordo com Le Bot (1997, p. 36), na década de 1990, 9 em cada 10 colonos da Selva Lacandona eram indígenas, especialmente da etnia tzeltal. A escala municipal ajuda a ilustrar a dimensão do crescimento populacional. Nesse contexto, o município de Altamirano triplicou sua população, Las Margaritas sextuplicou, Ocosingo multiplicou por dez, Palenque por dezoito, enquanto a população de Chiapas, como um todo, quadruplicou (Aubry, 2005, p. 182-3).

Tais condições econômicas e culturais tornaram Chiapas um terreno fértil para o surgimento e a expansão das igrejas protestantes, particularmente na região da frente de expansão à Selva Lacandona. Isso acabou por eliminar o monopólio de

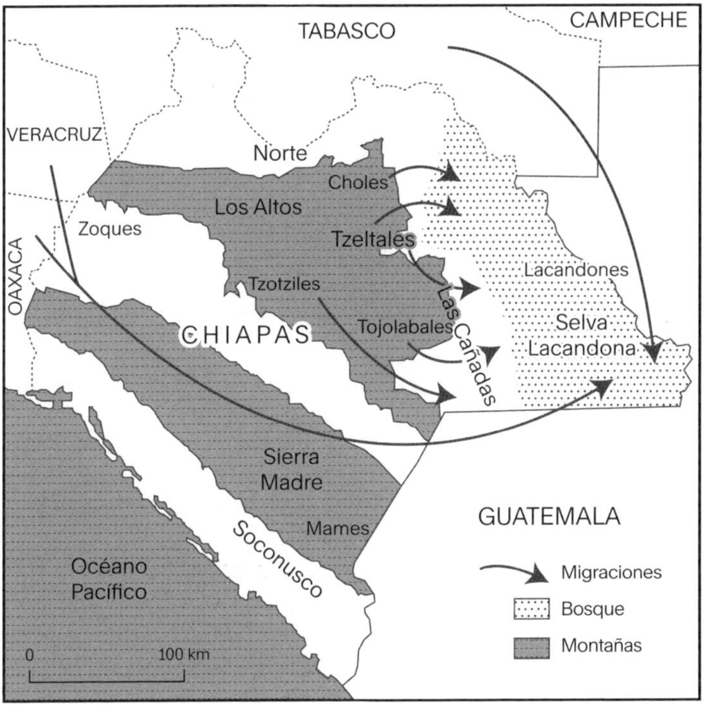

Mapa 3 — A ocupação da Selva Lacandona (1930-1970). Migrações à Selva Lacandona, a partir do final da década de 1930 (Le Bot, 1997, p. 39)

quatro séculos do catolicismo na evangelização indígena na região, fato que deu início a uma disputa entre as duas denominações cristãs. A Igreja católica — liderada pelo bispo da Diocese de San Cristóbal de las Casas, Samuel Ruiz — conformou, no início da década de 1960, um movimento de renovação pautado nas ideias da Teologia da Libertação.[46] As zonas de colonização da selva, assim, passaram a funcionar como um grande laboratório para a atuação política da Igreja, que, mediante a formação de milhares de catequistas indígenas, conseguiu finalmente penetrar nas comunidades mais remotas das florestas de Chiapas, em uma espécie de "catecismo militante".

> A Igreja atraía e facilitava a entrada de laicos e religiosos que desenvolvessem trabalhos sociais e ajudassem os indígenas a organizar movimentos sociais que combatessem as carências que enfrentavam. A formação de milhares de catequistas indígenas, originalmente planejada para impedir a penetração das religiões protestantes, se tornou o principal acesso à educação para essas comunidades e ampliava a influência da Igreja. Esta substituía naquela região o papel formal do Estado, que, em Chiapas, estava intimamente imbricado com uma das elites regionais mais conservadoras e racistas do país. A Igreja era a principal intermediária entre as comunidades e o mundo exterior, num contexto em que estas enfrentavam o conflito cada vez mais intenso com as elites chiapanecas, forma-

46 De acordo com as palavras do próprio bispo, a ação da Igreja pode ser periodizada em quatro momentos: a renovação pastoral (1960-1967), a revalorização das culturas indígenas (1968-1978), a captação da dimensão sociopolítica da situação de extrema pobreza em Chiapas (1979-1991) e a defesa de seus direitos contra a ameaça da modernidade neoliberal (de 1992 adiante) (Vos, 2010, p. 240). Acerca disso, ver *As raízes do fenômeno Chiapas* (São Paulo: Alfarrabio, 2002), de Alejandro Buenrostro, idealizador do BiblioChiapas — Projeto Xojobil, espécie de centro de estudos no Brasil sobre o movimento zapatista e a questão chiapaneca. Atualmente, esse acervo se encontra no Centro de Memória e Pesquisa Histórica, na Unifesp (Campus Guarulhos).

> das por grandes e médios proprietários que também avançavam sobre as terras da fronteira agrícola. (Figueiredo, 2006, p. 246)

No contexto de crescente coesão sociorreligiosa nas novas comunidades, os colonos passaram a buscar formas de organização política capazes de enfrentar as duras e incertas condições de vida na frente de expansão. Essa dinâmica política se tornou ainda mais complexa com a chegada de novos atores sociais de outras regiões do país, como os grupos maoistas Unión del Pueblo (UP) e Política Proletaria (PP), que se rearticularam posteriormente no movimento Línea Proletaria (LP), que passou a atuar junto à Igreja católica.

Apesar da sua breve atuação, os maoistas desempenharam um importante papel no trabalho de formação política de base, incentivando a organização popular através de assembleias setoriais e mecanismos horizontais de tomada de decisão. Além disso, buscaram capacitar a gestão administrativa e econômica das organizações indígenas, planejando a produção nos *ejidos*, formando cooperativas de crédito e estimulando o controle social de excedentes (Harvey, 2000). Essa formação teve resultados concretos no surgimento de associações *ejidais*, chamadas de "uniões", na Selva Lacandona e na região das Cañadas, demonstrando um alto grau de politização indígena já no início da década de 1970 e estabelecendo uma base organizativa concreta para os desdobramentos políticos posteriores, apesar dos inevitáveis conflitos ideológicos com a própria Igreja.

Em meio ao esgotamento das políticas redistribucionistas da Revolução Mexicana e ao surgimento de movimentos sociais agrários que questionavam as políticas sociais levadas a cabo pelo PRI, ocorreu, em outubro de 1974, o Primeiro Congresso Indígena, realizado em San Cristóbal de las Casas. Esse evento contou com o apoio da Igreja católica renovada e, curiosamente, do governo estadual (Aguirre Rojas, 2002, p. 19). Participaram do congresso 1.230 delegados tzotzil, tzeltal, tojolabal e chol, bem como outros povos indígenas de Chiapas (Baschet, 2018, p. 24). O evento possibilitou uma reflexão conjunta sobre as condições de pobreza e marginalização a que a população indígena e camponesa chiapaneca estava submetida, permitindo que seus representantes formassem uma rede de articulação, deliberassem sobre demandas políticas e criassem estratégias concretas de ação.[47]

Em 1980, as diferentes uniões *ejidais* se juntaram para formar o primeiro movimento social indígena-camponês em escala regional, a Associação Rural de Interesse Coletivo (Aric) — União de Uniões. Essa iniciativa foi seguida pela formação de outras associações, o que evidenciou as antigas contradições agrárias de Chiapas. O então bispo de San Cristóbal de las Casas, Samuel Ruiz, chegou a afirmar que a região era uma "bomba-relógio" prestes a explodir (Baschet, 2018, p. 36).

> Em 1982 havia em Chiapas sete mil conflitos agrários entre *ejidos* ou comunidades, ou por parcelas no interior dos mesmos, e quatrocentas invasões de terra que cobriam mais de 1% do território chiapaneco. Havia 75 mil camponeses solicitantes de terras e quase cem mil aos quais as fazendas já não permitiam que sobrevivessem. Havia mais de sete mil expedientes agrários em processo, alguns dos quais estavam há trinta anos sem avançar mais que de um escritório a outro. (Rodríguez, 1988, p. 9)

Nesse panorama social conflitivo, membros do movimento guerrilheiro Forças de Libertação Nacional (FLN), vindos do centro e do norte do México na década de 1970, passaram a travar contato com as organizações políticas da Selva Lacandona, aliando-se posteriormente a um grupo radical de indígenas chiapanecos

47 Acerca do Congresso Indígena, indicamos o documentário (gravado na época) *Ixim winik: el hombre de la tierra del maíz* (ano desconhecido), de Rogelio Cuellar.

Fotografia 9 — Subcomandante Galeano (outrora Marcos), liderança militar e porta-voz oficial do EZLN até 2014, quando passou o cargo ao subcomandante Moisés. Membro da FLN e professor universitário até o final da década de 1970, Galeano foi um dos mestiços a chegar em Chiapas para se aliar a indígenas e fundar o EZLN, em 1983. José Villa, Chiapas, 1996

(Cedillo-Cedillo, 2012). Em 17 de novembro de 1983, já inseridos na selva, fundaram uma organização político-militar, o Exército Zapatista de Libertação Nacional (EZLN).

Durante a década de 1980, o EZLN passou a atuar clandestinamente nas comunidades indígenas, iniciando a formação política e militar de líderes de base. Entre 1988 e 1990, ainda em condições de clandestinidade, o EZLN aumentou rapidamente o número de combatentes, passando de pouco mais de oitenta para mais de mil (Baschet, 2018, p. 29). Além disso, foram integrados milhares de civis zapatistas, chamados de "bases de apoio", cuja função era fornecer apoio material à guerrilha. É importante mencionar que, em sua fundação, o EZLN se identificava principalmente com a ideologia do FLN, que combinava nacionalismo revolucionário cardenista, marxismo-leninismo, castrismo-guevarismo e elementos do maoismo na vertente vietnamita (Cedillo-Cedillo, 2012).

No entanto, a perspectiva política dos autogovernos indígenas — muito próxima, diga-se de passagem, dos valores anarquistas — foi gradativamente incorporada pelo movimento guerrilheiro, ressignificando suas nuances ideológicas. Um exemplo disso é a mudança gradual na ideia leninista de tomada do poder do Estado para sua dissolução, o que culminaria posteriormente na ideia de autonomia (Le Bot, 1997, p. 151). O subcomandante Galeano (anteriormente conhecido como Marcos), em tom irônico, destaca esta como a primeira "derrota" do EZLN, mas uma derrota importante, pois, "se o EZLN não a tivesse aceitado, teria se isolado, teria permanecido pequeno, teria desaparecido, nunca teria surgido o EZLN que surge em 1º de janeiro de 1994" (Galeano *apud* Baschet, 2018, p. 30).

O contexto político e social no México durante o período em questão foi marcado por uma crescente insatisfação com a adoção do modelo neoliberal pelo presidente Miguel de la Madrid, que governou entre 1982 e 1988. Essa política teve um impacto negativo significativo tanto nas áreas rurais quanto urbanas do país. O governo seguinte, liderado por Carlos Salinas de Gortari (1988-1994), cuja eleição foi marcada por uma fraude eleitoral, aprofundou as reformas neoliberais, eliminando a política redistributiva de terras, que havia sido uma das principais conquistas da Revolução Mexicana.

À época, cerca de 245 mil *ejidos* representavam quase 11% da superfície total das unidades produtivas rurais de Chiapas, ao passo que quase metade das áreas agricultáveis do estado estava nas mãos de pouco mais de seis mil famílias de proprietários privados (CIACH, Conpaz & Sipro, 1997). Argumentando acerca da necessidade de capitalização e modernização técnica dos *ejidos*, a chamada "reforma da reforma agrária", ocorrida em 1992, consistiu na alteração dos artigos 2º e 27 da Constituição. Na prática, essa reforma significou o fim da "reforma agrária institucional", extinguindo o processo de desapropriação fundiária e a atribuição de *ejidos* e iniciando a liberalização econômica das parcelas já distribuídas. De acordo com Gilly (2002, p. 40), a reforma, na verdade, "legalizou a privatização das terras *ejidais* e comunais, que doravante podem ser vendidas, compradas ou usadas como garantias de crédito", além de ter facilitado "a compra em bloco de parcelas, terras e florestas por empresas privadas e acionistas".[48]

48 O debate sobre os efeitos agrários dessa medida ainda está em aberto: os *ejidos* e as *propiedades comunales* continuam a ser a forma de posse da terra mais importante no México, com pouco mais de cem milhões de hectares (52% do território). Por um lado, estudos comparativos entre os censos de 1991 e 2007 demonstram que os objetivos declarados pelo governo falharam, levando, em média, a uma "maior concentração de sujeitos agrários em menos terras, e com menor nível tecnológico" (Berlanga, 2008, p. 134). Alguns autores defendem que atualmente o problema agrário do México já não é o latifúndio do começo do século XX, mas o minifúndio. Daniel Villafuerte, em entrevista a mim concedida em San Cristóbal de las Casas, Chiapas, em 7 de março de 2013, afirma: "O que tem ocorrido tem sido um processo de minifundização bastante forte nos últimos anos, de maneira que passamos de uma situação onde predominava o latifúndio a um processo

De fato, a reforma que extinguiu o processo de desapropriação fundiária e dotação de *ejidos*, conhecida como "reforma da reforma agrária" e que alterou os artigos 2º e 27 da Constituição em 1992, antecedeu a entrada do México no Tratado de Livre Comércio da América do Norte (TLCAN). Isso evidencia os objetivos implícitos da liberalização dos *ejidos* como forma de assegurar proteção jurídica aos investimentos capitalistas. Iniciativas governamentais como o Programa de Certificación de Derechos Ejidales y Titulación de Solares Urbanos (Procede) e o Fondo de Apoyo para los Núcleos Agrarios sin Regularizar (Fanar), aplicados desde 1993, cumpriram paulatinamente o papel de privatizar os *ejidos*. Esse objetivo já havia sido almejado pelo liberalismo desde a era de Porfírio Díaz. A questão agrária era um tema central para a organização zapatista: "A luta dos camponeses pobres no México continua reivindicando a terra para os que nela trabalham. Depois de Emiliano Zapata e contra as reformas ao artigo 27 da Constituição mexicana, o EZLN retoma a luta justa do campo mexicano por terra e liberdade" (EZLN, 2003, p. 43).

O governo mexicano ignorou o risco de sua integração econômica neoliberal com os Estados Unidos, apesar de o país representar cerca de 70% do comércio mexicano e deter 80% dos investimentos de capital no país, enquanto o México representava apenas 4% do comércio estadunidense (Altmann, 1992, p. 85). A reforma

• • •

de minifundização, que em algumas regiões é muito mais grave, pois não é o mesmo falar de minifúndio na região da selva e falar de minifúndio na região dos Altos de Chiapas. [...] A densidade demográfica, para termos uma ideia, em alguns municípios dos Altos de Chiapas passa de trezentos habitantes por quilômetro quadrado, enquanto em regiões da selva esse número é de setenta habitantes por quilômetro quadrado, ou seja, a densidade e a pressão demográfica sobre o território é totalmente diferente [...]. Mas, em geral, quando falamos de Chiapas, o que se vê é um crescimento da divisão, da minifundização, que gera uma falta de produção de alimentos básicos. Então, isso se converte no principal problema que temos em Chiapas, ou seja, a autossuficiência alimentar que havia vinte anos atrás já não existe".

de 1992, que acabou com a "reforma agrária institucional" e liberalizou os *ejidos*, permitiu diversas mudanças em outras legislações e normas específicas que, até então, estavam subordinadas ao caráter especial dos *ejidos*. Como exemplo, podemos citar a privatização dos recursos energéticos, concessões mineiras em territórios indígenas, serviços ambientais e a apropriação dos conhecimentos tradicionais (Gómez, 2006, p. 472).

Essa conjuntura foi o limite suportável para as comunidades afiliadas ao Exército Zapatista na Selva Lacandona. O atual subcomandante do EZLN, Moisés, na época um major de infantaria clandestino, explicou como eles viam a situação: "Nas reuniões regionais os companheiros começaram a sentir a força da organização [zapatista], porque cada responsável sabe quantos insurgentes e quantos milicianos há, e já todos sabem que somos um montão. E, além disso, estão vendo a força, estão vendo que a situação é cada vez mais difícil, que cada vez estão mais fodidos, e então começam a querer entrar" (Ramírez, 2003, p. 57-8).

No final de dezembro de 1993, aproximadamente 4.500 combatentes indígenas zapatistas tomaram suas posições militares, enquanto outros dois mil ficaram destacados como reservas (Baschet, 2018, p. 32). Em 1º de janeiro de 1994, data oficial do início do TLCAN e, nas palavras de Salinas de Gortari, da "entrada do México no primeiro mundo", os combatentes zapatistas tomaram sete municípios chiapanecos: San Cristóbal de las Casas, Oxchuc, Ocosingo, Altamirano, Las Margaritas, Chanal e Huixtán (Buenrostro y Arellano & Oliveira, 2002a, p. 15).

Iniciou-se nesse dia uma guerra entre o EZLN e o governo federal, fato que mobilizou quase um terço do contingente militar mexicano para o estado de Chiapas (Buenrostro y Arellano & Oliveira, 2002a, p. 24). Os insurgentes zapatistas esperavam, inicialmente, que grupos armados de outras partes do México

Fotografia 10 — O EZLN na ocupação da cidade de San Cristóbal de las Casas, Chiapas, em 1º de janeiro de 1994. O uso dos *pasamontañas* ou dos *paliacates* para cobrir o rosto ainda não era uma constante da organização zapatista.
Antonio Turok

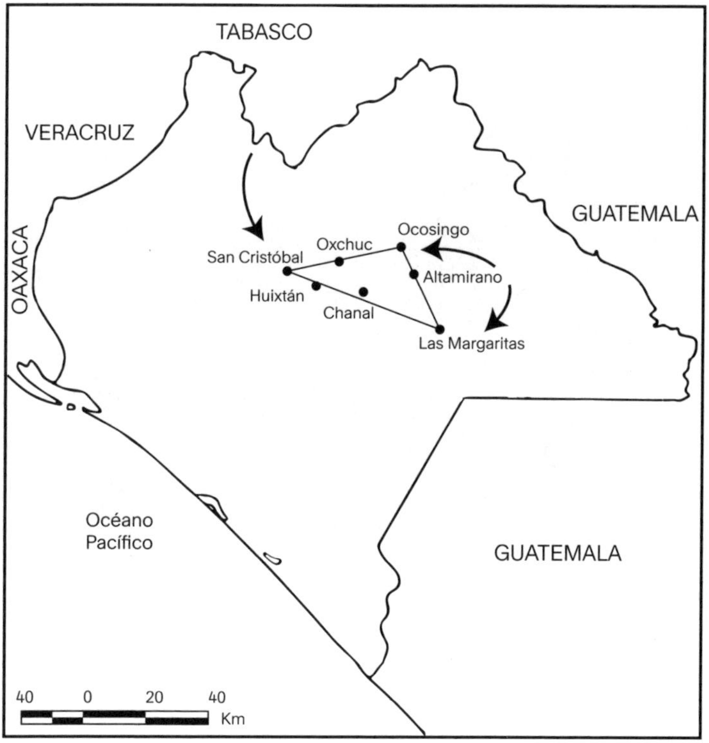

Mapa 4 — Municípios ocupados pelo EZLN em 1º de janeiro de 1994. Ofensiva militar do EZLN desde Las Cañadas (borda oeste da Selva Lacandona) e Los Altos de Chiapas em 1º de janeiro de 1994 (Vos, 2010, p. 253)

Fotografia 12 — Célula militar do EZLN em Chiapas, México. Arquivo *El Universal*

Fotografia 11 — Combatentes do EZLN em Chiapas, México. Arquivo Cuartoscuro

se unissem a eles, favorecendo a tomada da Cidade do México, o que não ocorreu. As onze demandas defendidas pelos zapatistas foram praticamente as mesmas apresentadas pelo Congresso Indígena de 1974 e incluíam abrigo, terra, trabalho, saúde, educação, alimentação, liberdade, independência, justiça, democracia e paz.

A guerra se estendeu por doze dias, até que a pressão da sociedade civil mexicana, especialmente da Cidade do México, levou o governo a buscar uma solução negociada, embora as forças militares continuassem operando em Chiapas. Enquanto estratégia militar, o Exército federal cercou a zona de atuação da guerrilha para isolar os combatentes da população civil e enfraquecer o movimento armado, utilizando a tática de "tirar a água do peixe". Estima-se que, nessa primeira fase do conflito, cerca de quinhentas pessoas perderam a vida, incluindo zapatistas, soldados e civis (Vos, 2010, p. 252).

O movimento zapatista se constitui como uma organização político-militar, isto é, possui uma estrutura civil e outra militar. A frente militar é composta por combatentes zapatistas, que são indígenas com treinamento militar e acesso a armamentos. Já a frente civil é constituída pelos zapatistas "bases de apoio", que são indígenas e indígenas-camponeses filiados à organização e que residem nas comunidades rebeldes. Eles forneceram suporte material ao braço armado do movimento e, posteriormente, assumiram um papel de destaque no processo de autonomia, ocupando cargos nos autogovernos e participando dos projetos produtivos e organizacionais.

Cerca de quarenta mil zapatistas participaram da chamada "Marcha do Silêncio", ocorrida em Chiapas em dezembro de 2012 (Baschet, 2018, p. 48). De acordo com fontes próximas à organização, em entrevista a mim concedida em 2021, cada família zapatista enviou um representante para o evento, o que nos permite estimar de maneira muito conservadora um número de 150 mil zapatistas bases de apoio. Algumas fontes, entretanto, chegam a estimar algo em torno a 250 mil indígenas (4,5% da população indígena de Chiapas).[49] O número exato nunca foi divulgado pelo EZLN, os únicos que poderiam quantificar com exatidão a quantidade de membros civis de sua organização.

O Comitê Clandestino Revolucionário Indígena — Comandância Geral (CCRI-CG) é a instância superior de direção político-militar dos zapatistas, formada pela união de cinco Comitês Clandestinos Regionais Indígenas (CCRI). O CCRI-CG é composto por 22 comandantes indígenas que representam todas as etnias e zonas geográficas abrangidas pelos zapatistas. Dentre eles, há um "subcomandante" (atualmente o subcomandante Moisés) responsável por liderar a esfera militar zapatista e atuar como porta-voz do movimento.

A primeira tentativa de solução política para o conflito foram os chamados "Diálogos da Catedral", ocorridos entre o Estado e o CCRI-CG no final de fevereiro de 1994. Foi quando os zapatistas, como eles mesmos dizem, trocaram o fogo pela palavra. Os mexicanos, nesse momento, presenciaram a eclosão de um debate público que deixou os confins chiapanecos para se tornar uma questão nacional de primeira ordem. Nesse contexto político, a demanda pela autonomia floresceu e ganhou impulso, pondo em xeque os fundamentos antidemocráticos do Estado mexicano.

49 "Gobierna el EZLN a 250 mil indígenas", *El Universal*, 1º jan. 2014.

3

TERRITÓRIOS AUTÔNOMOS ZAPATISTAS: ESBOÇOS DE UMA GEOGRAFIA ANTICOLONIAL

Todos vocês sabem que nosso pensamento não é o de construir uma grande organização ou um centro dirigente, um comando centralizado, um chefe, seja individual ou colegiado. Nossa análise do sistema dominante, de seu funcionamento, de suas fortalezas e fragilidades, nos levou a sinalizar que a unidade da ação pode existir se são respeitados o que nós chamamos de "modos" de cada um. E os "modos" não são outra coisa que os conhecimentos que cada um de nós, individual ou coletivo, tem de sua geografia ou calendário. Ou seja, de suas dores e lutas. Estamos convencidos de que toda tentativa de homogeneidade não é mais que um intento fascista de dominação, ainda que se esconda em uma linguagem revolucionária, esotérica, religiosa ou similares. Quando se fala de "unidade", se omite que essa "unidade" está submetida ao domínio de alguém ou algo, individual ou coletivo. No altar falacioso da "unidade" não apenas se sacrificam as diferenças, como também se esconde a sobrevivência de todos os pequenos mundos de tiranias e injustiças que padecemos.

— Subcomandante Galeano, *Ellos y Nosotros*, parte V (2013)

3.1. O labirinto das autonomias

O conceito de autonomia é complexo e multifacetado. A autonomia pode se relacionar a distintos campos do saber, como o direito, a sociologia ou a geografia; ser coletiva ou individual; interna ou externa; dialogar tanto com o anarquismo quanto com o marxismo; ser operacionalizada tanto por Kant como pelas comunidades zapatistas. Sob diversas circunstâncias históricas, esse conceito foi apropriado e reinterpretado por variados grupos ideológicos e classes sociais.

Etimologicamente, a palavra "autonomia" provém do grego (*autós*: próprio; e *nómos*: lei), significando o ato de reger-se por leis e poderes próprios, ou, por extensão, dar-se sua própria lei. Contrapõe-se, portanto, ao conceito de heteronomia, que diz respeito àquilo ou a quem é submetido a poderes externos ou alheios. Apesar de sua filiação helênica, o conceito de autonomia só passou a ser vagamente usado nos séculos XVI e XVII, por juristas europeus.

A partir da ascensão do Iluminismo no século XVIII, o conceito ganhou espaço nas reflexões filosóficas da Europa Ocidental (Zarader, 2007, p. 65). Rousseau, em sua obra *Do contrato social ou Princípios do direito político* (1762), ainda que não faça uso nominal do conceito de autonomia, aproxima-o da ideia de liberdade (Zarader, 2007, p. 65). O filósofo se debruça sobre a questão de um pacto social que possa permitir a "proteção dos indivíduos" conjugada à sua liberdade. Para o autor, enquanto tal condição se vê impossibilitada em um Estado déspota, seria possível em um Estado que possua sua legitimidade política pautada na soberania popular, ou seja, onde os indivíduos renunciassem à sua liberdade natural e passassem a obedecer leis criadas por eles mesmos, o que Rousseau chamou de "vontade geral". Os indivíduos passariam assim a usufruir de uma liberdade pautada na convenção — uma liberdade civil —, ao mesmo tempo que o Estado possuiria as condições e o poder para reger a vida social.

Kant, por sua vez, utiliza o conceito em seu livro *Crítica da razão prática* (1788). Para ele, a autonomia de Rousseau seria na verdade uma heteronomia, já que a lei moral não pode advir de qualquer ordem externa senão da própria vontade racional do homem. Kant usa o conceito de autonomia para indicar a "independência da vontade em relação a qualquer desejo ou objeto de desejo e sua capacidade de determinar-se em conformidade com uma lei própria, que é a razão" (Abbagnano, 1998, p. 97). O caso oposto — quando a vontade é determinada pelos objetos da faculdade de desejar, logo, motivos sensíveis — supõe a ocorrência da heteronomia. Assim, a autonomia revelaria a liberdade tanto no sentido negativo (a independência da vontade em relação a qualquer objeto desejado) como no positivo (o uso de uma legislação própria, no caso, a "razão prática") (Abbagnano, 2000, p. 97). Essa concepção compreende a autodeterminação do sujeito a agir, não a partir de uma total ausência de normas, mas sim com as regras definidas por sua própria razão individual (Zarader, 2007, p. 66).

Rousseau e Kant indicavam, já nessa época, que o conceito de autonomia possui duas faces interdependentes, a do *indivíduo* e a do *coletivo*, os "dois lados de uma mesma moeda", como sugere Marcelo Lopes de Souza. Para o geógrafo, a autonomia individual é a "capacidade e a possibilidade de indivíduos adultos estabelecerem fins (projetos, metas) para sua existência e persegui-los de maneira clara" (Souza, 2012):

> Essa capacidade é, por conseguinte, igualmente e em larga medida de ordem *psicológica*, ainda que ela seja definitivamente indescolável da possibilidade *material* e *institucional* de expressar opiniões e de defender os próprios pontos de vista e interesses em igualdade *efetiva* — em outras palavras: que não é meramente ou basicamente *formal* — de oportunidades em comparação com outros indivíduos pertencentes à mesma sociedade. (Souza, 2017, p. 311)

Isso não se confunde com um individualismo ou uma liberdade meramente privada, mas sim trata da "possibilidade de um indivíduo tentar planejar sua trajetória de vida com a maior liberdade possível" (Souza, 2017, p. 374), possuindo condições para tomar decisões livremente. A autonomia coletiva, por sua vez, "remete à existência de instituições sociais que garantam, precisamente, essa igualdade efetiva — em outras palavras, uma igualdade que não é somente ou basicamente formal — de oportunidade aos indivíduos para a satisfação de suas necessidades e, muito particularmente, para a participação em processos decisórios concernentes à regulação da vida coletiva" (Souza, 2012, p. 79).

Assim, a autonomia coletiva se fundamenta na existência de instituições organizadas de forma ativa e coletiva por indivíduos livres e autônomos, "educados para amar a própria liberdade e a *dos outros*" (Souza, 2017, p. 312). Embora nem sempre categorizada como "autonomia coletiva", a busca de maneiras horizontais e não heterônomas de organização e gestão da vida social ganha força na segunda metade do século XIX. Essa perspectiva aparece fortemente associada às propostas anarquistas e libertárias do período, que criticavam radicalmente as relações sociais pautadas por hierarquia, autoridade e centralização do poder.

No contexto marxista, o conceito de autonomia surge de maneira periférica nos debates do início do século XX. Por um lado, tendia a ser bem-aceito se aproximado à ideia de emancipação, isto é, independência de classe — subjetiva, organizativa e ideológica — no contexto da dominação capitalista burguesa, como, por exemplo, nos debates suscitados por Rosa Luxemburgo (1871-1919) (Modonesi, 2011, p. 24). Em seu livro *The Mass Strike* [A greve de massa] (1906), por exemplo, Luxemburgo busca refletir sobre a importância da autonomia da classe trabalhadora na qualidade de sujeito histórico capaz de disputar o poder com a burguesia, como apontado pela socióloga Anahí Guevara:

> Para Luxemburgo, a autonomia era uma necessidade de classe indispensável do proletariado em geral e do polonês em particular, como resposta à ocupação nacional que vivia a Polônia e à dominação de classe a que estavam submetidos os operários. A luta de classes requeria, portanto, o desenvolvimento independente de todos os componentes que formam uma cultura e desenvolvem a consciência e a ação operária. Por isso, o papel dos comunistas não devia limitar-se a fundar um partido político para dirigir a classe operária, mas colocar sua experiência de luta e seu acervo teórico a serviço do desenvolvimento autônomo do movimento proletário em uma direção comunista. (Guevara, 2020, p. 60)

Não obstante, no campo marxista, a "autonomia" tendia a ser rechaçada se aproximada à perspectiva anarquista. Tal é o caso de Trótski (1879-1940), que alegava, por exemplo, que o "autonomismo" e a "hostilidade a uma organização centralizada" foram o ponto fraco — um "artifício pequeno-burguês" — do proletariado francês na derrota da Comuna de Paris (Trótski, 1921). Em um artigo intitulado "Las lecciones de la Comuna", Trótski escreveu que, "por meio de seus agentes, seus advogados e seus jornalistas, a burguesia propôs uma grande quantidade de fórmulas democráticas, parlamentares, autonomistas, que não são mais que grilhões com os quais prende os pés do proletariado e impede seu avanço" (Trótski, 1921).

Já na década de 1960, o contexto político de descontentamento social com os vanguardismos e burocratismos de certa ala dos partidos comunistas deu grande impulso ao conceito, que passara a ser usado pelos chamados "novos movimentos sociais". Tais movimentos são entendidos como aqueles nascidos a partir da década de 1960, os quais, à diferença dos antecedentes, que enfatizavam leituras sociais baseadas predominantemente no conceito de classe, passaram a propor esquemas interpretativos onde se enfatizavam também a cultura, a ideologia, o cotidiano, a solidariedade e a identidade (Gohn, 2002).

Correntes europeias diversas, do anarquismo ao marxismo libertário, passaram então a questionar o tradicional sujeito revolucionário e a revolução como acontecimento inevitável e teleológico, privilegiando as práticas horizontais de organização, a desvinculação de cargas ideológicas rígidas e a chamada "política prefigurativa", isto é, o espelhamento da sociedade almejada nos modos de organização e táticas de atuação realizados no próprio cotidiano.[50]

À época, o conceito de autonomia ganhou grande profundidade teórica a partir das reflexões de Cornelius Castoriadis (1922-1997),[51] intelectual do grupo francês Socialismo ou Barbárie. Partindo da premissa de que a autonomia é o conteúdo mais visceral do fenômeno democrático, Castoriadis critica fortemente a roupagem liberal da democracia representativa no capitalismo, esvaziada de seu substrato autonômico e operacionalizada com fins à legitimação e à perpetuação das classes sociais dominantes. Contudo, aponta que o socialismo real tampouco superou a contradição da heteronomia, citando, como exemplo, a estrutura centralizadora, burocrática e autoritária do Estado socialista soviético.

Castoriadis defende que tais sistemas políticos estão longe de ser democráticos e, portanto, autônomos, já que as esferas decisórias e organizativas da vida social são alheias aos grupos sociais que afirmam representar. A autonomia "implica necessariamente a participação ativa e igualitária em todo o poder social que decide sobre os problemas comuns" (Castoriadis, 1983, p. 21), devendo-se combater, por conseguinte, qualquer tipo de relação

50 Parece surgir dessa herança o uso mais corriqueiro do conceito de "autonomia" nos dias atuais, quando se busca enfatizar aspectos de descentralização, horizontalidade e a não influência ou subordinação a empresas, sindicatos ou partidos políticos.

51 Para situar historicamente o leitor, Castoriadis publicou o que é considerado por muitos sua principal obra, *L'Institution imaginaire de la société* [A instituição imaginária da sociedade], em 1975.

de poder que possa subordinar, oprimir ou excluir seus membros da esfera política. Nesse sentido, liberdade, autonomia e democracia são conceitos que se imbricam: "A liberdade numa sociedade autônoma exprime-se por estas duas leis fundamentais: sem a participação igualitária na tomada de decisões não haverá execução; sem participação igualitária no estabelecimento da lei, não haverá lei. Uma coletividade autônoma tem por divisa e por autodefinição: nós somos aqueles cuja lei é dar a nós mesmos as nossas próprias leis" (Castoriadis, 1983, p. 22).

De acordo com o filósofo, o "projeto de autonomia" se torna assim um horizonte de práxis para a emancipação social, visto que só um projeto que leve a cabo tais pressupostos poderá permitir o advento de uma sociedade realmente livre e democrática, isto é, "uma sociedade onde a separação institucionalizada entre dirigentes e dirigidos e a opacidade e mutilação da esfera pública que disso derivam foram abolidas" (Souza, 2000, p. 77). A autonomia, nessa perspectiva, torna-se um horizonte de ação e pensamento jamais acabado, um regime ativo, dinâmico e sem normas preestabelecidas.

Enquanto projeto de emancipação social, a autonomia possui dois diferentes *planos*, referentes a duas *escalas* distintas: a autonomia no plano interno e a autonomia no plano externo. Fundamentado no pensamento teórico de Castoriadis, Marcelo Lopes de Souza define a autonomia no plano interno como uma:

> autonomia em sentido primário, concebida como estando presente, na qualidade de um valor latente ou manifesto (horizonte de pensamento e ação), em várias sociedades (mas de modo nenhum em todas), ainda que em graus variáveis; trata-se da autonomia contraposta à heteronomia tanto em termos de poder explícito heterônomo (autoritarismo, verticalidade, hierarquias rígidas, assimetria estrutural de poder) quanto em matéria de infrapoder implícito (atribuição de poder e sua legitimidade a fontes extrassociais). (Souza, 2017, p. 62)

A autonomia no plano externo, por sua vez,

> diz respeito à autonomia em sentido derivado, concernente à presunção do direito de uma sociedade internamente heterônoma de, com base na premissa de sua coerência e integridade cultural e do direito de buscar seus próprios caminhos e soluções, não sofrer intervenção com o objetivo de se forçar a adoção exógena de um conteúdo substantivo para o seu "desenvolvimento" — ainda que esse conteúdo seja (supostamente) emancipatório. (Souza, 2017, p. 62)

Efetuando uma reflexão sobre esse debate na América Latina, Souza salienta que a autonomia proposta por Castoriadis — nos marcos de um debate político fortemente teórico e ocidentalizado — não pode ser automaticamente relacionada à autonomia requerida e praticada pelos movimentos indígenas em nosso continente. Em sua análise, a autonomia indígena se dá sobretudo no "plano externo", isto é, no direito à autodeterminação frente a poderes, grupos e sociedades estranhas ao grupo local e/ou regional (Souza, 2017, p. 373-5).

Ainda conforme o autor, essa autonomia não necessariamente coincide plenamente com uma autonomia no plano interno, onde se daria um "questionamento de todas as formas de organização 'verticais' e com a ausência de qualquer tipo de opressão ou assimetria estrutural" (Souza, 2017, p. 374). Destarte, para Souza, as experiências indígenas latino-americanas dizem respeito sobretudo a uma "reinvenção" criativa da ideia de autonomia, de acordo com as necessidades e possibilidades específicas desses povos (Souza, 2017, p. 348).

Embora a crítica de Souza seja importante, é possível dizer, em contrapartida, que um olhar atento nos permite perceber que o aprofundamento da autonomia interna também faz parte dos objetivos das autonomias indígenas, ao menos para os grupos ou territórios onde os processos organizativos estão mais amadurecidos. Apenas para pinçarmos um exemplo bem conhecido, posso citar a questão de gênero dentro do movimento zapatista, a partir da criação da "Lei revolucionária das mulheres", aprovada pela comandância geral do EZLN em março de 1993:

> Em sua justa luta pela libertação de nosso povo, o EZLN incorpora as mulheres na luta revolucionária sem distinção de raça, crença, cor ou filiação política, com o único requisito de que elas incorporem as demandas do povo explorado e se comprometam a cumprir e fazer cumprir as leis e regulamentos da revolução. Além disso, considerando a situação da mulher trabalhadora no México, incorporamos as suas justas reivindicações de igualdade e justiça na seguinte LEI REVOLUCIONÁRIA DAS MULHERES:
>
> Primeiro — As mulheres, sem distinção de raça, crença, cor ou filiação política, têm direito de participar na luta revolucionária no lugar e grau que sua vontade e capacidade determinem.
>
> Segundo — As mulheres têm direito de trabalhar e receber um salário justo.
>
> Terceiro — As mulheres têm direito de decidir o número de filhos que podem ter e cuidar.
>
> Quarto — As mulheres têm direito de participar nos assuntos da comunidade e assumir cargos para os quais sejam eleitas livre e democraticamente.
>
> Quinto — As mulheres e seus filhos têm direito à ATENÇÃO PRIMÁRIA em saúde e alimentação.
>
> Sexto — As mulheres têm direito à educação.
>
> Sétimo — As mulheres têm direito de escolher seu parceiro (*pareja*) e não ser obrigadas pela força a contrair matrimônio.
>
> Oitavo — Nenhuma mulher poderá ser agredida ou maltratada fisicamente, nem por familiares nem por estranhos. Os delitos de tentativa de estupro serão castigados severamente.
>
> Nono — As mulheres poderão ocupar cargos de direção na organização e ter graus militares nas forças armadas revolucionárias.
>
> Décimo — As mulheres terão todos os direitos e obrigações determinados pelas leis e regulamentos revolucionários. (EZLN, 1993)

Isso significa que as disparidades entre homens e mulheres nas comunidades zapatistas tenham sido resolvidas por decreto? Obviamente, não. No entanto, cada vez mais mecanismos autônomos são implementados para se evitar que relações de opressão se desenvolvam nas comunidades autônomas. Nesse mesmo sentido, posso citar o constante processo de aprimoramento dos autogovernos zapatistas, como, por exemplo, a criação das Juntas de Bom Governo e dos espaços conhecidos como "caracóis", visando à diminuição das desigualdades entre os municípios autônomos e à ampliação da participação política das bases de apoio zapatistas nos processos decisórios.

O que parece ser importante destacar é que as autonomias indígenas são extremamente "plásticas", ou seja, trata-se de processos em constante construção e transformação, como bem colocado pelo lema zapatista "caminhar-perguntando". Com essa expressão, os indígenas enfatizam a necessidade de ações imediatas, cotidianas e territorializadas, ainda que sem total domínio ou controle sobre as mesmas (*caminhar*). Essas ações devem ser nutridas por uma constante reflexão, estudo e autocrítica, de maneira a reorientá-las conforme se desenvolvam (*perguntar*).

Torna-se assim importante distinguir algumas diferenças entre as autonomias pensadas na Europa e as experiências autonômicas desenvolvidas pelos indígenas latino-americanos. Jérôme Baschet afirma que a autonomia indígena não diz respeito à

> liberdade do sujeito individual — um dos mitos fundacionais da modernidade —, mas se trata de uma autonomia, antes de tudo, coletiva (que não se contrapõe necessariamente à autonomia individual). Na prática, a autonomia é a reivindicação de uma coletividade que rechaça o que considera como uma imposição exterior, para fazer prevalecer as formas de organização que pretende criar para si mesma. Nesse sentido, a autonomia combina um caráter negativo (rechaçar uma imposição exterior) e um caráter positivo (afirmar as próprias regras). (Baschet, 2018, p. 141)

Desse modo, as autonomias praticadas pelos povos indígenas se particularizam por aspectos como: (i) a vida comunitária, (ii) uma cultura e um modo de vida fortemente territorializados, (iii) as dinâmicas históricas de colonização externa e interna, (iv) o grau e o tipo de relação com o Estado, e mesmo (v) as possibilidades efetivas da construção autonômica como um processo cotidiano de resistência, frente às ofensivas de forças refratárias. Foquemos nossa análise nessas particularidades.

3.1.1. As autonomias indígenas na América Latina e suas particularidades

A demanda por autonomia tem raízes profundas na história indígena latino-americana. Conforme Díaz-Polanco, embora as sociedades indígenas não utilizassem explicitamente o termo "autonomia", a busca pela manutenção do controle cultural e político em nível local — em oposição à centralização do poder — remonta ao período colonial e foi motivo de diversos "atos de insubordinação" indígena no México (Díaz-Polanco, 1997, p. 36). Nesse sentido, López Bárcenas aponta que:

> Não é que antes não existisse; pelo contrário, desde a época da Conquista [...] as lutas de resistência e emancipação dos povos indígenas estiveram permeadas pelas reivindicações autonômicas; não sempre com esse nome, mas sim com os mesmos projetos utópicos, que passam por ser povos com direitos plenos, territórios, recursos naturais, formas próprias de organização e de representação política frente às instâncias estatais, exercício da justiça interna segundo seu próprio direito, conservação e desenvolvimento de suas culturas e elaboração e execução e prática de seus próprios planos de desenvolvimento, dentro de suas demandas mais significativas. (López Bárcenas, 2011, p. 67-8)

Devido a esse lastro histórico, o historiador Adolfo Gilly destaca que é crucial uma leitura diacrônica para se entender a demanda autonômica contemporânea: "essa realidade cultural, política e histórica explica a espessura e os múltiplos significados da demanda por autonomia por parte das comunidades agrárias, seja qual for, depois, sua forma jurídica específica" (Gilly, 1997, p. 27).

Ainda que incipientemente, é no final da década de 1970 que o tema das autonomias dos povos indígenas começa a fazer parte dos debates políticos e acadêmicos na América Latina, com grande destaque para o México (Díaz-Polanco, 1997). Colabora para isso o desenvolvimento de uma corrente crítica na antropologia mexicana, que passou a atacar duramente o papel leniente e ideológico da ciência na perpetuação dos processos de subordinação indígena, seja no começo do século, seja a partir do indigenismo integracionista, como visto no primeiro capítulo (López y Rivas, 2011, p. 473-80).

A discussão ganhou fôlego com a ascensão, nessa mesma década, de organizações indígenas lideradas por quadros igualmente indígenas, dispensando assim intermediações indigenistas ou de representantes não indígenas. Esse é um aspecto importante, já que a ideia de autonomia passa a ser apropriada pelos indígenas como forma de superação crítica do indigenismo até então realizado pelo Estado. Como salienta o antropólogo Héctor Díaz-Polanco (2002, p. 160), "a corrente autonomista não parte de uma adesão ao indigenismo, mas de uma crítica profunda e severa deste. Mais ainda, das premissas indigenistas não se pode derivar nenhuma autonomia. O indigenismo e o autonomismo são antitéticos e irreconciliáveis".

Segundo a socióloga mexicana Araceli Burguete, os povos indígenas adotaram o conceito de autonomia como um novo paradigma no campo dos direitos humanos, em oposição às políticas coloniais, assimilacionistas e integracionistas. Burguete explica que as organizações indígenas se apropriaram do conceito de autonomia tanto no âmbito do direito doméstico quanto internacional, lutando contra a percepção de que eram "minorias étnicas" que estariam fadadas ao desaparecimento, no contexto de assimilação do Estado (mono)nacional (Burguete, 2010, p. 67).

Apesar de esse movimento crítico ter sido muito forte no México, a Nicarágua foi o primeiro país latino-americano a estabelecer concretamente um regime de autonomia, em 1987.[52] O antropólogo Waldo Lao Fuentes Sánchez, em seu livro *Autonomías indígenas: resistencias y luchas por el reconocimiento en Nicaragua y México* [Autonomias indígenas: resistências e lutas pelo reconhecimento na Nicarágua e no México] (2019), analisa de maneira detalhada a construção singular do regime autônomo indígena na Nicarágua. Após a revolução de 1979, o Estado sandinista tentou integrar a população indígena da região da Costa Atlântica, que representava cerca de 12% da população nicaraguense e era praticamente isolada. No entanto, durante quatro anos as comunidades indígenas resistiram à ocupação sandinista, que tendia a considerar a fricção étnica como um problema a ser resolvido pela "proletarização indígena" (Sánchez, 2019).

Esse conflito étnico se intensificou à medida que os Estados Unidos aproveitaram essa cisão étnica para se aproximar dos indígenas Miskito, fornecendo armas e treinamento militar ao grupo, incluindo crianças, na tentativa de desestabilizar o governo sandinista. Após um prolongado desgaste, governo e

52 Se desconsiderarmos o contexto ideológico da crítica moderna ao indigenismo estatal, a primeira autonomia incorporada a um marco jurídico na América Latina foi a dos Kuna, em 1925, em San Blas, Panamá. Isso se deu no contexto da Revolução Kuna, ocorrida em 1925, a partir de um movimento de resistência indígena contra a política de ocidentalização forçada, imposta pelas autoridades panamenhas. Durante a revolução, foi proclamada a República de Tule, ainda que por um curto período de tempo. Após esse território ter sido reintegrado pelo Panamá, os Kuna criaram um território autônomo chamado Comarca Indígena de Kuna Yala, com o respaldo do governo panamenho.

indígenas teceram um acordo, resultando na proposta de "autonomia regional". O Congresso Nacional da Nicarágua criou, então, duas regiões autônomas na Costa Atlântica, inclusive com a alocação de recursos federais.

Conforme Díaz-Polanco (1997, p. 66), as características gerais do estatuto autonômico nicaraguense são as seguintes:

> (a) As entidades autônomas que o compõem são parte integrante do Estado nacional correspondente;
> (b) constitui um regime especial instituído com a finalidade de que grupos determinados, com tradição histórica comum e características socioculturais próprias (costumes, crenças, línguas, território, entre outras), podem desenvolver livremente seus modos de vida, exercer os direitos que lhes concernem como comunidades étnicas ou nacionais e tratar de certos assuntos por si mesmos;
> (c) as comunidades autônomas possuem um âmbito territorial em cujo marco os grupos étnicos exercem seus direitos, mas sem exclusões dos demais cidadãos que habitam a região.

A crise do indigenismo integracionista, a ascensão do neoliberalismo e a brutalidade dos processos de despossessão indígena, no final da década de 1980, colaboraram para potencializar as demandas territoriais dos movimentos indígenas. Nesse contexto, as organizações passaram gradativamente a reivindicar o controle político e administrativo de seus territórios e recursos, especialmente pela via de autogovernos autônomos, de forma a garantir os meios de reprodução social, material, cultural e simbólica de suas comunidades. Como afirma Raúl Zibechi: "Com os territórios nasce uma nova forma de praticar e teorizar a mudança social. A formulação explícita da demanda territorial, pronunciada de forma pioneira pelos movimentos indígenas na década de 1990, parece estar estreitamente ligada à fase neoliberal do capitalismo e seus modos de acumulação por despossessão" (Zibechi, 2008, p. 133).

Gradualmente, a estratégia autonômica passou a ser uma forma de resistência dos povos indígenas contra os violentos mecanismos de desapropriação, colonização, privatização de bens comuns e contaminação ambiental de seus territórios. Em vista desse processo, Raúl Zibechi afirma que a autonomia "é a forma que os povos indígenas encontraram para continuar sendo povos, enfrentando a tendência do capital de homogeneizar culturas e paisagens em prol de sua reprodução ampliada".[53]

A celebração do Primeiro Encontro Continental de Povos Indígenas (1990), no Equador, potencializou esse debate e trouxe questões que reverberam entre os movimentos indígenas latino-americanos até os dias atuais, como por exemplo a ideia do plurinacionalismo, como registrado na Declaração de Quito:

> A nossa autodeterminação não é uma simples declaração. Devemos garantir as condições necessárias que permitam o seu pleno exercício; e isto deve ser expresso, por sua vez, como plena *autonomia* para os nossos povos. Sem *autogoverno indígena* e sem o *controle dos nossos territórios*, não pode haver autonomia. [...] Os atuais Estados-nação do nosso continente, as constituições e as leis fundamentais são expressões jurídico-políticas que negam os nossos direitos socioeconômicos, culturais e políticos. É por isso que, na nossa estratégia geral de luta, consideramos prioritário exigir mudanças fundamentais que permitirão o pleno exercício da *autodeterminação* através dos próprios *governos dos povos indígenas* e o *controle de nossos territórios*. Políticas parciais de tipo *integracionista*, etnodesenvolvimentista e outras práticas aplicadas por organismos governamentais não são suficientes. Os nossos problemas não serão resolvidos desta forma. É necessária uma *transformação integral*

53 "O horizonte da autonomia nas lutas contemporâneas da América Latina", [vídeo], 2021. Disponível em: https://www.youtube.com/watch?v=Z6gvxEDcWOI.

> *e profunda do Estado* e da sociedade nacional; ou seja, a *criação de uma nova nação*. (Conaie, 1990, grifo meu)

Manifestações políticas como a Marcha pelo Território e a Dignidade (Bolívia, 1990) e o Quinto Centenário da Conquista Espanhola (1992) deram ainda mais impulso à demanda autonômica no continente. Em janeiro de 1994, o movimento zapatista se rebelou em Chiapas, e, em outubro do mesmo ano, treze organizações indígenas mexicanas declararam que o projeto político da autonomia era a única via possível na moderna relação entre os povos indígenas e a sociedade nacional:

> As inúmeras discussões, reflexões e intercâmbios que realizamos até agora em todo o país nos convenceram de que a solução para nossos problemas exige a instauração de um regime de autonomia. Trata-se de transformar o atual sistema de organização política, o atual regime de Estado (centralizado, exclusivo, autoritário, homogeneizante e contrário à pluralidade), [substituindo-o] por um Estado de autonomias que possibilite o respeito à pluralidade e abra as portas à participação dos povos indígenas na definição de um país onde caibam todos [...].
>
> Para os povos indígenas, a autonomia é um sentimento profundo. É também uma vivência de séculos, que se expressa nos acontecimentos e na vida cotidiana das comunidades, em suas formas de organização e de ordenamento do trabalho, no uso do nosso tempo e de nossos recursos, na prática de nossas crenças, na nomeação de nossas autoridades, no respeito aos demais e a nós mesmos. A autonomia é a base de nosso sistema de vida [...]. Os povos indígenas do México convocamos todos os mexicanos e mexicanas de boa vontade e de bom coração a respaldar e apoiar nosso grande projeto político de autonomia. Que ninguém duvide da sinceridade de nossas palavras. Demos início a um caminho sem volta para chegar ao nosso objetivo. Caminhemos juntos nessa busca por um novo amanhecer. (Documento de Trece Organizaciones, 1994, p. 27-9)

Buscando uma definição que compreenda esse fenômeno de maneira diacrônica, o antropólogo mexicano Gilberto López y Rivas sintetiza a luta autonômica da seguinte forma:

> A partir das pesquisas realizadas na América Latina, concebemos a autonomia basicamente como um processo de resistência mediante o qual as etnias ou povos soterrados, negados ou esquecidos fortalecem ou recuperam sua identidade por meio da reivindicação de sua cultura, seus direitos e suas estruturas político-administrativas. De forma genérica, a autonomia, ou seja, reger-se pelas próprias leis, define-se como a capacidade de indivíduos, governos, nacionalidades, povos e outras entidades e sujeitos de assumir seus interesses e ações mediante normativas e poderes próprios, opostos, consequentemente, a toda dependência ou subordinação heterônoma. Como qualquer conceito, a autonomia indígena contemporânea deve compreender-se em seu contexto histórico: a luta dos povos originários por conservar e fortalecer sua integridade territorial e cultural através de autogovernos que praticam a democracia participativa e enfrentam — com uma estratégica antissistêmica — a ganância e violência do sistema capitalista em sua atual fase de transnacionalização neoliberal.[54]

Dessa forma, enquanto agencialidade indígena, a autonomia deve ser compreendida em seu plano relacional, isto é, em relação a uma fonte de poder externa, heterônoma. Na contemporaneidade, essa fonte de poder é representada principalmente pelo Estado, sendo assim possível analisar as autonomias indígenas a partir de três perspectivas: "a partir do Estado", "apesar do Estado" e "contra o Estado". Embora essas perspectivas sejam de difícil identificação, podendo muitas vezes se combinar, essa

54 "Tesis en torno a la autonomía de los pueblos índios", *Rebelión*, 29 mai. 2010.

categorização nos ajuda a compreender a complexa dinâmica autonômica entre os povos indígenas e as instituições estatais.

Algumas formas de autonomia são categorizadas como "a partir do Estado", "dentro do Estado", "com o Estado" ou "permitidas pelo Estado", pois têm uma forte base normativa e institucional, estando subordinadas ao governo nacional e geralmente sujeitas a limitações estabelecidas pelo próprio Estado ou, em última instância, pelo direito internacional. Essas formas de autonomia podem se referir às políticas estatais que visam reconhecer a autonomia territorial ou sistemas de governo indígena. De acordo com Araceli Burguete, a autonomia "dentro do Estado"

> se trata de povos, organizações, municípios e comunidades que, atuando em algum dos espaços da institucionalidade estatal (como, por exemplo, o governo municipal, regional ou comunal), disputam espaços políticos dentro das instituições do Estado, mediante negociações e processos eleitorais ou dirigindo instituições governamentais, entre outros. Nesses casos, trata-se de organizações e/ou autoridades indígenas que estão no terreno da negociação constante. (Burguete, 2008, p. 27)

Tais propostas de autonomia indígena tendem a operar dentro de um quadro jurídico de descentralização administrativa, muitas vezes com uma abordagem liberal e apoiadas em políticas multiculturalistas. No entanto, isso não significa que tenham sido simplesmente ofertadas pelos Estados. Pelo contrário, elas surgem da organização política dos povos indígenas que reivindicam o direito ao autogoverno, território e gestão de recursos públicos. O ponto central é que essa disputa — real e simbólica — se desenvolve dentro da institucionalidade estatal. Pelo menos seis países incluíram alguma forma de autogestão territorial indígena ou multiétnica em suas constituições até 2010: Panamá (1972), Nicarágua (1987), Colômbia (1991), Venezuela (1999), Equador (2008) e Bolívia (2009) (Gonzáles, 2010, p. 36).

Essa proposta autonômica supõe, de acordo com Diaz-Polanco (1997, p. 207-8), ao menos quatro elementos essenciais: (i) uma base político-territorial de aplicação do regime autonômico; (ii) uma jurisdição própria a partir da qual se exerçam governo e justiça; (iii) um governo autônomo definido como uma ordem específica de autoridade e participante da organização político-administrativa da federação; e (iv) competências e faculdades próprias — exclusivas ou compartilhadas com outras instâncias de governo —, configurando uma concreta descentralização política. Nesse sentido, a autonomia territorial se define como um rearranjo político e geográfico do federalismo estatal (Sánchez, 1999, p. 111).

A autonomia "a partir do Estado" suscita uma questão fundamental: qual é o limite da luta indígena no campo institucional? O geógrafo Marcelo Lopez de Souza analisa que, embora as práticas "negociadas" dos movimentos sociais com o poder possam ter algum conteúdo crítico ou mesmo significar uma acumulação de forças para o futuro, há limites bem definidos nesse tipo de estratégia. Ele argumenta que "nenhum Estado capitalista poderia desenvolver ou patrocinar práticas, marcos legais etc. que insurgissem, efetivamente, contra a propriedade privada e os demais pilares da ordem social heterônoma" (Souza, 2017, p. 379). Concluindo, o geógrafo afirma que "não será a partir do Estado ou com base em regras e instâncias de poder com ele pactuadas que se superará a heteronomia que o Estado maximamente representa, e da qual ele é o principal garantidor institucional" (Souza, 2017, p. 379). Destarte, esse limite não se deve apenas às características históricas do racismo estrutural presentes na formação dos Estados latino-americanos, como discutido no primeiro capítulo, mas também ao próprio modo de produção capitalista que estrutura a economia desses Estados.

O posicionamento de Miguel González (2010) converge nessa perspectiva, apontando que a autonomia "a partir do Estado" pode servir sub-repticiamente aos objetivos do multiculturalismo neoliberal. O cientista político aponta que os principais riscos dessa relação são o submetimento dos povos indígenas e a neutralização de propostas autonômicas mais radicais, o que garante ao Estado o controle político indireto desses territórios e dos recursos neles alocados:

> os regimes autonômicos legalmente reconhecidos pelo Estado enfrentam um dilema crucial: podem contribuir para revigorar a legitimidade do Estado devido ao seu potencial para melhorar a governabilidade democrática e à inclusão da diversidade multicultural, mas, ao mesmo tempo (e paradoxalmente), podem limitar os processos de empoderamento dos sujeitos de direitos de autodeterminação, dada a sua interação com o multiculturalismo neoliberal. Inclusive, pode acontecer de os benefícios em termos de governabilidade democrática serem atribuídos ao funcionamento do aparato estatal, e não necessariamente gerarem formas de empoderamento para os povos indígenas e suas comunidades. (Gonzáles, 2010, p. 57)

Algumas autonomias são construídas sem o apoio estatal, seja por negligência deste, seja pela recusa explícita das organizações indígenas envolvidas. Essas autonomias são classificadas pela literatura como "apesar do Estado", "além do Estado" ou "fora do Estado". Elas buscam, em geral, a garantia de direitos políticos e territoriais pelos povos indígenas, sem necessariamente efetuar uma ruptura radical com os aparatos estatais, que podem ser mobilizados pela agência indígena em determinadas circunstâncias.

De acordo com Oliveira e Dowbor (2020, p. 7), os movimentos que buscam essa forma de autonomia "negam a forma de funcionamento hierárquico e de poder do Estado e, por isso, constroem formas de organização alternativas e de confronto político extrainstitucional que alcançam mais ou menos pressão, reconhecimento e inclusão de pautas na agenda estatal".

Um exemplo desse tipo de autonomia relatado pelos autores é o Movimiento Social Oxchuc, localizado em Chiapas, que em 2016 entrou em confronto com as autoridades locais pela negação do sistema partidário municipal e reivindicou um autogoverno indígena baseado nos usos e costumes. Embora a comunidade não tenha intenção de rejeitar totalmente o Estado, a autonomia construída buscou uma forma de organização alternativa que não se submetesse à estrutura estatal.

> Ao invés de negar o Estado em sua totalidade, como no caso do EZLN, a comunidade seguiu tensionando o Estado ao negar suas imposições arbitrárias que não representavam o desejo comunitário e construiu formas organizacionais alternativas e de confronto político extrainstitucional como tática para alcançar o objetivo-fim que era a livre determinação territorial e a capacidade político--simbólica de se autogovernar. (Oliveira & Dowbor, 2020, p. 10)

Uma das características centrais nas formas de autonomia construídas "apesar do Estado" é a ideia de pressão e tensionamento da institucionalidade estatal por meio da ação direta. Esse é o caso de algumas autonomias indígenas desenvolvidas na Amazônia brasileira, como as autodemarcações territoriais e grupos de vigilância territorial indígena.[55] Frente ao contínuo ataque de grileiros, madeireiros, garimpeiros e do próprio Estado brasileiro, muitas organizações indígenas passaram a se organizar em torno de ações diretas, realizando o que é, segundo a Constituição Federal, um dever do Estado. Ou seja, por meio da via extrainstitucional passaram a defender direitos já conquistados na arena institucional, como o território e a autonomia. O artigo 231 da Constituição Federal de 1988 define: "São reconhecidos aos índios sua organização social,

55 "Contra esse 'ponto de não futuro': a autonomia indígena em defesa da Amazônia (Parte I e II)", *Le Monde Diplomatique Brasil*, 9 mai. 2020.

costumes, línguas, crenças e tradições, e os direitos originários sobre as terras que tradicionalmente ocupam, competindo à União demarcá-las, proteger e fazer respeitar todos os seus bens" (Constituição Federal de 1988).

No que diz respeito à consolidação dos "direitos originários dos povos indígenas sobre as terras que tradicionalmente ocupam", a Constituição estabeleceu que o Estado brasileiro teria um prazo máximo de cinco anos para concluir as demarcações das terras indígenas, ou seja, esse processo deveria ter sido finalizado até 5 de outubro de 1993. No entanto, segundo o Instituto Socioambiental (ISA), no final de 2021 ainda havia pelo menos 239 terras indígenas em fase de demarcação, sendo que, entre o golpe parlamentar de 2016 e o fim de 2022, nenhum novo processo de demarcação foi homologado.[56]

Diante da negligência do Estado em relação aos direitos territoriais indígenas, algumas organizações passaram a realizar autodemarcações. Alguns grupos, como os Borari e Arapium da Terra Indígena Maró, no Pará, criaram também grupos autônomos de vigilância territorial para garantir a posse e o controle das terras pelos indígenas.[57] Muitos outros grupos na Amazônia têm seguido o mesmo caminho, criando organizações de vigilância e autodefesa para combater as crescentes invasões de não indígenas.

Com isso, pela via da ação direta e de políticas prefigurativas, pressionam o Estado a cumprir seu papel constitucional, mas sem esperar que o Estado o faça. Isto é, buscam na prática e

56 "Terras indígenas no Brasil", Instituto Socioambiental, s.d. Disponível em: https://terrasindigenas.org.br.

57 Um pouco desse processo é descrito no vídeo *Autonomia maró* que gravei junto aos Borari em meu trabalho de campo do doutorado, em fevereiro de 2020. Disponível em: https://youtu.be/P73pBq6uNpg. Ver também "Contra esse 'ponto de não futuro': a autonomia indígena em defesa da Amazônia (Partes I e II)", *Le Monde Diplomatique Brasil*, 9 mai. 2020.

com os meios disponíveis garantir a autonomia territorial das comunidades na escala local. Marcelo Lopes de Souza chama a atenção para esse aspecto:

> É interessante que nem sempre a ação direta visa, simplesmente, atacar frontalmente o Estado, na perspectiva de uma contribuição sem mediações para a sua negação ou destruição. Muitas vezes, ela pode ter o efeito e mesmo a intencionalidade imediatos de pressionar o Estado. Em alguns casos, pode até mesmo ser um "contra o Estado", ao se forçar o Estado não somente a (con)ceder, mas também a sentar-se à mesa de negociações e a instituir novos canais de diálogo. (Souza, 2017, p. 380)

Um pouco distinta dessa construção é a ideia de autonomia "fora do Estado", de Araceli Burguete (2008). A autora utiliza o termo para descrever um "*giro hacia el retrotraimento indígena*" [virada em direção a uma regressão indígena] (Burguete, 2008, p. 32), o qual se refere a uma forma de agência político-territorial que se dá sobretudo pela mobilização de atributos da identidade e da cosmovisão. Essa mobilização busca conferir novos sentidos à diferença e se posiciona como um projeto alternativo à crise vivenciada no modelo capitalista (Burguete, 2008, p. 34). A autora cita alguns exemplos dessa forma de autonomia, como a situação de isolamento voluntário de alguns povos na Amazônia e a mobilização do pensamento mapuche como meio de construção de um "desenvolvimento próprio" (Burguete, 2008, p. 33, 35).

> Em resumo, com o "*giro hacia el retrotraimento indígena*" — que consiste em uma estratégia de colocar suas identidades, instituições, territorialidades, conhecimentos, saberes e patrimônio no terreno do essencialismo, do isolamento, da incomensurabilidade, em autonomias de fato, ou em lógicas antagônicas às do capitalismo neoliberal —, os atores políticos indígenas tentam criar outras

> bases para estabelecer novas regras em sua relação com o poder, que não esteja subordinada a uma só rota civilizatória no mundo: a do Ocidente e a do capitalismo neoliberal. (Burguete, 2008, p. 36)

Por fim, temos as autonomias conhecidas como "contra o Estado" ou "sem permissão do Estado". De acordo com Araceli Burguete, essas autonomias são "rupturas práticas e discursivas que buscam evitar reconhecer a jurisdição do Estado, constituindo novas institucionalidades que contestam a organização estatal" (Burguete, 2008, p. 31). Como exemplo, a autora menciona o movimento zapatista e a Polícia Comunitária de Guerrero, no México.

As autonomias "contra o Estado" questionam a lógica do Estado-nação como organizador da vida política e social, assim como o capital como estrutura básica da vida em sociedade, apresentando outras possibilidades de governança para além da democracia representativa liberal (Makaran *et al.*, 2019). Isso pode ser alcançado por meio da propriedade comunitária e dos bens comuns, em vez da propriedade privada, ou por meio de sistemas jurídicos particulares baseados em usos e costumes. Para a autora, a força dessa autonomia está em sua construção diária e territorializada, independentemente das limitações da institucionalidade estatal, que, em termos práticos, se apresenta como um risco:

> a confiança desmedida nos mecanismos republicanos e na legalidade não apenas pode impossibilitar a sonhada autonomia como inclusive destrói a cultura própria dos povos, que seria a sua base. Assim, ao pensar a autonomia indígena, mais que sua institucionalização, deveríamos nos concentrar em reforçar a sua capacidade de construir e manter a autonomia social de fato, como propuseram e demonstraram, por exemplo, os caracóis zapatistas. (Makaran *et al.*, 2019, p. 18-9)

Para Jérôme Baschet (2018, p. 150), “mais que uma política sem o Estado, a autonomia é uma política contra o Estado, não só porque se opõe a ele mas também porque implica a invenção permanente de mecanismos efetivos para procurar evitar a dissociação/captura da potência coletiva que o caracteriza”. Perspectiva parecida possui a articulação brasileira Teia dos Povos da Bahia, criada em 2012, a partir da união de indígenas, quilombolas e distintos movimentos camponeses que lutam pela terra e território no Brasil:

> ter autonomia é entender que o Estado é racista, patriarcal e é burguês. Qualquer processo de inclusão não transformará seu fundamento, mas certamente afastará o povo de sua real dignidade, que se expressa na face erguida de quem não precisa pedir nada a ninguém. Essa falsa inclusão também afasta uma parcela do povo de uma reflexão verdadeiramente crítica e rebelde. Sim, as políticas públicas cativam os de baixo em um conformismo mediante a dependência do Estado — diríamos mais, a uma dependência dos governos ditos progressistas. (Ferreira & Felício, 2012, p. 52)

Por sua natureza antissistêmica e anticapitalista, essas formas de autonomia possuem um profundo potencial emancipatório. A partir da premissa de Henri Lefebvre de que o espaço é simultaneamente um *produto* e um *condicionante* das relações sociais, as autonomias “contra o Estado” oferecem amplas reflexões sobre possíveis formas e práticas espaciais que possam favorecer a emancipação em relação ao Estado. De acordo com Marcelo Lopes de Souza,

> pretender mudar as relações sociais sem mudar a organização espacial (não somente o substrato espacial material, mas também os territórios e as ‘imagens do lugar’) seria, consequentemente, um contrassenso. A transformação da sociedade concreta não há de ser apenas uma mudança das relações sociais, mas também uma

> mudança do espaço social. Terá, portanto, de ser uma mudança socioespacial. (Souza, 2017, p. 337)

No entanto, é importante ressaltar que as autonomias nem sempre se encaixam perfeitamente em uma dessas categorias, podendo ao longo do tempo se mesclar, transitar entre diferentes categorias ou ainda operar de maneira híbrida. A retomada de aspectos culturais, da saúde, do idioma, da comunicação, da educação, de grafismos, da alimentação saudável, da vigilância territorial, da segurança e justiça das comunidades, entre várias outras práticas autônomas, são manifestações que podem ser lidas em diferentes graus de aproximação ou combate ao Estado. Além disso, não nos esqueçamos de que as negociações políticas com o Estado não são lineares; pelo contrário, são historicamente dinâmicas, representando contínuos processos de aproximação e afastamento, concessões e rupturas (Santos, 2015).

Utilizando uma metáfora do antropólogo Gilberto López y Rivas,[58] a autonomia pode ser compreendida como um tecido que toma o contorno do corpo social que a recebe, ou seja, sua forma sempre dependerá das particularidades dos sujeitos envolvidos. Um exemplo disso é o caso de Cherán K'eri, um município no estado de Michoacán, no México, onde os Purépecha desenvolvem um interessante processo de autonomia urbana desde 2011. Em 2021, tive a oportunidade de conhecer pessoalmente essa experiência, atualmente a segunda maior experiência de autonomia indígena no México (a primeira é a dos zapatistas).

Grupos de narcotraficantes associados aos governos locais estavam destruindo intensivamente os bosques que cercavam a cidade, colocando em risco a segurança hídrica da comunidade e submetendo violentamente a população indígena. Para enfrentar essa situação, os Purépecha recuperaram uma tradição antiga e começaram a acender fogueiras (*fogatas*) em vários pontos da

58 "Reflexionando sobre la autonomía", *San Pancho TV*, 9 ago. 2020.

cidade, todas as noites. Durante essas reuniões ao redor do fogo, além de protegerem suas casas e se aquecerem, eles passaram a realizar pequenas assembleias para discutir os problemas da comunidade e encontrar soluções coletivas e autogeridas.

Com a expressiva participação das mulheres, os Purépecha promoveram a tradição da "ronda comunitária", que consiste em uma antiga forma de autodefesa e segurança das comunidades indígenas. Os representantes de cada *fogata* passaram a se organizar em grupos maiores, estabelecendo uma estrutura organizacional em âmbito municipal. Após diversas tentativas frustradas de solicitar ação do governo local, os Purépecha decidiram tomar medidas de contraofensiva. Os moradores se insurgiram contra os narcotraficantes e conseguiram expulsá-los da cidade, bem como a própria polícia municipal, que foi acusada pelos moradores de envolvimento em corrupção e colaboração com os grupos criminosos da região. Como uma das moradoras me disse, explicando-me por que a ronda comunitária era mais efetiva que a polícia estatal: "O que motiva alguém a colocar sua vida em risco para defender uma comunidade da qual não faz parte e na qual possivelmente não conhece ninguém?".

Os Purépecha acreditam assim que a segurança deve ser garantida pelos próprios moradores, uma vez que são eles que possuem conhecimento sobre as rotinas e os problemas da comunidade. Por essa razão, a ronda comunitária, com ampla participação feminina, organizou-se e ergueu barricadas nas entradas da cidade, controlando o fluxo de entrada e saída. Para tal, utilizaram as armas e os uniformes da polícia municipal por eles destituída. A segurança passou então a ser feita totalmente pelos indígenas.

Durante o processo de organização purépecha, o presidente municipal e os partidos políticos foram destituídos e substituídos por um autogoverno, o Concejo Mayor Indígena de Cherán, composto por doze pessoas eleitas rotativamente, a partir dos

Fotografia 13 — Controle de acesso à cidade de Cherán K'eri, Michoacán (México), pela ronda comunitária indígena purépecha.
Setembro de 2021

quatro grandes bairros da cidade, onde vivem cerca de vinte mil pessoas.[59]

No início, as autoridades estatais não reconheceram o autogoverno dos purépecha em Cherán, rotulando-o como "rebelde", ou seja, uma forma de autonomia que não havia sido concedida pelo Estado, uma autonomia "contra o Estado". Entretanto, em paralelo ao conflito armado, os indígenas de Cherán passaram a reivindicar o direito constitucional à autodeterminação, bem como a criação de um autogoverno municipal baseado em seus usos e costumes. Esse movimento pode ser interpretado como uma forma de autonomia "apesar do Estado", no sentido de defender, por meio de ação direta, um direito constitucional que não estava sendo garantido pelas instituições estatais. Em maio de 2012 a Suprema Corte de Justiça do México emitiu uma decisão histórica, reconhecendo a capacidade da comunidade indígena de Cherán para eleger suas autoridades com base em seus usos e costumes, conforme garantido pelo artigo 2º da Constituição mexicana. Isso resultou no reconhecimento oficial do autogoverno purépecha pelo Estado, e na sua inclusão na distribuição orçamentária do sistema federativo vigente, permitindo que a comunidade recebesse recursos públicos do governo federal.

Esse exemplo nos mostra como as autonomias indígenas são dinâmicas e podem facilmente escapar às categorizações mais estáticas. Desde então, diversos outros municípios com forte presença indígena em Michoacán — como Zitácuaro e Pichataro — passaram também a reivindicar seu direito à autonomia e ao autogoverno, criando grupos de autodefesa para proteger seus territórios e resguardar suas comunidades das investidas do narcotráfico.

Antes de seguirmos adiante, cabe comentar algumas críticas às propostas de autonomias indígenas. Uma delas, bem comum,

59 Para saber mais a respeito, consultar: http://www.concejomayor.gob.mx/gobierno.html.

interpreta a autonomia como uma forma de "isolamento" em relação ao restante da sociedade, argumentando que a solução para os problemas indígenas não será alcançada particularizando os instrumentos e recursos políticos pelo viés identitário, mas, ao contrário, universalizando-os para toda a sociedade. Esse argumento, baseado em uma perspectiva liberal, tende a ignorar as particularidades históricas dos povos indígenas na formação das sociedades nacionais e a entender a sociedade de forma genérica, usando categorias homogeneizantes como "cidadão" ou "nação". Além disso, essa perspectiva confunde autonomia com "isolamento", já que as propostas autonômicas nunca buscaram estabelecer-se como entidades territoriais econômica ou culturalmente autossuficientes. Pelo contrário, as autonomias reivindicadas por esses grupos se concentram sobretudo na esfera político-territorial, ou seja, na capacidade de se autogovernar e de decidir sobre o uso da terra e de tudo o que nela reside, inclusive os próprios grupos indígenas.

Outro argumento comum contra regimes autonômicos, talvez o preferido por militares e seus simpatizantes, é a associação entre os conceitos de autonomia e soberania, sugerindo que as autonomias indígenas poderiam levar à fragmentação do território estatal. No entanto, a ideia de autonomia vai exatamente na direção oposta à criação de um novo Estado. É importante destacar que, se o conceito de autonomia já foi associado a algum discurso separatista na América Latina, isso se deu justamente a partir de um discurso anti-indígena, como ocorreu na região da *media luna* nas terras baixas da Bolívia.

No caso do movimento zapatista, um fato simbólico que contradiz a posição separatista é o uso constante da bandeira mexicana em seus eventos políticos e militares. O lema zapatista "queremos um mundo onde caibam muitos mundos" deixa claro que o problema principal são as políticas indigenistas de cunho integracionistas/assimilacionistas, que sistematicamente negaram a pluralidade das identidades indígenas em prol da hegemonia de uma identidade nacional mexicana. Ao mesmo tempo, esse lema não implica necessariamente a criação de um outro Estado culturalmente homogêneo no sentido separatista, mas sim a coexistência das identidades indígenas com outras identidades étnicas e culturais mexicanas.

Por fim, é importante destacar que as lutas por autonomia indígena não representam uma volta ao passado ou às formas pré-modernas de produção, como muitas vezes é erroneamente sugerido por aqueles que creem em um essencialismo indígena. Pelo contrário, as demandas por autonomia nunca foram acompanhadas pela negação da técnica ou da tecnologia. O que os povos indígenas exigem é simplesmente que a adoção ou não desses elementos seja uma escolha de sua própria esfera de decisão, e não seja imposta de maneira heterônoma — prática comum desde o período colonial. A autonomia é, portanto, igualmente crítica a uma modernização aculturadora e a um retrocesso tradicionalista. Trata-se, sobretudo, da defesa do direito à autodeterminação étnica e, em paralelo, do fortalecimento dos processos de territorialização, condições fundamentais para a preservação futura desses grupos e, consequentemente, de suas culturas.

3.2. Acordos e traições do governo mexicano

No final de fevereiro de 1994, durante os "Diálogos da Catedral", em San Cristóbal de las Casas, o EZLN apresentou, pela primeira vez, sua demanda por autonomia. A concepção de autonomia proposta pelo movimento durante o longo processo de negociação com o governo mexicano difere significativamente da autonomia concretizada atualmente nos chamados Municípios

Autônomos Rebeldes Zapatistas (Marez) ou nos Centros de Resistência Autônoma e Rebeldia Zapatista (Crarez).

Como será demonstrado, a "autonomia de fato" surge e se fortalece devido à inflexibilidade e/ou ao descumprimento dos acordos por parte do governo mexicano, além de outros fatores, como a militarização do estado de Chiapas. Esse cenário impulsiona a construção da autonomia como um *processo de resistência e rebeldia*, resultando na rejeição das instituições estatais e na sua substituição por instituições autônomas zapatistas. Adotarei assim o termo "autonomia em resistência" para designar esse processo, diferenciando-o da autonomia inicialmente demandada pelo EZLN ao governo.

A questão é complexa e requer uma explicação detalhada. Em 1994, seguindo a proposta de outras organizações indígenas mexicanas, o EZLN reivindicou um novo pacto federativo, autônomo, onde comunidades, municípios e regiões indígenas pudessem usufruir de certo grau de autonomia política, econômica e cultural (Díaz-Polanco, 1997, p. 175). Após desgastantes negociações, o presidente priista Salinas de Gortari (1988-1994) propôs, como contrapartida, um tímido projeto de inclusão social, predominantemente culturalista. Prometia garantir a realização de práticas essenciais à existência e à reprodução das culturas indígenas e era pautado no reconhecimento de instituições, autoridades e organizações tradicionais das comunidades indígenas (Díaz-Polanco, 1997, p. 178). Eram omitidas assim três questões caríssimas ao EZLN e às organizações indígenas mexicanas: a redistribuição do poder político e econômico às sociedades indígenas, o fortalecimento desse poder para além da escala comunitária e, finalmente, a retomada de uma política agrária redistribucionista, especificamente o retorno do artigo 27, como visto no capítulo 2, revogado em 1992.

Desde essas primeiras negociações, a questão da escala geográfica da autonomia tem sido um dos principais pontos de divergência entre o EZLN e o governo mexicano. A geografia, longe de ser um tema secundário, possui uma importância central nos debates sobre a autonomia, uma vez que é fundamental compreender a extensão territorial abarcada pelo regime autonômico. Segundo López Bárcenas, as demandas indígenas em relação a esse aspecto podem ser agrupadas em três escalas distintas, não necessariamente excludentes: comunitária, regional e nacional — ou de "reconstrução dos Estados étnicos" (Bárcenas, 2008, p. 34). Vejamos cada uma dessas escalas brevemente.

Com base na premissa de que a comunidade representa a síntese material da organização social dos povos indígenas, a primeira perspectiva da autonomia defende a abrangência da escala comunitária. Nessa visão, os indígenas teriam a capacidade de eleger autoridades tradicionais, solucionar conflitos internos e desenvolver mecanismos consuetudinários de organização, sempre em nível comunitário. Essa "autonomia" estaria subordinada à estrutura político-administrativa do Estado, seja na escala federal, estadual ou municipal. Essa perspectiva autônoma é geralmente aceita pelos ideólogos estatais e pelos setores indígenas sob sua influência, já que sua implementação não demanda reformas mais profundas nos aparatos de poder e nas estruturas do Estado.

A autonomia regional, considerada por Bárcenas como um modelo de inspiração espanhola, concorda que a comunidade é a escala básica da autonomia, mas argumenta que a estrutura social que permeia os núcleos indígenas não se limita a essa escala. Dessa forma, a autonomia regional propõe que as escalas comunitárias e municipais devam ser abarcadas, criando-se um novo "nível" na organização político-administrativa da federação. Isto é, essa proposta defende que sejam criadas regiões autônomas independentes das esferas municipais, com aparatos executivos, legislativos e judiciários próprios.

Essas regiões autônomas podem ser monoétnicas ou pluriétnicas, sendo a última o modelo defendido pelo EZLN nas tentativas de negociação com o governo mexicano. Sobre esse ponto, vale resgatar uma declaração do Congresso Nacional Indígena (CNI), onde as organizações indígenas mexicanas explicam por que a autonomia comunitária é insuficiente:

> Não queremos que as comunidades continuem sendo convertidas pelos governos em reservas de discriminação para os povos; que continuem nos isolando do país, que sigam reduzindo nossos espaços de auto ou livre determinação, que nos queiram isolar e separar dos demais irmãos mexicanos que também lutam por democracia, justiça e liberdade. A comunidade é a base da autonomia, mas a autonomia vai além dela, procurando unir os povos sob governos próprios de caráter regional. Os povos exigem que se crie um novo patamar de poder regional autônomo no país, além dos patamares federal, estadual e municipal, todos no marco da unidade nacional. (CNI *apud* Buenrostro y Arellano & Oliveira, 2002, p. 157)

Desse modo, a "região autônoma" é apontada pelas organizações indígenas mexicanas como a proposta mais viável para uma autonomia concreta, já que atrelaria de forma orgânica o exercício de poder comunitário aos níveis superiores de governo.

A terceira escala da autonomia se refere ao reconhecimento da condição plurinacional dos Estados latino-americanos, exigindo reformas que vão além dos níveis comunitários ou regionais. Busca-se a refundação do Estado nacional, levando-se em consideração as outras identidades para além da nacional. O debate sobre o plurinacionalismo é intenso em países andinos, nos quais a porcentagem de população indígena é expressiva. Os movimentos indígenas têm conseguido incorporar progressivamente os direitos indígenas nos marcos constitucionais, exigindo, em alguns casos, a criação de novas constituições plurinacionais. Isso pode ser observado, por exemplo, no caso dos estados plurinacionais da Bolívia e do Equador e, mais recentemente, nos debates que envolvem a nação mapuche e o Estado chileno.

É possível acrescentar uma nova escala de autonomia à categorização proposta por López Bárcenas: a autonomia municipal, como é o caso de Cherán, que não é a única nesse aspecto. A criação de municípios autônomos surgiu em 2001, com a Reforma Constitucional sobre Direitos e Cultura Indígena do México. Os povos indígenas no México se apropriaram dessa possibilidade como estratégia contra-hegemônica, visando ao avanço de seus projetos autônomos. Essa reforma, por sua vez, é uma consequência das discussões fomentadas pelos zapatistas nos Acordos de San Andrés (1996), como veremos mais adiante.

Retomando o tema dos "Diálogos da Catedral", em junho de 1994, após consulta às suas bases, os zapatistas rejeitaram a proposta de Salinas. Enquanto isso, as tropas mexicanas mantiveram sua campanha militar durante todo o ano. Em dezembro de 1994, o Exército Zapatista conseguiu romper o cerco do Exército mexicano na Selva Lacandona, permitindo o regresso às suas comunidades de origem. Diante dos impasses políticos com o governo, o EZLN optou por iniciar seu próprio processo de autonomia, declarando em 19 de dezembro de 1994 o surgimento de trinta Marez (EZLN, 2001, p. 180). É importante destacar que formas de autogestão e autogoverno indígena já funcionavam em muitas regiões de Chiapas, inclusive antes da fundação do EZLN, o que foi decisivo para o sucesso da conformação desses territórios autônomos.

Assim, a autonomia instaurada nos Marez — a "autonomia em resistência" — não foi instituída por meio de um decreto legal ou por ações do Estado, mas sim resultado da organização política dos próprios zapatistas. Esse processo unilateral de autonomia deve ser entendido como algo particular, gradual e contraditório; uma tentativa de emancipação dos grupos indígenas integrantes da organização zapatista diante da negligência do Estado, especialmente no que diz respeito à sua histórica subordinação política e colonial.

Fotografia 14 — Mulheres bases de apoio nos territórios autônomos zapatistas, em Chiapas, México. Se no início as bases de apoio zapatistas possuíam a importante função de apoiar e dar sustentação ao EZLN, tornaram-se posteriormente as protagonistas do processo de autonomia territorial zapatista. Arquivo Cuartoscuro

Os zapatistas rejeitaram assim as estruturas políticas e administrativas estatais, as quais passaram a caracterizar como "mau governo". Moisés, o atual subcomandante do EZLN, explica-nos o início desse processo:

> Eles [os zapatistas] já viram que conseguem se organizar, já sabem quantos insurgentes e milicianos existem, quantos povoados controlamos, e daí nasce a ideia de que o povoado precisa de autonomia. Os povoados percebem que os projetos que o governo dava para as comunidades não eram uma decisão das pessoas, nunca perguntavam o que elas queriam. O governo não quer satisfazer as necessidades dos povoados, apenas quer manter a si mesmo. Daí nasce a ideia de que é preciso ser autônomos, que é preciso impor-se, é preciso ser respeitados e fazer com que se perceba o que os povoados querem que seja feito. O governo os tratava como se não soubessem pensar. (Subcomandante Moisés *apud* Ramírez, 2003, p. 58)

No que diz respeito à aparente contradição entre a rejeição governamental em nível local e sua validação em nível federal, o subcomandante Galeano (anteriormente conhecido como Marcos) proferiu em 1996 uma importante declaração: "Não é que não desejemos nada do governo, mas sim que não esperamos nada dele. O governo cederá apenas o que for arrancado por meio de pressão social. É por isso que estamos dialogando, para gerar um movimento de pressão social" (Galeano *apud* Le Bot, 1997, p. 316-8).

Esse esclarecimento é digno de nota, pois refuta argumentos que afirmam que, ao negarem o governo e o sistema partidário da chamada "democracia representativa" mexicana, os zapatistas negam a própria prática política, reproduzindo assim a lógica neoliberal de esvaziamento do Estado — cujo impacto na economia mexicana, diga-se de passagem, foi um dos motivos do próprio levante de Chiapas. Tal crítica pressupõe a via partidária como única maneira de ação política efetiva, uma perspectiva que não é compartilhada pelo EZLN. Desse modo, a questão que se colocava já não era a tomada de poder do Estado, em um sentido leninista, mas sim a diluição desse poder, ou seja, o empoderamento das próprias comunidades indígenas frente ao Estado. O subcomandante Galeano enfatiza tal ponto, que é a principal particularidade da organização zapatista:

> Já ficou claro que o que diferencia os zapatistas de outras organizações políticas não são as armas e as balaclavas. O que nos diferencia é a nossa proposta política. As organizações políticas, sejam partidos de direita, centro, esquerda ou populares e revolucionários, buscam o poder. Uns pela via eleitoral, outros pela mentira e pela fraude, outro pelas armas [...]. Nós, não. Não queremos que outros, mais ou menos de direita, mais ou menos de centro, ou mais ou menos de esquerda, decidam por nós. Queremos participar diretamente das decisões que nos dizem respeito, controlar nossos governantes, sem importar sua filiação política, e obrigá-los a "mandar obedecendo". Não lutamos para tomar o poder; lutamos por democracia, liberdade e justiça. Nossa proposta política é a mais radical que existe no México (e talvez no mundo, mas ainda é cedo para dizê-lo). É tão radical que todo o espectro político tradicional (direita, centro, esquerda e os outros de um ou outro extremo) nos critica e se distanciam de nosso "delírio".[60]

Considerando o esgotamento do sistema político-partidário no México, a estratégia prefigurativa adotada pelo EZLN se tornou a única forma de pressionar efetivamente o Estado por suas demandas. Essas demandas são oriundas da condição de marginalidade tanto étnica quanto territorial das populações indígenas, que não possuem representatividade política e estão localizadas em regiões como Chiapas, cuja posição na divisão

60 "A la sociedad civil: lo que nos hace diferentes es nuestra propuesta política", *Enlace Zapatista*, 30 ago. 1996.

territorial do trabalho mexicano é desfavorável. O reconhecimento nacional e internacional do EZLN e o processo de "autonomia em resistência" provocaram reações do governo de contrainsurgência por parte do presidente Ernesto Zedillo (1994-2000), do PRI.

Na esfera política, o governo federal criou programas sociais para minar a base do EZLN, enquanto, na esfera militar, a nova contraofensiva se tornou mais evidente e violenta. Além de seguir as diretrizes dos Estados Unidos em estratégias de "guerra de baixa intensidade" (GBI), as forças armadas mexicanas prestaram assessoria direta a grupos paramilitares para desarticular as bases de apoio zapatistas. De acordo com López y Rivas (2004, p. 88), as forças armadas e os grupos paramilitares agiram como uma "bigorna" e um "martelo", respectivamente. Juntos, foram responsáveis por centenas de assassinatos, desaparecimentos e cerca de trinta mil desalojamentos forçados apenas em 1995 (Ramírez, 2003, p. 107).

Nesse complexo panorama, foram iniciadas discussões para uma nova tentativa de conciliação, conhecida como Acordos de San Andrés. Foi criada a Comissão de Concórdia e Pacificação (Cocopa), supostamente neutra, para mediar o diálogo entre o EZLN e o Estado. Em 1995, a primeira mesa de trabalho foi aberta, com foco no tema das autonomias, reunindo funcionários do governo, intelectuais e mais de quinhentos representantes indígenas de pelo menos 35 etnias mexicanas, para longas discussões.

Diversas organizações indígenas, incluindo o EZLN, exigiram que a autonomia abarcasse as esferas comunal, municipal e regional. Isso seria possível a partir da criação de uma quarta esfera de poder, atendendo às necessidades específicas de cada grupo étnico, incluindo autogoverno, território, competências próprias e pluralismo jurídico (Sánchez, 1999, p. 216-7). Em contrapartida, a Cocopa elaborou um projeto que propunha a autonomia indígena apenas no nível comunitário, entre outros pontos, como o reconhecimento das comunidades como entidades de direito público, ampliação da participação e da representação indígena na política nacional, garantia de acesso pleno à Justiça e garantia de educação e capacitação multicultural. Após a realização de um congresso indígena nacional, o EZLN consultou suas bases e, em 16 de fevereiro de 1996, aceitou a proposta da Cocopa. No entanto, lançou um comunicado deixando claro que suas demandas ainda não haviam sido totalmente satisfeitas[61] (Ramírez, 2003, p. 115).

Para que os acordos resultantes da primeira mesa de negociação fossem efetivados, seriam necessárias mudanças constitucionais no México. Por isso, a Cocopa elaborou, no final de 1996, um projeto de lei chamado Lei Cocopa. Se fosse aprovada pelo Congresso Nacional, o projeto daria vida às autonomias acordadas. Após a ratificação desse projeto pelo EZLN, o mesmo foi assumido pelo governo. Emilio Chuayffet, secretário do governo, verbalmente aprovou a lei e se comprometeu a formalizar o acordo junto ao presidente Zedillo e ao Congresso Federal (Ramírez, 2003, p. 129).

Tudo parecia se conduzir rumo à solução do conflito chiapaneco, que já durava três anos. No entanto, dias depois, à maneira do tradicional anticlímax das novelas mexicanas, Chuayffet refutou a Lei Cocopa, alegando que estava embriagado quando a aceitara como tal[62] (Ramírez, 2003, p. 135). Em março de 1998, o projeto sofreu uma reforma unilateral por parte do governo, que eliminou seu substrato autonômico original defendido pelo EZLN. Desse modo, a nova proposta restringiu a ideia de autonomia dos povos indígenas aos "direitos comunitários",

61 "El Diálogo de San Andrés y los derechos y la cultura indígena. Punto y seguido", EZLN, 15 fev. 1996.

62 Nas palavras de Chuayffet: "Vocês me desculpem, mas quando me comprometi com vocês eu tinha tomado dezoito *chinchones* (anises) e não estava em condições de firmar um acordo dessa natureza". Ver "Los pecados de Chuayffet", *Proceso*, 18 dez. 2012.

de forma que seu exercício estivesse regido e subordinado aos regimes normativos dos municípios e estados onde se inserem (Sánchez, 1999, p. 233).

De maneira geral, analistas como López y Rivas (2004) e Consuelo Sánchez (1999) apontam que o documento resultante dos Acordos de San Andrés proporcionou apenas uma descentralização das funções administrativas do Estado, e não uma efetiva redistribuição do poder político. Como resultado, o EZLN reagiu à manobra governamental lançando a "Quinta Declaração da Selva Lacandona", na qual repudiou a proposta governista e rompeu definitivamente os diálogos com o governo. Desde então, o cumprimento dos Acordos de San Andrés tem sido uma demanda histórica do movimento zapatista, ao mesmo tempo que a consolidação e o aprofundamento do processo de "autonomia em resistência" têm sido a principal estratégia da organização.

As negociações relativas aos direitos indígenas no México permaneceram em um estado de incerteza até o ano de 2000, quando Vicente Fox, do Partido da Ação Nacional (PAN), de cunho conservador, foi eleito presidente, pondo fim à hegemonia de 71 anos do PRI. Fox apresentou um projeto de reforma constitucional ao Congresso Nacional, baseado em alguns pontos da Lei Cocopa original, deixando sua discussão e sua aprovação a cargo do Poder Legislativo. Durante o mesmo período, o próprio Fox apresentou o megaprojeto Plano Puebla-Panamá (PPP)[63] à comunidade internacional, visando modernizar a infraestrutura de transporte, telecomunicações e energia entre o México e a América Central, com graves impactos sobre as comunidades indígenas das regiões afetadas.[64]

63 Projeto que veio a se transformar no Tren Maya, alavancado por Andrés Manuel López Obrador.

64 De maneira simultânea e não casual, doze países na América do Sul declararam em 2000 a Iniciativa para a Integração de Infraestrutura Regional Sul-Americana (IIRSA), lançada pelo governo brasileiro,

O PPP não apenas tinha como objetivo criar novas rotas para a exportação de produtos mexicanos e ampliar o mercado consumidor, mas, sobretudo, dinamizar o processo de acumulação, explorando novas áreas ricas em recursos naturais, incluindo o potencial hidrelétrico. Nesse novo mapa geopolítico mexicano, Chiapas ocupa uma posição central, por ser a principal fronteira terrestre com a América Central e por possuir grande potencial hídrico e energético. Consequentemente, organizações indígenas e camponesas em Chiapas se tornaram forças políticas opositoras aos projetos. Assim, a tentativa de Fox de retomar os acordos com os zapatistas não foi desinteressada, uma vez que eles se posicionaram frontalmente contra os projetos do PPP. O governo buscava apenas criar um terreno seguro para o desenvolvimento dos megaprojetos.

No contexto acima descrito, os zapatistas organizaram uma grande marcha até a capital federal, com o objetivo de mobilizar a sociedade civil a pressionar o governo pela aprovação da Lei Cocopa original, e não apenas por uma reforma que pacificasse os conflitos com os territórios indígenas para a aplicação do PPP. Esse movimento gerou uma agitação política sem precedentes em torno das questões indígenas no México.

Em abril de 2001, teve início a discussão no Congresso mexicano acerca do Projeto de Lei de Fox. No final do mês — com o apoio de PAN, PRI e Partido da Revolução Democrática (PRD) — foram aprovadas as Reformas Constitucionais em Matéria de Direitos Indígenas, porém sem seguir as diretrizes da Lei Cocopa. O presidente Fox comemorou prontamente a

• • •

com praticamente os mesmos objetivos. Ambos os projetos, sincronicamente propalados pelos dois maiores países latino-americanos, trabalham com a ideia de "eixos de desenvolvimento", conectando regiões economicamente menos dinâmicas e/ou facilitando canais de escoamento interoceânicos entre países vizinhos. Isso indica uma mudança na estratégia de planejamento estatal, anteriormente pautada nos paradigmas de "polos de desenvolvimento", de Perroux e Boudeville.

Fotografia 15 — Na imagem, o então subcomandante Galeano (outrora Marcos) discursa no Zócalo (praça central da Cidade do México), ao final da chamada Marcha del Color de la Tierra, em março de 2001. Em 37 dias, ela percorreu mais de seis mil quilômetros, parando em mais de setenta cidades e povoados mexicanos, como forma de pressionar o governo para que ratificasse os Acordos de San Andrés originais. Pactos efetuados entre os zapatistas e o governo federal, no desenrolar da guerra em Chiapas, impediram a prisão dos membros da caravana zapatista. Moysés Zúñiga, Arquivo Cuartoscuro

democracia mexicana e ratificou as mudanças efetuadas pelo Congresso. Em resposta, os zapatistas emitiram um comunicado acusando a reforma de trair os Acordos de San Andrés, que haviam sido ratificados pela Cocopa e por Chuayffet em 1996. Além disso, os zapatistas afirmaram que a traição aos povos indígenas mexicanos foi efetuada pelos partidos políticos de esquerda e de direita, bem como pelos três poderes da federação: o Judiciário se omitiu em relação à "traição" de Chuayffet, o Legislativo alterou as leis propostas pela Cocopa e o Executivo as ratificou.

Em resposta, o EZLN declarou que romperia definitivamente as relações com o Estado e se dedicaria a aprofundar ainda mais a sua "autonomia em resistência", independentemente de o governo reconhecê-la ou não. Ao final, a reforma aprovada em 2001 se aproximou substancialmente da proposta de lei resultante da negativa de Chuayffet em 1998. As comunidades indígenas foram definidas como "entidades de interesse público", em vez de "entidades de direito público", o que, na prática, concedeu a elas um papel passivo de meros objetos receptores das políticas governamentais, ou seja, não as reconhecendo como partes integrantes e ativas do sistema político do Estado. Além disso, a lei substituiu o conceito de "território" pelo de "lugar", uma mudança que, como bem sabem os geógrafos, retira o poder dos atores sociais que ali estão estabelecidos (López y Rivas, 2004, p. 52-3).

3.3. A "autonomia em resistência": a estratégia do Caracol e as Juntas de Bom Governo (JBG)

Apesar dos esforços zapatistas na organização dos Marez, as comunidades zapatistas ainda enfrentaram diversos problemas e desafios no começo dos anos 2000. Em 2003, visando aprimorar seus governos autônomos e fortalecer a esfera civil do movimento, os zapatistas promoveram uma série de reformas em sua estrutura político-administrativa, culminando na implementação da "autonomia em resistência", que vigora até hoje. O esquema 1, apresentado a seguir, resume essa estrutura, que será utilizada como guia para explicar o sistema de governo zapatista nesta seção. É importante ressaltar que esse esquema pode variar ligeiramente entre os territórios autônomos, uma vez que a dinamicidade é um dos fundamentos da autonomia. Essa diversidade não apenas reflete contextos históricos e geográficos específicos, mas também resulta da heterogeneidade étnica dentro da organização zapatista, composta por seis diferentes etnias: Tzotzil, Tzeltal, Chol, Tojolabal, Zoque e Mam (Gutierrez Luna, 2017, p. 12; Baschet, 2018, p. 197).[65]

Passemos à compreensão das mudanças ocorridas em agosto de 2003. Em primeiro lugar, as diversas comunidades autônomas foram reorganizadas, formando um total de trinta Marez, que posteriormente foram reduzidos a 27 devido a fusões internas. A quantidade de comunidades em cada município autônomo varia, mas geralmente é de pouco mais de vinte, como aponta Brancaleone (2012b, p. 147). Essa reorganização levou em consideração aspectos como etnia, trabalho conjunto, localização

65 Conforme relatos obtidos em trabalho de campo, as assembleias interétnicas são realizadas na maioria das vezes em espanhol, facilitando assim o entendimento dos acordos feitos pelo coletivo.

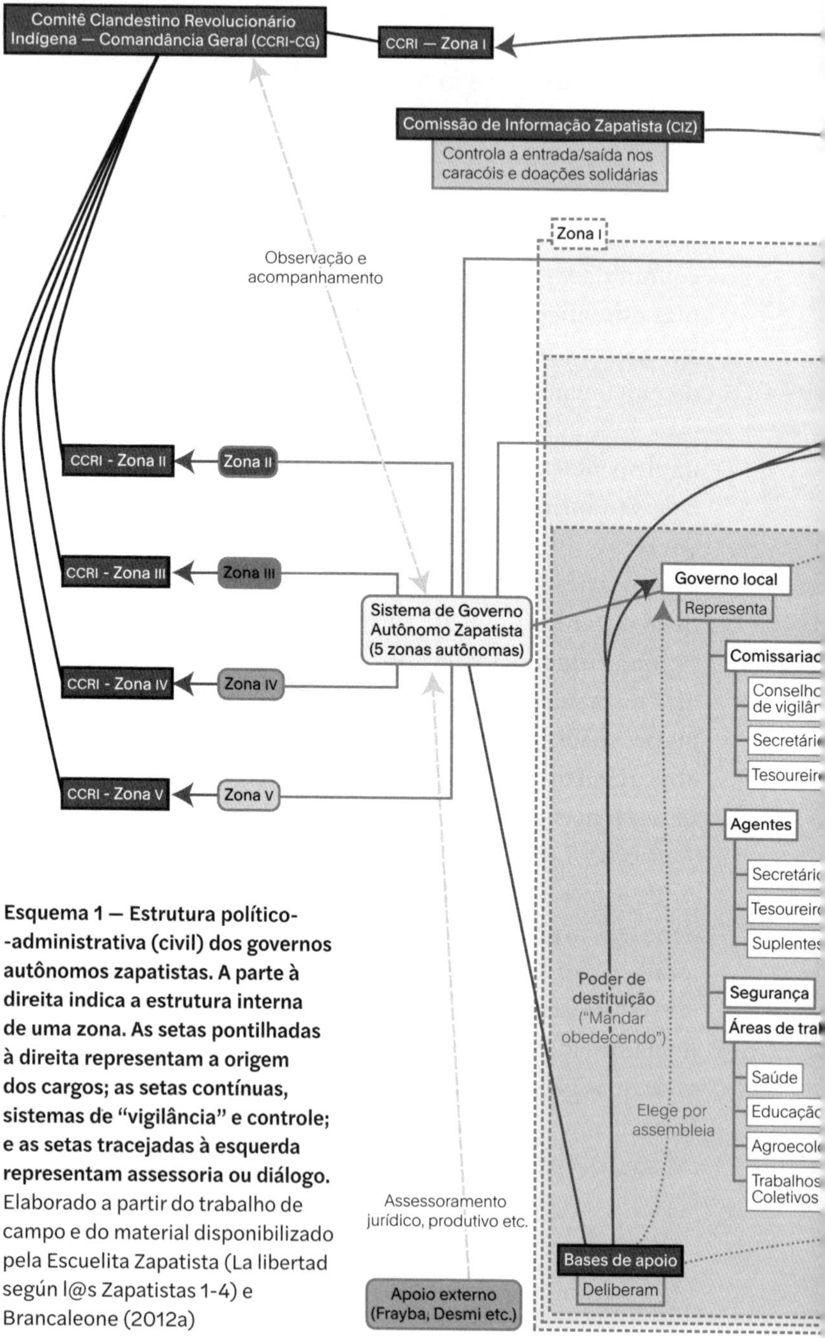

Esquema 1 — Estrutura político--administrativa (civil) dos governos autônomos zapatistas. A parte à direita indica a estrutura interna de uma zona. As setas pontilhadas à direita representam a origem dos cargos; as setas contínuas, sistemas de "vigilância" e controle; e as setas tracejadas à esquerda representam assessoria ou diálogo. Elaborado a partir do trabalho de campo e do material disponibilizado pela Escuelita Zapatista (La libertad según l@s Zapatistas 1-4) e Brancaleone (2012a)

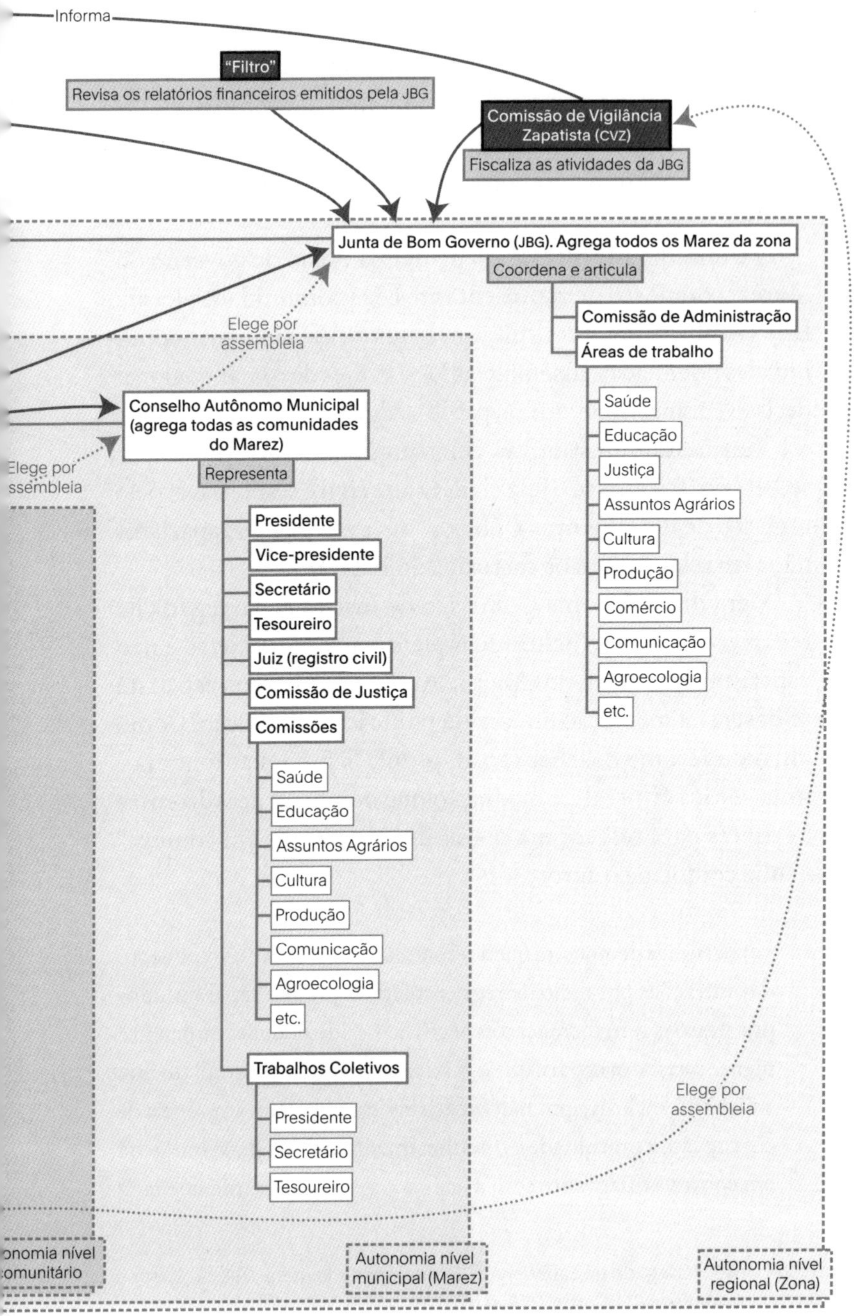
Informa
"Filtro"
Revisa os relatórios financeiros emitidos pela JBG
Comissão de Vigilância Zapatista (CVZ)
Fiscaliza as atividades da JBG
Junta de Bom Governo (JBG). Agrega todos os Marez da zona
Coordena e articula
Comissão de Administração
Áreas de trabalho
Saúde
Educação
Justiça
Assuntos Agrários
Cultura
Produção
Comércio
Comunicação
Agroecologia
etc.
Elege por assembleia
Conselho Autônomo Municipal (agrega todas as comunidades do Marez)
Elege por assembleia
Representa
Presidente
Vice-presidente
Secretário
Tesoureiro
Juiz (registro civil)
Comissão de Justiça
Comissões
Saúde
Educação
Assuntos Agrários
Cultura
Produção
Comunicação
Agroecologia
etc.
Trabalhos Coletivos
Presidente
Secretário
Tesoureiro
Elege por assembleia
Autonomia nível municipal (Marez)
Autonomia nível regional (Zona)

geográfica e relações de intercâmbio, conforme destaca Raúl Ornelas (2005, p. 134). Ao contrário dos municípios "oficiais", a reorganização permitiu o fortalecimento de uma identidade territorializada, o que contribuiu para um sentimento de pertencimento ao município autônomo em questão, sem orientações separatistas.

O Conselho Municipal é o principal órgão de governo do Marez, composto de representantes das comunidades locais. Eles são obrigados a consultar as bases de apoio de suas comunidades por meio de assembleias locais antes de tomar qualquer decisão (Brancaleone, 2012a, p. 278). Alguns cargos no conselho têm funções administrativas, como presidente, vice-presidente, secretário, tesoureiro e juiz civil. O juiz civil é responsável pelo registro de nascimentos e óbitos, uma vez que os zapatistas não têm relação com os cartórios do Estado.

Além disso, há uma Comissão de Justiça encarregada de resolver conflitos, incluindo aqueles entre zapatistas e não zapatistas que vivem nos Marez. A justiça autônoma zapatista se baseia na mediação em vez de punição ou detenção. Como afirmou Jérôme Baschet (2018, p. 79), "a justiça autônoma é uma justiça arbitral de mediação que busca um acordo entre as partes para restaurar a possibilidade de vida em comum". Ainda conforme o autor,

> a experiência demonstra que a resolução de conflitos e o tratamento das infrações por meio de regras coletivas podem ser assumidos por pessoas sem formação específica — e de maneira suficientemente satisfatória para que a Justiça autônoma seja amplamente solicitada, inclusive por não zapatistas que apreciam a ausência de corrupção, a gratuidade e o conhecimento da realidade indígena, em contraste flagrante com a justiça constitucional mexicana.[66]

66 "O legado do zapatismo, 28 anos após o levante. Dossiê 'Por quê zapatismo?'", *Cult*, n. 278, jan. 2022.

Por fim, é importante observar que os Conselhos Municipais têm "comissões" em áreas específicas, como saúde, educação, comunicação, assuntos agrários, cultura, agroecologia e produção. Cada membro do conselho é eleito para um mandato de três anos, prática adotada em todos os Marez.

Um município autônomo é composto por várias comunidades autônomas. O termo "comunidade" é utilizado para descrever um grupo de famílias ligadas ao EZLN, que vive de forma mais ou menos concentrada em um determinado local. Esses grupos podem variar em tamanho, com alguns contando com apenas seis famílias, enquanto outros podem ter cerca de cem, como aponta Brancaleone (2012b, p. 145-7). As comunidades indígenas são a base da autonomia zapatista, já que é nelas que as propostas e decisões têm respaldo político para serem deliberadas. Isso é possível graças ao papel central da assembleia comunitária na construção da autonomia, sem mencionar a adoção do importante princípio de "mandar obedecendo". Esse oximoro é fundamental dentro do sistema autonômico zapatista, uma vez que significa que qualquer pessoa que ocupe uma função pública indicada pela comunidade, independentemente da zona geográfica ou da escala de governo, deve cumprir estritamente o que foi acordado por meio de consultas e deliberações daqueles que ela representa. Quem desrespeitar os acordos pode ser destituído do cargo a qualquer momento, por solicitação da comunidade representada.[67]

O fato de uma comunidade se autodeclarar zapatista e autônoma, o que a vincula a um dos Marez, não significa que todas as famílias assentadas nessa área sejam vinculadas à organi-

67 Além disso, os zapatistas estabelecem que os governos autônomos, em todas as suas diferentes funções e níveis, devem seguir sete princípios operativos fundamentais: (i) "Servir e não se servir", (ii) "Representar e não suplantar"; (iii) "Construir e não destruir"; (iv) "Obedecer e não mandar"; (v) "Propor e não impor"; (vi) "Convencer e não vencer"; e (vii) "Baixar e não subir".

zação zapatista. Tal cisão pode ocorrer, inclusive, no interior de um mesmo núcleo familiar. Nos seus comunicados, o EZLN sempre afirmou o respeito à coexistência com a população que não se identifica como zapatista, inclusive disponibilizando suas instituições autônomas para o atendimento dessa população.[68] Em regiões remotas, as clínicas zapatistas muitas vezes desempenham um papel mais importante do que os centros de saúde do Estado.

No entanto, essa coexistência inevitavelmente provoca tensões intracomunitárias, o que torna a prática da autonomia mais complexa nessas áreas. O grau de tensão varia dependendo das particularidades de cada comunidade, podendo haver convivência pacífica ou situações que beiram o boicote ou até mesmo a violência concreta, especialmente por parte de grupos ligados direta ou indiretamente ao governo mexicano, genericamente chamados pelos zapatistas de "priistas".[69] Na comunidade zapatista onde passei mais tempo, a convivência se pautava entre tensão e indiferença, talvez por causa da separação entre zapatistas e

68 Por exemplo, nas reformas de 2003, disseram: "Não é necessário ser zapatista para ser atendido e respeitado pela Junta de Bom Governo dos municípios autônomos. Por serem membros de uma comunidade, têm direito a serem atendidos. Somos irmãos de raça, cor e história. Não deve haver nenhuma razão para lutar e nos enfrentarmos. Sofremos da mesma miséria, do mesmo desprezo. [...] Os zapatistas não vamos agredir nem impor nada. Seremos respeitosos, não importa o partido, organização política ou religião, contanto que nos respeitem, porque os povos indígenas podemos viver nossos direitos, assim como dizem os Acordos de San Andrés, transformados em projeto de lei pela Cocopa (Comisión de Concordia y Pacificación)". Ver "Palabras a los indígenas no zapatistas. Discurso pronunciado con motivo a la creación de los Caracoles y Juntas de Buen Gobierno", *Enlace Zapatista*, 9 ago. 2003. Note-se que a autonomia é discursivamente legitimada pelos zapatistas a partir dos Acordos de San Andrés, que, como vimos, tiveram seu conteúdo posteriormente alterado pelo governo mexicano.

69 O termo se refere à afiliação ao partido PRI, ainda que muitas vezes o que na verdade existe é uma relação de aproximação com políticas sociais do Estado, independentemente de qual partido esteja no poder.

não zapatistas por um rio, o que demarcava bem os limites de cada grupo. No entanto, as bases de apoio zapatista que conheci comentaram sobre um suposto complô que os priistas estariam armando para expulsá-los da terra.

Na escala comunitária, o governo autônomo é estabelecido por meio de "autoridades locais" eleitas em assembleias. Os jovens com idade entre 12 e 15 anos têm direito a voz, mas não a voto. Já aqueles com 16 anos ou mais, além do direito a voz e voto, podem assumir cargos nos governos autônomos (Fernández, 2009). Dessa maneira, como salienta Cássio Brancaleone, a assembleia comunitária se torna

> eixo de organização da vida política e social zapatista. Todas as decisões coletivas tendem a orbitar ao redor da instituição da assembleia, desde a elaboração de propostas para o plantio em áreas coletivas, o encaminhamento de sugestões e consultas dos municípios ou JBG, a colonização de faixas de terras por novos indivíduos, a alternância das faixas de terras para descanso ou realocação entre famílias, o uso dos bosques e recursos naturais, as propostas de trabalho com a sociedade civil, o conflito entre cônjuges, as disputas pessoais, a organização de festas e atividades religiosas etc. Algumas questões podem ser encaminhadas para outros fóruns e espaços, quando a comunidade se crê incapaz de solucioná-las (especialmente no que tange à aplicação da Justiça, muitas vezes o espaço do munícipio, com a presença de membros de outras comunidades, parece depositário de maior legitimidade e parcialidade). De toda forma, a busca do consenso é a chave de operação das assembleias zapatistas, o que significa que, geralmente, se uma discussão é delicada, uma assembleia pode correr o curso de prolongadas sessões. (Brancaleone, 2012a, p. 285)

Por conseguinte, o nível comunitário é o que apresenta a maior diversidade em relação ao funcionamento de sua autonomia, visto que suas regras, seus cargos e suas instituições precisam ser suficientemente flexíveis para se adaptar às particularidades e aos desafios locais. Embora isso traga dificuldades para uma tentativa de sistematização, tentarei aqui esboçar uma explicação baseada em meu trabalho de campo, na bibliografia consultada e nos comunicados dos próprios zapatistas.

De maneira geral, os cargos nas comunidades zapatistas se dividem em quatro atividades principais: comissariado(a), agente, "segurança" e "comissões". De acordo com Brancaleone (2012b), o(a) comissariado(a) tem a responsabilidade de encaminhar os procedimentos de resolução dos conflitos agrários e discutir com a comunidade projetos produtivos relacionados à ocupação da terra. O(a) agente é responsável por representar a comunidade nos conselhos municipais. A atividade de "segurança" é pouco comentada nos textos, mas aparentemente é composta por "comandantes" civis zapatistas, que são responsáveis pela segurança da comunidade. Alguns textos indicam que a função de "segurança" é cumprida pelo *responsable*, termo que remonta aos primórdios da organização zapatista quando atuava na clandestinidade. Nessa época, os *responsables* muitas vezes faziam parte do corpo de combatentes zapatistas e possuíam vínculos com o Comitê Clandestino Revolucionário Indígena (CCRI), cumprindo o papel de organizar politicamente as comunidades. Embora haja diferentes responsabilidades nesses cargos, todos estão sujeitos ao princípio de "mandar obedecendo", ou seja, devem cumprir estritamente o que foi deliberado pela comunidade representada.

De forma semelhante ao nível de governo municipal, as comissões comunitárias trabalham em áreas específicas, de acordo com as necessidades locais, sendo que a saúde e a educação são prioritárias. Tais funções político-administrativas possuem cargos rotativos, com mandatos que variam de acordo com a disponibilidade efetiva dos zapatistas em cada comunidade. No entanto, funções que requerem conhecimentos específicos, como professores e promotores de saúde, possuem cargos fixos.

Fotografia 16 — Sede do Conselho Municipal Autônomo de Magdalena de la Paz, situada no Caracol Oventic. Nas instituições zapatistas, as pinturas de estilo muralista passaram a representar personagens históricos ou cenas do cotidiano de Chiapas, funcionando como um reforço à memória das comunidades indígenas.
Chiapas, México, janeiro de 2013

As escolas zapatistas valorizam a experiência concreta das comunidades e permitem o compartilhamento da luta pela transformação social. Nesse sentido, criaram um currículo específico para cada etnia, no qual as experiências concretas das comunidades são a base do conhecimento, isto é, "onde a comunidade também é escola" (Baschet, 2018, p. 62). As aulas de história e geografia, por exemplo, não são mais ensinadas pela perspectiva estatal, pautada pela colonialidade, mas sim pelos olhares dos próprios sujeitos indígenas envolvidos, a partir da perspectiva dos seus próprios territórios.

Segundo Baschet,[70] as zonas zapatistas possuíam cerca de 500 escolas primárias em 2008, com 1,3 mil professores e cerca de 16 mil estudantes. Na zona de Los Altos, em 2013, havia 158 escolas, 496 professores e 4,9 mil estudantes. A maioria dos zapatistas ativos possui uma formação nas escolas autônomas, o que se reflete em suas práticas e discursos, como notado pelo autor:

> Um encarregado do comitê de educação de um novo centro populacional do município autônomo Francisco Villa afirma: "Os companheiros dizem que querem que haja tudo na escola, como estamos vendo aqui, mas, antes de mais nada, querem que a escola sirva para melhorar o povoado, para avançar, para não esquecer que somos Tzeltal, para que as crianças respeitem e aprendam com os Maia, e como nossos antepassados viviam nesta terra, querem saber como é a luta dos companheiros que estão em outros estados, em outros países". (Baschet, 2018, p. 206)

O sistema de saúde autônomo zapatista tem sido fundamental para a melhoria da saúde das comunidades zapatistas e para a construção da autonomia, como parte de um projeto mais

70 "O legado do zapatismo, 28 anos após o levante. Dossiê 'Por quê zapatismo?'", *Cult*, n. 278, jan. 2022.

amplo de autodeterminação e resistência. Em um contexto de falta de acesso a serviços de saúde públicos e privados, as comunidades zapatistas construíram suas próprias clínicas, treinaram seus próprios profissionais de saúde e desenvolveram seus próprios protocolos de atendimento. A saúde zapatista é baseada na medicina tradicional, combinada com a medicina ocidental, enfatizando a prevenção e o cuidado holístico. Conforme Baschet (2018, p. 59): "Em cada comunidade há promotores de saúde e, nas mais importantes, uma casa de saúde, enquanto em cada município há uma microclínica e em cada Caracol, uma clínica. Nestas, além das consultas gerais, existem várias áreas de especialização e é possível realizar intervenções cirúrgicas".

Para além do aprimoramento do sistema autônomo nos níveis municipal e comunitário, os zapatistas decidiram criar um terceiro nível de governo, de caráter regional, como haviam exigido nos Acordos de San Andrés. Dessa maneira, foram criadas cinco "zonas zapatistas", levando em consideração as especificidades de cada município. As autoridades governamentais zapatistas passaram a desempenhar funções em três diferentes escalas geográficas: comunitária, municipal e regional, todas baseadas no princípio de "mandar obedecendo".

Essa medida teve como objetivo resolver dois grandes problemas. Primeiramente, a implementação de projetos produtivos e instituições autônomas, como escolas e clínicas básicas de saúde, estava se concentrando em alguns municípios zapatistas, gerando desigualdades regionais que não podiam ser facilmente resolvidas na escala municipal de governo. Indiretamente, essa desigualdade aprofundava outra contradição não menos grave: a dependência das bases civis de apoio zapatistas da estrutura militar do EZLN, especialmente dos membros do CCRI, que acabavam exercendo funções governamentais nas comunidades autônomas, reinstaurando, portanto, a lógica heterônoma que deveria ser combatida.[71]

Em cada uma das cinco zonas zapatistas foi criado um Caracol, uma centralidade político-administrativa que funciona como ponto de encontro para membros dos Marez e para a sociedade civil. Os caracóis são uma herança direta dos *aguascalientes*, espaços criados em 1994 pelos zapatistas para a interlocução entre as zonas rebeldes e a sociedade civil. A fundação dos caracóis significou um avanço no processo autonômico, já que se tornaram núcleos políticos regionais. Os caracóis possuem instalações que incluem alojamentos para zapatistas e visitantes, cozinhas coletivas, mercearias, galpões, escritórios com acesso à internet, oficinas de reparos, quadras esportivas, cooperativas e, em alguns casos, rádios comunitárias, clínicas de saúde e escolas autônomas.

Com o propósito de aprimorar os mecanismos de autonomia regional, bem como a eficácia e a justiça na tomada de decisões políticas, foram criadas cinco Juntas de Bom Governo (JBG), responsáveis por coordenar os municípios de cada zona zapatista. Operando nos espaços dos respectivos caracóis, as JGB são compostas por delegados dos diferentes conselhos municipais autônomos e possuem um caráter civil, sem a participação de membros do CCRI ou de qualquer quadro militar zapatista. Dessa forma, a tomada de decisão é baseada em princípios democráticos, igualitários e participativos, com o objetivo de garantir voz e poder de decisão às comunidades envolvidas.

A criação das JBG desempenhou um papel importante ao realizar uma distinção mais clara entre a estrutura militar do EZLN e a construção civil da autonomia. Essa instância de governo não possui poder deliberativo, e sim a função de "arti-

71 No que se refere a esse período, para um balanço autocrítico dos próprios zapatistas, conferir o comunicado "Leer un vídeo" (ago. 2004) e a "Sexta Declaración de la Selva Lacandona" (jun. 2005). Ambos estão disponíveis em: http://palabra.ezln.org.mx.

cular" a autonomia entre os diversos Marez. Nesse sentido, desempenha funções como a gestão de recursos financeiros, planejamento de obras, capacitação de pessoal, mediação das comunidades rebeldes com a sociedade civil mexicana e internacional e acompanhamento das decisões coletivas tomadas nas assembleias de base, além de atribuições de vigilância nos órgãos de governo e nas entidades autônomas e mediação de conflitos (Ornelas, 2005, p. 146). É possível observar no esquema 1 (p. 200-1) que, além de um setor administrativo, as JBG também possuem "áreas de trabalho", semelhantes às "comissões" nos níveis municipal e comunitário. O principal objetivo dessas áreas é articular as respectivas comissões nos níveis municipais, a fim de promover uma maior efetividade das ações e decisões coletivas.

Cada JBG é composta por um grupo de 10 a 30 delegados(as) eleitos(as) por assembleia, com mandatos de três anos. A igualdade de gênero é buscada na composição das JBG. Os membros se revezam em turnos de trabalho nos caracóis (sede das JBG), dedicando-se entre uma e duas semanas, sem receber salário. A prática de trabalhos comunitários não remunerados remete historicamente à organização social das comunidades indígenas de Chiapas, e sua manutenção acaba por favorecer formas organizativas desmonetizadas, aprofundando a autonomia (Baschet, 2018, p. 73). Segundo argumenta o Subcomandante Galeano (2010, p. 43-4), isso também impede o surgimento de uma "classe política zapatista", ou seja, o surgimento de aspirantes a cargos de governo por interesses pessoais.

Ao contrário da sociedade capitalista, em que o salário em dinheiro é a forma tradicional de remuneração, os membros do governo e das comissões zapatistas recebem uma "compensação" não monetária, em forma de trabalho ou colheita. Dessa maneira, como contrapartida às tarefas pertinentes a seu cargo político, membros de sua comunidade suprem o tempo despendido nas atividades políticas trabalhando nos plantios

Fotografia 17 — Escola Secundária Autônoma Zapatista 1º de Enero, localizada no Caracol Oventic. Chiapas, janeiro de 2013

Imagem 1 — Imagem de satélite do Caracol Oventic, na região dos Altos de Chiapas.
Flash Earth

Fotografia 18 — Casa da Junta de Bom Governo (JBG) da Zona Oventic, situada no Caracol de mesmo nome. Chiapas, janeiro de 2013

Fotografia 19 — JBG operando em Oventic.
Ciepac (JBG)

Imagem 2 — Imagem de satélite do Caracol Morélia, na região norte de Chiapas.
Flash Earth

Fotografias 20 e 21 — Guarita de vigilância na entrada do Caracol; abaixo, a placa de advertência. Chiapas, janeiro de 2013

de sua família, contribuindo também com suporte material e proteção à mesma. Eventualmente, a comunidade também pode colaborar com as despesas de transporte ao Caracol ou ainda com alimentos para sua estadia durante o turno de trabalho.

Aqueles que ocupam cargos governamentais dentro da organização zapatista também conciliam suas atividades com os projetos produtivos, durante os momentos em que não estão em serviço. Essa ausência de separação entre trabalho intelectual e manual tem como objetivo evitar a formação de "políticos profissionais", que poderiam acumular poder. Esse princípio é aplicado em todos os níveis da organização zapatista, desde o comunitário até o regional. Em relação a essa forma de governar "diluindo o poder" em vez de concentrá-lo, Baschet (2018, p. 86-7) afirma:

> A experiência zapatista permite assinalar os seguintes aspectos: mandatos curtos, não renováveis e revogáveis em qualquer momento; ausência de personalização e exercício colegiado dos cargos; controle por outras instâncias; concentração limitada da capacidade de elaboração de decisões; ética do coletivo e capacidade de escuta. Mas, sobretudo, é preciso insistir na desespecialização efetiva das tarefas políticas, que, ao invés de serem concentradas em um grupo específico (seja a classe política, seja a casta detentora do dinheiro, sejam personalidades que detenham um prestígio particular), devem ser objeto de uma circulação o mais generalizada possível: "Todos temos que exercer o governo durante um tempo", dizem os e as zapatistas.

As JBG têm uma função importante na redistribuição de recursos, em particular nas doações solidárias da sociedade civil, como dinheiro, materiais de construção e equipamentos, que são destinados às comunidades mais necessitadas. A auditoria dessas operações é realizada por dois grupos externos: o "filtro", que revisa os relatórios financeiros publicados pela JBG, e a Comissão de Vigilância Zapatista (CVZ), que é responsável por fiscalizar as atividades e prestações de contas da JBG. A CVZ é composta por bases de apoio de comunidades da zona que, por questões éticas, não devem ter qualquer vínculo com os membros da Junta de Bom Governo. Além disso, os membros da Comissão de Vigilância mantêm contato direto com os membros do CCRI regional, para os quais reportam suas atividades e relatórios.

Dessa forma, o Comitê Clandestino Revolucionário Indígena — Comandância Geral (CCRI-CG) é a instância política superior na organização zapatista. Composto pelos cinco CCRI, um de cada zona, possui uma visão geral do processo autonômico em todo o território zapatista. Segundo os comunicados zapatistas, o CCRI-CG pode corrigir desvios e/ou assessorar as áreas consideradas problemáticas, sem, contudo, intervir diretamente nas decisões tomadas nas assembleias de base. A Comissão de Informação, por sua vez, é responsável por controlar o acesso de pessoas aos caracóis e registrar doações solidárias, quando houver. Em alguns casos, a JBG recebe apoio e assessoramento de entidades externas, especialmente em áreas que exigem conhecimentos especializados, como sistemas agroecológicos ou treinamento para promotores de saúde ou educação.

3.4. Territorialidade da autonomia zapatista e sua base produtiva

Em dezembro de 2007, o subcomandante Galeano afirmou que as mudanças fundamentais nas comunidades zapatistas não foram uma decorrência direta do levante de 1994, mas sim da territorialização das comunidades indígenas, em especial pela via das retomadas (*recuperaciones*): "Os avanços relativos a governo, saúde, educação, moradia, alimentação, participação das mulheres, comércio, cultura, comunicação e informação têm como ponto de partida a recuperação dos meios de produção, neste caso, a terra, os animais e as máquinas que estavam nas mãos de grandes proprietários".[72]

É sabido que, entre 1993 e 1994, a demanda por terras agrícolas em Chiapas era de cerca de 588 mil hectares, sendo a questão da terra e do território a principal bandeira de luta dos movimentos sociais na região (Reyes Ramos, 2004). Portanto, não é coincidência que em 1994, quando o EZLN declarou guerra ao governo mexicano, incluiu em seu programa uma "lei agrária revolucionária". O capítulo terceiro dessa lei estabelecia que

> serão objeto de afetação agrária revolucionária todas as extensões de terra que excedam cem hectares em más condições ou cinquenta hectares em boas condições. Os proprietários cujas terras excedam os limites mencionados terão os excedentes tomados e ficarão com o mínimo permitido por esta lei, podendo permanecer como pequenos proprietários ou somar-se ao movimento camponês de cooperativas, sociedades camponesas ou terras comunais. (EZLN, 2003, p. 43)

A implementação da "afetação agrária revolucionária" pelos zapatistas foi realizada por meio da apropriação direta de terras, que foram convertidas em propriedades coletivas e transferidas para os membros da organização com o objetivo de serem utilizadas em projetos produtivos. Em 1994, o EZLN recuperou cerca de 60 mil hectares de terra, enquanto outras organizações indígenas e/ou camponesas de Chiapas ocupa-

72 "Ni el centro ni la periferia. Parte IV: gustar el café. El calendario y la geografia de la tierra", *Enlace Zapatista*, 15 dez. 2007.

ram aproximadamente 43 mil hectares[73] (Brancaleone, 2012a, p. 287-9). De acordo com Diana Itzu Gutierrez Luna (2017, p. 14), os zapatistas recuperaram um total de 250 mil hectares até os dias atuais. Por outro lado, Jérôme Baschet estima que o EZLN recuperou cerca de 100 mil hectares nos primeiros meses de 1994 e, considerando todo o período, já teria recuperado cerca de 400 mil hectares. A territorialização é fundamental para a construção da autonomia, permitindo a reprodução social, material, cultural e simbólica das comunidades (Baschet, 2018, p. 58).

Desse modo, o território assume uma importância crucial para a autonomia zapatista. Esse conceito está intrinsecamente ligado ao espaço onde se exerce o poder autônomo, seja uma comunidade, um município ou uma região. Como destaca Marcelo Lopez de Souza (2017, p. 343), "a autonomia será no espaço, *através* do espaço e *por meio* do espaço — ou não será". Portanto, a reforma agrária e o controle sobre as terras recuperadas desempenham um papel crucial para as comunidades rebeldes zapatistas.[74]

Durante os conflitos agrários em Chiapas, o Estado propôs a criação de um fundo com recursos federais e estaduais, por meio da Secretaria da Reforma Agrária (SRA), para indenizar os proprietários legais das terras ocupadas. No entanto, o processo de indenização foi desorganizado e envolveu um grande dispêndio de recursos públicos, o que limitou a resolução da questão agrária na região. Houve casos de privilégios e super-

73 Conforme entrevista concedida por Pedro Faro ao autor (em San Cristóbal de las Casas, Chiapas, em 24 jan. 2013), entre essas outras organizações se encontram a Associação Rural de Interesse Coletivo (Aric), a Organização Camponesa Emiliano Zapata (Ocez) e a Organização Proletária Emiliano Zapata (Opez).

74 Conforme Baschet (2018, p. 55), "é tão estreita a relação entre comunidade e território que, em totsil (assim como em outras línguas maias de Chiapas), uma mesma palavra, *jlumaltik*, designa o território e a comunidade que o habita".

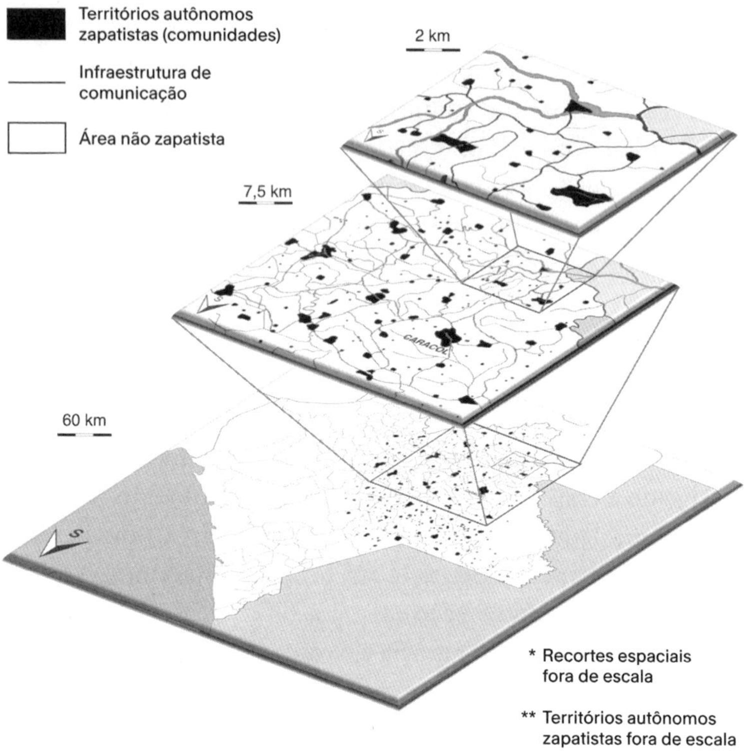

Esquema 2 — O território-descontínuo zapatista. O modelo acima representa o território-descontínuo ou território-rede zapatista. Em preto observamos os territórios pertencentes às comunidades autônomas, destinados tanto à habitação quanto ao cultivo. Estes podem se interconectar pela infraestrutura presente no espaço geográfico, como estradas que permitem o fluxo material (linhas em cinza), assim como por ondas de rádio, celular ou internet, que permitem os fluxos de informação. Observe-se que, em uma escala nacional, o território se torna aparentemente mais contínuo, isto é, uma superfície. Em oposição, em uma escala local, ele se torna um território-descontínuo, aparecendo como "nós" conectados por uma rede. Elaborado pelo autor, baseado na proposta de Souza (1995, p. 95; 2017, p. 409)

valorização fundiária para proprietários com relações políticas com o PRI, bem como a agência de "grupos invasores" por parte de fazendeiros, que se aproveitaram da oportunidade para se desfazer de terras de má qualidade (Villafuerte Solís, 2006, p. 96). De maneira geral, a iniciativa do governo foi vantajosa para os fazendeiros, que receberam pelas terras um valor maior que o de mercado.

Enquanto isso, o governo tentava cooptar as organizações que impulsionavam a recuperação de terras, concedendo títulos fundiários apenas aos movimentos que se alinhavam com sua política agrária e social. Essa política gerou tensões e clivagens sociais em Chiapas, pois, enquanto algumas organizações aceitavam os termos do governo, os zapatistas se recusavam a fazê-lo. Os zapatistas exigiam o cumprimento de outros pontos ainda em disputa — por exemplo, a anulação da reforma do artigo 27 ou a ratificação constitucional dos tratados de San Andrés — como condição para qualquer acordo.

O governo mexicano utilizou a estratégia *divide et impera* para avançar, pressionando as bases de apoio zapatistas a se desvincularem do EZLN em troca da titulação das terras recuperadas, consideradas "ilegais" nesse contexto. Além disso, concedeu títulos de terrenos ocupados pelos zapatistas a outros grupos, buscando enfraquecer a base política e social do EZLN. Essas condições favoreceram o surgimento de grupos paramilitares e de choque que atuaram em conjunto com o governo, as forças armadas e a aristocracia rural, visando expulsar os zapatistas das terras tituladas. Infelizmente, esses conflitos ainda persistem.

Em meio a esse imbróglio, os zapatistas passaram a socializar as terras recuperadas, redistribuindo-as entre as famílias afiliadas, a título de posse. Conforme uma entrevista realizada em Chiapas, atualmente essas terras são da organização (EZLN), ou seja, todas as terras são da organização e portanto estão sob o controle da organização; quem estiver na organização terá o direito de usufruir das terras conforme os acordos que se derem nos diferentes Municípios Autônomos (Marez), nas Juntas de Bom Governo (JBG). Se [as bases de apoio] saem da organização, devem desocupar as terras. E aí é onde têm existido muitas disputas, pois há grupos que antes eram zapatistas e agora já não são. Nesses casos, há diferentes formas de resolução, como, por exemplo, um acordo com a organização de forma que recebam uma parte ou, em outros casos, em que quem deixa a organização perde a terra, pois afinal estão em uma situação de controle territorial a partir da declaração de guerra de 1994, e isso ainda não terminou.[75]

Com o desenrolar dos acontecimentos, a estratégia dos zapatistas para se libertar da "ilegalidade" imposta pelo governo foi questionar a legitimidade das próprias instituições governamentais, especialmente em relação aos seus territórios. Devido ao caráter autônomo ao qual estão submetidos, eles deixaram de reconhecê-las e de estabelecer contato ou receber recursos do governo. Embora essa posição possa parecer utópica diante do poder do "Leviatã mexicano", na prática ela foi tão eficaz que impediu a realização das grandes obras vinculadas ao Plano Puebla-Panamá, conforme descrito anteriormente. O apoio fundamental da sociedade civil nacional/internacional e a existência do braço militar do EZLN foram fatores que aumentaram o peso político de uma possível intervenção militar de "alta intensidade" por parte do governo. Criou-se, assim, um impasse, um espaço em disputa — não só geográfico, mas especialmente político e simbólico —, o qual os zapatistas preencheram progressivamente com sua práxis autonômica. Dessa forma, paradoxalmente,

75 Conforme entrevista concedida por Pedro Faro ao autor em San Cristóbal de las Casas, Chiapas, em 24 jan. 2013.

os territórios se tornaram produto, meio e condição do poder autônomo zapatista.

Neste momento, é importante compreender a territorialidade da autonomia zapatista para entender como esse poder se manifesta no espaço.[76] Para essa compreensão, é proveitoso retomar o conceito de território conforme abordado por Marcelo Lopes de Souza (1995). Partindo da crítica de Raffestin (1993), de como a geografia política clássica estaria limitada a uma "geografia do Estado", Souza aponta para a necessidade de o conceito de território superar sua restrita vinculação estatal, herança direta de Ratzel. Além disso, o autor argumenta que o conceito de território não deve ser hipostasiado, criticando assim as perspectivas que interpretam o território como um espaço concreto, dotado de atributos materiais, onde um determinado poder opera de maneira exclusiva.

Souza destaca a importância de compreender o território como "um espaço definido e delimitado por e a partir de relações de poder" (Souza, 1995, p. 78). Em outras palavras, o território é a projeção de certas relações sociais de poder no espaço, com o substrato material sendo o espaço concreto onde essas relações são projetadas. O poder que embasa o conceito de território é relacional, nascido da relação entre atores sociais, e não apenas entre o homem e o espaço. O exercício do poder em um espaço só faz sentido em relação a outros atores sociais que não possuem esse poder. Dessa forma, o território pode ser compreendido como "um *campo de forças*, uma *teia* ou *rede de relações sociais*, que,

76 Acerca do conceito de territorialidade, aproximo-me da definição de Souza: "algo extremamente abstrato: aquilo que faz de qualquer território um território, isto é [...] *relações de poder espacialmente delimitadas e operando sobre um substrato referencial*" (Souza, 1995, p. 99). Dessa maneira, chamarei aqui de "territorialidade" as características que qualificam os territórios autônomos zapatistas, o que me distancia um pouco da qualificação dada por Claude Raffestin ou Robert D. Sack, que entendem, grosso modo, a territorialidade como o comportamento espaço-territorial de um grupo social.

a par de sua complexidade interna, define, ao mesmo tempo, um *limite*, uma *alteridade*" entre esses atores (Souza, 1995, p. 86).

Essa perspectiva é interessante para a compreensão do território zapatista, descontínuo e nem sempre delimitado por limites materiais fixos e estáveis. Nessa "zona de influência zapatista", que se estende sobre uma área equivalente ao território da Bélgica, o zapatismo enquanto movimento social organizado possui expressividade política e coexiste com comunidades não zapatistas. Nesse sentido, a hipótese de Brancaleone (2012a, p. 283) é correta ao afirmar que esse território pode ser entendido "como uma federação de comunidades rebeldes em armas, afiliadas e articuladas como núcleos auto-organizados". A noção de "território-rede" proposta por Souza (1995, p. 93) é proveitosa nesse contexto, já que pode ser compreendida a partir da interconexão de diversos territórios contínuos menores:

> Como cada nó de um território descontínuo é, concretamente e à luz de outra escala de análise, uma figura bidimensional, um espaço, ele mesmo um território [...] temos que *cada território descontínuo é, na realidade, uma rede a articular dois ou mais territórios contínuos* [...]. A complexidade dos territórios-rede, articulando, interiormente a um território descontínuo, vários territórios contínuos, recorda a necessidade de se superar uma outra limitação embutida na concepção clássica de território: *a exclusividade de um poder em relação a um dado território*. (Souza, 1995, p. 94, grifos do autor)

Esse é caso do território zapatista, que é descontínuo e, portanto, marcado pela tensão entre fontes de poder distintas. A coexistência e a competição entre esses "sistemas de governança" ocorrem devido ao fracasso dos Acordos de San Andrés, o que levou a uma disputa pelos limites territoriais zapatistas e pela legitimidade governista perante os grupos representados.

A partir de uma adaptação do modelo teórico de Souza (1995, p. 95; 2017, p. 409), o esquema 2 (p. 220) busca representar o "território-rede" zapatista. Essa malha socioespacial complexa e descontínua interliga e permite os fluxos entre os diversos espaços de autonomia do EZLN. Em uma escala local, o território das comunidades autônomas se apresenta como superfície; contudo, em uma escala regional, se pulveriza em múltiplos nós ou pontos adimensionais, conectados em rede pela infraestrutura material e tecnológica. Esses nós servem como pontos de trânsito de pessoas, bens e informações, com relativa centralidade nos cinco caracóis.

Partindo-se da perspectiva de uma territorialidade ampliada, esse modelo pode incorporar ainda os espaços de solidariedade, tanto no México quanto em escala internacional. Esses espaços são autogeridos por apoiadores do movimento e formam uma rede de apoio anticapitalista que busca fortalecer a organização em Chiapas por meio de redes de comércio justo, captação de doações, formação política etc. Assim, a autonomia zapatista se estrutura territorialmente de maneira multiescalar, conectando comunidades, municípios e zonas autônomas governadas pelos próprios zapatistas com os centros de solidariedade locais e internacionais.

Uma pergunta frequente é como as despesas decorrentes das instituições autônomas são financiadas, visto que os zapatistas não recebem recursos estatais. De fato, a questão econômica é fundamental para os territórios autônomos zapatistas. É na base produtiva que residem os limites materiais da autonomia, mas também é ali que se encontra sua potencialidade emancipatória. Em geral, tomando como unidade de análise uma comunidade zapatista, as terras são divididas em uso familiar e coletivo. No que tange à primeira, cada grupo familiar possui a *posse* de uma determinada área (da qual possui usufruto exclusivo), cuja produção se destina à subsistência, ainda que excedentes possam também ser comercializados. Nessa área familiar, é comum encontrarmos a *milpa*, um tradicional sistema agroecológico mesoamericano, cujos principais componentes produtivos são o milho, o feijão, a abóbora e a pimenta (chamadas de "quatro irmãs", a base da alimentação maia).

Na maioria dos casos, a família também mantém a criação de animais, geralmente de pequeno porte e em pequena quantidade. Dependendo das condições climáticas, também pode produzir mel, verduras e frutas, como banana, limão, laranja, mamão, abacate, entre outras. Algumas comunidades zapatistas mais organizadas possuem cooperativas de artesanato como forma de complementação de renda, embora possam sofrer com problemas logísticos para a distribuição e a venda desses produtos.

A maioria das comunidades zapatistas possui uma área destinada ao uso coletivo, na qual são produzidos café e/ou milho, além de contarem com animais que servem como força de trabalho e reserva de valor.[77] Essa produção cooperativa é a principal fonte de financiamento da autonomia zapatista. Nessa parcela coletiva, toda a comunidade é responsável por colaborar nos trabalhos, com exceção dos promotores e daqueles eleitos para funções administrativas, durante sua atuação. Geralmente, a produção é vendida e a renda é dividida em duas partes: uma é distribuída entre as famílias que trabalharam na área, permitindo que elas comprem mercadorias de que precisam mas não podem produzir, como sal, fósforo, sabão e outras. A outra parte é reservada a um fundo público, conhecido como *cooperación*, e destinada ao uso coletivo.

O uso do dinheiro da *cooperación* é definido em assembleia, podendo ser destinado, por exemplo, para reformar a escola local, comprar itens para o centro de saúde, cobrir os custos de transporte dos representantes do Caracol etc. Na comunidade que visitei, a ideia era utilizar os recursos para a manutenção de uma pequena mercearia zapatista, que comprava itens básicos por atacado e os revendia a preço de custo para as famílias zapatistas, libertando-os dos comerciantes locais que praticavam preços

77 A compra de animais é um meio tradicional de poupança para os indígenas chiapanecos. Se tudo vai bem, utilizam os animais para o trabalho no campo, produção de leite etc. Caso necessitem de dinheiro de maneira imediata, como no caso de uma doença, podem rapidamente vender os animais e recuperar a quantia inicialmente investida.

Fotografia 22 — Secagem do café produzido coletivamente nas terras zapatistas de uso comum. A renda obtida com sua venda é dividida: parte vai para as famílias e parte se torna *cooperación*, a maneira encontrada pelos zapatistas para o desenvolvimento das instituições autônomas.
Caracol zapatista de Oventic (Chiapas), janeiro de 2013

abusivos. A mesma lógica se aplica à criação coletiva de animais, que podem ser abatidos para uma festividade ou vendidos em caso de necessidade mais urgente de dinheiro.

Os zapatistas praticam uma agricultura camponesa revitalizada, baseada na agroecologia e na eliminação de pesticidas comerciais, além da defesa das sementes nativas, tanto nas áreas familiares quanto comuns. Essa prática tem como objetivo principal garantir a subsistência familiar e coletiva, como forma de sustentação material dos processos autonômicos dos zapatistas (Baschet, 2022).

Durante meu trabalho de campo em 2013, perguntei a um zapatista base de apoio sobre a produção coletiva de sua comunidade, localizada entre os municípios de Ocosingo e Palenque. Ele me explicou que, no caso do milho branco, a produção era feita a cada quatro meses, desconsiderando o descanso para a terra. Cada hectare produzia cerca de duas toneladas de milho, e, se considerarmos o valor pago na época pelo quilo debulhado (7 pesos mexicanos, ou 0,6 dólar estadunidense), a comunidade possuía uma renda de 14 mil pesos mexicanos por hectare (1.142 dólares por hectare). Considerando duas produções anuais, um hectare gerava, em tese, 2.285 dólares de renda por ano.

No caso do café, que é produzido apenas uma vez ao ano, um hectare na região rendia uma produção média de 30 a 40 sacos de cinquenta quilos. O preço pago pelo quilo de café varia conforme a época do ano e a conjuntura internacional, e em janeiro de 2013 variava de 18 a 25 pesos mexicanos. Estimando uma média de produção de 35 sacos por hectare, todos comprados a 20 pesos por quilo, os cafezais zapatistas geravam uma renda em torno de 35 mil pesos por hectare (algo como 2.857 dólares por hectare por ano) em 2013. Parte desse dinheiro, como dissemos, transforma-se em *cooperación*, e a outra parte é dividida entre as famílias, tornando-se uma importante fonte de renda.

As comunidades não doam dinheiro às JBG, mas fornecem trabalho não remunerado aos caracóis (funções de governo, motoristas, vigilância, cozinheiros etc.). Por outro lado, as JBG ocasionalmente fornecem bens e recursos às comunidades, como materiais didáticos, suprimentos médicos e materiais de construção, dando prioridade às comunidades mais necessitadas. Quando as instituições autônomas, como escolas e postos de saúde, são construídas com esses recursos, a comunidade beneficiada fornece mão de obra por meio de mutirão.

A fonte dos recursos disponibilizados pelas JBG pode ter origem em projetos produtivos desenvolvidos regionalmente ou doações solidárias de movimentos sociais e organizações. Como a renda da terra não é suficiente para cobrir os custos dessas instituições, esses recursos externos são importantes. Em síntese, enquanto o cultivo familiar sustenta a família, e a renda do cultivo coletivo (*cooperación*) financia os serviços comunitários, os recursos da JBG visam aprofundar as instituições autônomas e desenvolver os quadros que nelas atuam.

3.5. A autonomia enquanto processo contínuo de organização civil

Ainda no fervor da insurgência de 1994, o comandante Tacho entregou o bastão de mando do EZLN ao subcomandante Galeano, afirmando que "é nossa dignidade que nos obriga a pegar em armas, para que ninguém tenha que pegá-las nunca mais. Somos soldados que querem deixar de ser soldados. Esta é a arma da paz. Lembra sempre de que nossa luta é pela paz".[78] Tacho con-

78 "Los siete mensajes con que el comandante Tacho entrega a Marcos, a nombre del CCRI, el bastón de mando en el aniversario del EZLN", *Enlace Zapatista*, 17 nov. 1994.

clui sua fala dizendo para Galeano: "Você já não é você, agora e desde sempre você é nós".

Essa declaração é emblemática, pois aponta os caminhos que de fato o zapatismo tomou ao longo de sua história como movimento social. Há uma tendência perceptível de aprofundamento da autonomia zapatista pela via civil, enquanto o braço armado do EZLN vai perdendo cada vez mais o protagonismo. Isso se manifestou até mesmo em nível simbólico, com a "morte" do personagem subcomandante Marcos em 2014. O porta-voz do movimento, que mesmo sem nunca ter revelado sua verdadeira identidade se tornou uma espécie de "face visível" do EZLN, deu lugar a Galeano. Tratou-se de uma homenagem a José Luis Solís López, professor da Escuelita Zapatista assassinado em maio de 2014 em uma emboscada atribuída pelos zapatistas aos militantes da Central Independente de Trabalhadores Agrícolas e Camponeses (CIOAC-Histórica). A organização militar do EZLN não deixou de existir, fique entendido, mas esse gesto representou uma espécie de transição para uma nova etapa, onde os indígenas civis assumem as diversas funções dos governos autônomos e da autogestão territorial.

Durante esse processo, as comunidades zapatistas se abriram ao diálogo com o restante da sociedade mexicana e internacional, buscando estreitar ações de solidariedade com outras organizações antissistêmicas. Um exemplo disso é a criação da Escuelita Zapatista, em 2013, cujo objetivo é compartilhar a filosofia, a cultura e a luta dos zapatistas. Através desse projeto, mais de cinco mil pessoas de diferentes partes do mundo puderam vivenciar o cotidiano das comunidades rebeldes, aprendendo diretamente com os indígenas zapatistas de que modo se dá a organização dos governos autônomos (Baschet, 2018, p. 49). A importância da Escuelita Zapatista reside em sua capacidade de oferecer uma experiência autêntica e singular de aprendizado com o EZLN. Como parte do "curso", os zapatistas lançaram quatro livros escritos pelos próprios indígenas: *Gobierno Autónomo I*, *Gobierno Autónomo II*, *Participación de las mujeres en el Gobierno Autónomo* e *Resistencia autónoma*. Todos os livros podem ser facilmente encontrados na internet.

Outro ponto interessante foi o apoio do EZLN à criação do Conselho Indígena de Governo (CIG), no final de 2016. O CIG é um órgão composto de representantes indígenas de diversas regiões do México, escolhidos em assembleia realizada pelo Congresso Nacional Indígena (CNI). O CIG é uma espécie de Junta de Bom Governo em escala nacional, representando as comunidades indígenas no México e suas formas de organização e tradições, e tem como objetivo coordenar ações políticas em prol dos direitos e da autonomia indígena. É orientado pelos sete princípios do CNI e do EZLN: servir e não se servir, construir e não destruir, obedecer e não comandar, propor e não impor, convencer e não conquistar, descer e não subir, representar e não suplantar (Bellani, 2019).

Em maio de 2017, ocorreu a Assembleia Constitutiva do CIG, reunindo mais de 1.400 delegados de quase todos os povos indígenas do México. Durante a reunião, foram escolhidos os representantes do conselho, entre eles Maria de Jesús Patricio Martínez, conhecida como Marichuy, que foi designada como porta-voz do CIG e representante na candidatura independente para a presidência do país em 2018. Marichuy é uma mulher indígena nascida na comunidade náhuatl de Tuxpan, no estado de Jalisco, e tem um histórico de defesa dos direitos dos povos mexicanos. Essa foi a primeira vez que um movimento indígena lançou uma candidatura presidencial em toda a história do México.

O apoio do EZLN a Marichuy surpreendeu muitas pessoas, que entenderam o gesto como uma contradição. Entretanto, a iniciativa não visava estritamente competir pela presidência, mas sim aproveitar a atenção gerada pelo fato para promover as demandas dos povos indígenas no México. Durante a jornada,

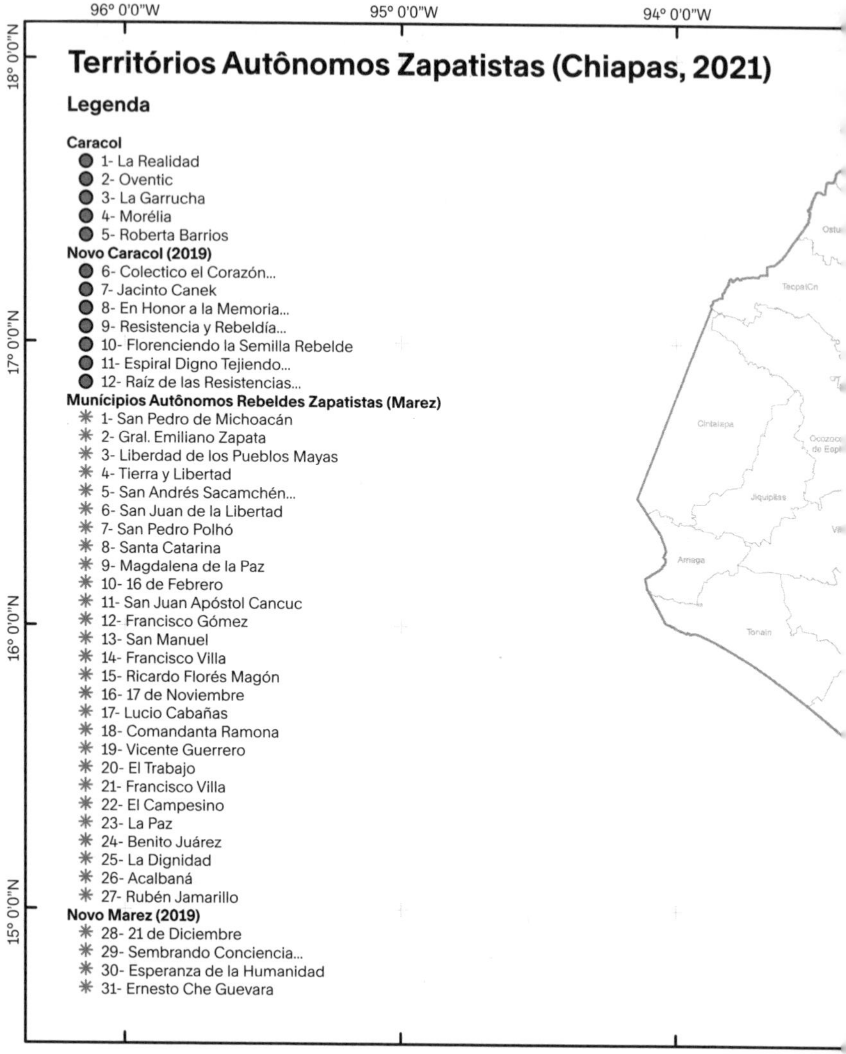

Mapa 5 — Localização dos caracóis e Municípios Autônomos Rebeldes Zapatistas (Marez), incluindo os novos territórios fundados pelo EZLN em agosto de 2019. Este mapa é inédito e foi produzido em colaboração com militantes do movimento zapatista em Chiapas, durante trabalho de campo em 2021

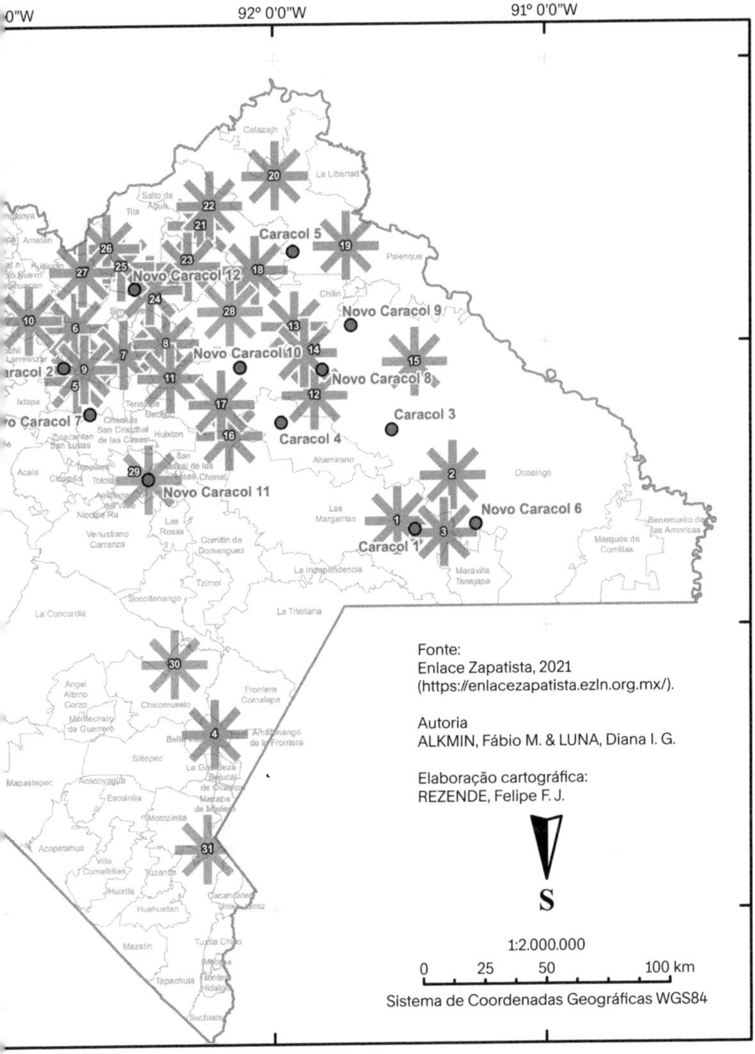
92° 0'0"W
91° 0'0"W
Caracol 5
Novo Caracol 12
Novo Caracol 9
Novo Caracol 10
Novo Caracol 8
Caracol 3
Caracol 4
Novo Caracol 11
Novo Caracol 6
Caracol 1
Fonte:
Enlace Zapatista, 2021
(https://enlacezapatista.ezln.org.mx/).
Autoria
ALKMIN, Fábio M. & LUNA, Diana I. G.
Elaboração cartográfica:
REZENDE, Felipe F. J.
S
1:2.000.000
0 25 50 100 km
Sistema de Coordenadas Geográficas WGS84

foram realizados encontros com diversos movimentos indígenas locais e regionais, além de organizações "abaixo e à esquerda". Sobre esse ponto, Jérôme Baschet salienta:

> A iniciativa de apresentar a porta-voz do Conselho Indígena de Governo como candidata independente às eleições presidenciais de 2018 provocou surpresa e desconcerto, pois parecia transgredir a postura relativa à política "de cima" que havia prevalecido durante muitos anos. No entanto, depois das dúvidas iniciais, ficou claro que não se tratava de competir no terreno eleitoral para obter cargos no governo ou para contar votos. O que se buscava era uma ofensiva no terreno inimigo para visibilizar a situação dos povos indígenas e outro caminho possível, em contraste com a decomposição da política institucional: o caminho da política "de baixo", da auto-organização e da autonomia. (Baschet, 2018, p. 122)

A campanha de Marichuy e do CIG foi baseada em uma plataforma política que aventava a defesa dos direitos indígenas, a proteção da natureza, a justiça social e a solidariedade internacional. Embora a candidatura não tenha sido bem-sucedida em conseguir os votos necessários para concorrer ao pleito, sua campanha destacou a importância da união dos movimentos sociais para enfrentar o capitalismo. Aliás, essa foi a proposta do EZLN durante o Encontro de Redes de Apoio ao CIG, em agosto de 2018: "Ampliar o Conselho Indígena de Governo para que 'deixe de ser só indígena' e também 'só nacional', assim como estender suas redes de apoio, em uma rede planetária de rebeldias e resistências" (Baschet, 2018, p. 52).

A atuação política de Marichuy simboliza, dessa forma, a importância das mulheres na luta política dos movimentos indígenas latino-americanos. No zapatismo, em particular, as mulheres têm um papel fundamental nas comunidades autônomas, ocupando cargos de liderança e participando ativamente na construção e na gestão dos autogovernos, tais como escolas, postos de saúde e cooperativas. A luta pela igualdade de gênero é uma das bandeiras do EZLN, que busca romper com as estruturas patriarcais promovendo a participação plena e igualitária das mulheres em todos os aspectos da vida comunitária. Além disso, o movimento criou espaços de intercâmbio com movimentos feministas de outros lugares do mundo, como os Encontros Internacionais das Mulheres que Lutam, iniciados em 2018 nos territórios zapatistas, contando com a participação exclusiva de mulheres.

Outro avanço político recente do EZLN foi sua expansão territorial. No comunicado intitulado "Y rompimos el cerco" [E rompemos o cerco], datado de 17 de agosto de 2019, o subcomandante Moisés explica que, apesar dos inúmeros desafios enfrentados nos últimos anos, os zapatistas conseguiram avançar em seu processo de territorialização e autonomia:

> Depois de anos de trabalho silencioso, apesar do cerco, apesar das campanhas de mentiras, apesar das difamações, apesar das patrulhas militares, apesar da Guarda Nacional, apesar das campanhas de contrainsurgência disfarçadas de programas sociais, apesar do esquecimento e do desprezo, crescemos e nos fortalecemos.[79]

O comunicado enfatiza que, apesar da crescente onda de assédio ao projeto autonomista zapatista, a organização indígena seguiu crescendo e rompeu o cerco às zonas liberadas, o que resultou na inauguração de novos Marez e na criação dos Centros de Resistencia Autónoma y Rebeldía Zapatista (Crarez). Estes combinam caracóis e municípios autônomos em um único espaço. Isso levou a um aumento expressivo no número de caracóis zapatistas: de 5, em 2003, passaram a ser 12 em 2019, cada

79 "Comunicado del Comité Clandestino Revolucionario Indígena — Comandancia General del Ejército Zapatista de Liberación Nacional: y rompimos el cerco", *Enlace Zapatista*, 17 ago. 2019.

Caracóis	Municípios Autônomos Rebeldes Zapatistas (Marez)	Municípios oficiais
Madre de los Caracoles del Mar de Nuestros Sueños	1. San Pedro de Michoacán	1. Ocosingo
Caracol 1 (La Realidad)	2. General Emiliano Zapata	2. Las Margaritas
Resistencia y Rebeldía por la Humanidad	3. Libertad de los Pueblos Mayas	3. Ocosingo
Caracol 2 (Oventic)	4. Tierra y Libertad	4. Las Margaritas, La Independencia e La Trinitaria
Resistencia hacia un Nuevo Amanecer	5. San Andrés Sacamch'en de los Pobres	5. San Andrés Larrainzar
Caracol 3 (La Garrucha)	6. San Juan de la Libertad	6. El Bosque
Torbellino de Nuestras Palabras	7. San Pedro Polhó	7. Chenalhó
Caracol 4 (Morelia)	8. Santa Catarina	8. Pantelhó y Sitalá
Que Habla para Todos	9. Magdalena de la Paz	9. Aldama
Caracol 5 (Roberto Barrios)	10. 16 de Febrero	10. Las Maravillas
Colectivo el Corazón de Szemillas Rebeldes, Memoria del Compañero Galeano	11. San Juan Apóstol Cancuc	11. San Juan Cancuc
Caracol 6	12. Francisco Gómez	12. Ocosingo
Jacinto Canek	13. San Manuel	13. Ocosingo
Caracol 7	14. Francisco Villa	14. Ocosingo
En Honor a la Memoria del Compañero Manuel	15. Ricardo Flores Magón	15. Ocosingo
Caracol 8	16. 17 de Noviembre	16. Altamirano e Chanal
Resistencia y Rebeldía un Nuevo Horizonte	17. Lucio Cabañas	17. Oxchuc e Huixtán
Caracol 9	18. Comandanta Ramona	18. Bachajón
Floreciendo la Semilla Rebelde	19. Vicente Guerrero	19. Palenque e Ocosingo
Caracol 10	20. El Trabajo	20. Palenque, Salto de Água e La Libertad
Espiral Digno Tejiendo los Colores de la Humanidad en Memoria de l@s Caídos	21. Francisco Villa	21. Salto de Agua
Caracol 11	22. El Campesino	22. Tila
Raíz de las Resistencias y Rebeldías por la Humanidad	23. La Paz	23. Tumbalá
Caracol 12	24. Benito Juárez	24. Yajalón, Tila e Tumbalá
	25. La dignidad	25. Sabanilla
	26. Acalbaná	26. Tila
	27. Rubén Jaramillo	27. Sabanilla e Huitiupán
	28. 21 de Diciembre	28. Ranchería K'anal Hulub, Chilón
	29. Sembrando Conciencia para Cosechar Revoluciones por la Vida	29. Tulan Ka'u (tierra recuperada), Amatenango del Valle
	30. Esperanza de la Humanidad	30. Ejido Santa María, Chicomuselo
	31. Ernesto Che Guevara	31. El Belén, Motozintla

Quadro 1 — Territórios autônomos zapatistas em 2021. Fonte: compilação do autor a partir de EZLN (2013, p. 12, 24, 34, 43, 61-2, 74-5; 2019).

qual com sua respectiva JBG. Além disso, o número de Marez também aumentou, de 27 em 2002 para 31 em 2019 (conforme o mapa nas p. 232-3 e o quadro na p. 236).

Esse "rompimento de cerco" ganhou uma escala internacional em 2021, a partir da campanha "Travessia pela Vida". A iniciativa, promovida pelos zapatistas, visou internacionalizar os processos de autonomia, ampliando a rede política da organização com movimentos antissistêmicos de outros continentes. Durante essa primeira jornada, delegações zapatistas visitaram diversos países na Europa, participando de encontros com movimentos sociais, organizações políticas, universidades, sindicatos e outras entidades que apoiam a luta dos povos indígenas. A campanha destacou a importância da solidariedade entre os movimentos sociais ao redor do mundo na luta anticapitalista. Além disso, retomando o lema "um mundo onde caibam muitos mundos", evidenciou que os povos indígenas possuem valiosos ensinamentos sobre como viver em harmonia com o que a sociedade ocidental chama de "natureza".

O zapatismo apresenta uma importante contribuição aos movimentos sociais antissistêmicos, ao combinar diversas escalas geográficas em sua luta constante. Como assinala Zibechi,[80] as lutas e resistências locais são importantes para refrear o capitalismo, mas para uma mudança radical de sistema é imprescindível uma aliança/coordenação com movimentos de todos os continentes. As reflexões de Baschet (2018, p. 215) vão ao encontro dessa afirmação, ao dizer que o zapatismo

> associa estreitamente estas três escalas espaciais — o enraizamento territorial concreto, o nacional e o planetário — de tal forma que nenhuma delas possa ser entendida fora de sua relação com as outras. E é a articulação entre essas três escalas que permite evitar os perigos que cada uma, considerada isoladamente, poderia

80 "Los (supuestos) límites del capitalismo", *La Jornada*, 19. nov. 2021.

implicar: o etnicismo essencialista e excludente, o nacionalismo intolerante e xenófobo (ambos tão afins à globalização fragmentada do capitalismo neoliberal) e o universalismo abstrato que termina negando as diferenças entre os seres humanos concretos.

Dessa forma, para os zapatistas, a escala internacional assume papel crucial no enfrentamento do sistema capitalista, responsável por mergulhar o planeta em uma crise devastadora. Apenas considerando a diversidade das experiências de vida e afastando-se de um universalismo homogeneizante é possível construir "um mundo onde caibam muitos mundos".[81] Segundo informações obtidas durante um trabalho de campo em Chiapas, o objetivo do EZLN é realizar a "travessia pela vida" nos cinco continentes, tecendo assim uma rede internacional de união e solidariedade anticapitalista.

3.6. Atuais desafios da autonomia zapatista

Na ocasião do vigésimo aniversário do levante do EZLN, o geógrafo David Harvey concedeu uma entrevista à revista *Carta Capital* na qual fez uma avaliação crítica do movimento zapatista e de suas repercussões políticas para a esquerda mundial.[82] Harvey destacou a singular combinação entre o "pensamento indígena" e as formas de organização política tipicamente ocidentais, que, junto à perspectiva autonômica de *diluição* do poder estatal, em oposição à tradicional tomada de poder de-

81 "O legado do zapatismo, 28 anos após o levante. Dossiê 'Por que zapatismo?'", *Cult*, n. 278, jan. 2022.
82 "Zapatismo foi um movimento indígena com características ocidentais", *Carta Capital*, jan. 2014.

fendida pelo marxismo-leninismo, abriu novas possibilidades às lutas sociais.

O geógrafo, entretanto, problematiza a estratégia do EZLN. Inicia pontuando a permanência interna de formas militares hierarquizadas, o que a princípio descaracterizaria os pressupostos autonômicos zapatistas. Em seguida, cita a questão da dependência de recursos externos que não os produzidos nos próprios territórios zapatistas. E finaliza afirmando a dificuldade de generalização da experiência zapatista a outros contextos históricos e geográficos, para além de Chiapas.

Retomo a análise de Harvey — agora no trigésimo aniversário do levante — como ponto de partida para uma reflexão sobre os limites e o potencial antissistêmico da autonomia zapatista. Iniciando pela questão militar, de fato, a existência de uma guerrilha ou exército acaba por se constituir uma importante contradição política e filosófica para um grupo político civil autonomista. No entanto, levando-se em consideração a conjuntura concreta de Chiapas, é possível afirmar que a existência desse braço armado insurgente foi imprescindível à existência dos territórios autônomos zapatistas. A longo prazo, isso permitiu pressionar o governo mexicano como nenhum outro movimento indígena havia conseguido. Além disso, também funcionou como um fator dissuasivo contra a atividade de grupos paramilitares e antizapatistas em Chiapas.

A prática demonstra que nenhuma autonomia rebelde sobrevive às pressões externas sem a construção simultânea de sua capacidade de autodefesa. A exceção só ocorre quando as forças heterônomas, incluindo o Estado, consideram a experiência irrelevante para o custo político e econômico de uma intervenção, seja por sua escala, seja por sua localização. Sobre esse ponto, Jérôme Baschet (2018, p. 95) afirma que a "autonomia, apesar de construir-se de maneira civil, continua sendo respaldada pela capacidade de autodefesa do EZLN [...]. Por isso, os zapatistas insistem em que construir e resistir são duas dimensões inseparáveis do processo de autonomia". Em contextos favoráveis, as medidas de autodefesa podem ser mais políticas; no entanto, diante da crescente violência de atores estatais e privados na América Latina, a escalada da radicalização se tornou um fato praticamente incontornável.

Sem sombra de dúvida, a principal transformação ocorrida em Chiapas na última década foi o aumento da violência, o que ampliou consideravelmente os desafios dos governos autônomos zapatistas. Pude testemunhar essa situação pessoalmente, em 2021, durante minha segunda viagem à região. Na época, a sensação era a de que Chiapas estava à beira de uma guerra civil. Quatro cartéis do narcotráfico passaram a atuar no estado (e junto ao Estado), disputando o controle da fronteira mexicana com a Guatemala: os cartéis de Sinaloa, de San Juan Chamula, Jalisco Nueva Generación e Los Zetas. Segundo fontes locais, esse avanço ocorreu a partir de 2020, durante a emergência sanitária causada pela pandemia de covid-19.

Coincidentemente, houve uma grande onda migratória de centro-americanos em direção aos Estados Unidos, o que levou o presidente López Obrador a enviar destacamentos da Guarda Nacional para Chiapas, ampliando consideravelmente a presença militar na região. Chamada de "pacificação", essa ação estatal foi estratégica para o avanço do programa de modernização conhecido como "4T", ou "Quarta Transformação". Entre os projetos da 4T se encontra o Tren Maya, uma linha ferroviária de 1.525 quilômetros que interconectará os estados de Chiapas, Tabasco, Campeche, Yucatán e Quintana Roo. Críticos apontam o caráter neoliberal do projeto, que beneficia principalmente o setor privado, trazendo inúmeros problemas fundiários para as comunidades indígenas, desde expropriações forçadas a conflitos intracomunitários.

Esse rearranjo de forças políticas e militares reverberou nas comunidades indígenas chiapanecas. Um grupo guerrilheiro intitulado Exército Revolucionário Indígena (ERI) surgiu nas

Fotografia 23 — Membros da autodefesa El Machete em evento de comemoração do primeiro aniversário do grupo. Pantelhó, Chiapas, 2022. Sipaz, Regeneración (reprodução)

montanhas de Ocosingo, em agosto de 2020, exigindo a retirada imediata da Guarda Nacional e do Exército mexicano do estado de Chiapas. O ERI se apresenta como força político-militar em autodefesa na região tzeltal-maia. O grupo é composto por camponeses indígenas, produtores de café, trabalhadores dos transportes, pequenos comerciantes, entre outros. O ERI anunciou que vai expulsar os programas sociais de López Obrador das comunidades indígenas e que o governo territorial se dará por meio do Conselho Plural e Étnico de Autogoverno Indígena, cuja atuação se pautará pelos usos e costumes indígenas. Caso contrário, afirmam, "o Exército Revolucionário Indígena tomará ações de guerra, porque não existe para nós propriedade federal, somente território indígena".[83]

Aproveitando-se dessa conjuntura conflitiva, grupos paramilitares — como a Organização Regional de Cafeicultores de Ocosingo (ORCAO) — começaram a intensificar seus ataques ao EZLN, invadindo terras, queimando plantações e realizando sequestros de bases de apoio zapatistas.[84] Em resposta, a comandância geral do EZLN emitiu um alerta vermelho a todos seus territórios em setembro de 2021, fechando as comunidades e fortalecendo seus mecanismos de defesa. No comunicado "Chiapas al borde de la guerra civil" [Chiapas à beira da guerra civil], o EZLN declara para a sociedade mexicana e internacional que o próximo ataque sofrido será imediatamente retaliado, não por meio de palavras, e sim por meio de atos (EZLN, 2021).[85]

Para complexificar ainda mais esse cenário político, comunidades indígenas não zapatistas se viram desamparadas em meio à intensificação dos conflitos armados, começando a organizar suas próprias autodefesas autônomas. Em 2021, ao menos quatro

83 "Se autoproclama grupo guerrillero en las montañas de Ocosingo, Chiapas", *El Universal*, 17 ago. 2020.

84 "La larga historia de violencia paramilitar e impunidad de la ORCAO", *Radio Zapatista*, 15 set. 2021.

85 "Chiapas al borde de la guerra civil", *Enlace Zapatista*, 19 set. 2021.

grupos indígenas armados nasceram em Chiapas. O primeiro deles se chama El Machete[86] e surgiu em junho de 2021, na cidade de Pantelhó, formado por 83 comunidades indígenas.[87] Conforme o grupo, organizaram-se como autodefesa para expulsar da cidade a facção criminosa conhecida como Los Herrera, que semeava o terror na população. Esse grupo se dedica ao narcotráfico e possuía, na ocasião, aliados na prefeitura local. O levante do movimento El Machete conseguiu destituir o prefeito e seu vice, instalando um Conselho Municipal.[88]

Em outubro de 2021, um segundo grupo armado surgiu em Simojovel, autodenominado Forças Armadas de Simojovel.[89] Eles afirmam não ter filiação com nenhum partido político e se organizam como autodefesa para combater a facção local El Diablo, que se dedica ao narcotráfico e protege políticos locais, muitas vezes por meio do assassinato de oponentes políticos. O grupo também declarou apoio ao movimento El Machete e prometeu tolerância zero com o tráfico de drogas e bares clandestinos que operam nos bairros da cidade.[90]

Quase de forma paralela, um terceiro grupo armado surgiu no município de Altamirano,[91] formado por indígenas tzeltal e tojolabal. O grupo se opôs à família de Pinto Kanter, político

86 "Presentación del grupo de autodefensa 'El Machete' en Chiapas | Todo Personal" [vídeo], 20 jul. 2021. Disponível em: https://youtu.be/RKpExWXb58I.

87 "México: grupo de autodefensa 'El Machete' se presenta en Chiapas", *DW*, 19 jul. 2021. México.

88 "El Machete, contra la saga criminal de los Herrera", *Proceso*, 28. jul. 2021.

89 "Fuerza Armada de Simojovel, nuevo grupo de autodefensas em #Chiapas" [vídeo], 5 out. 2021. Disponível em: https://www.youtube.com/watch?v=QdTPohGoEFI.

90 "Surge nuevo grupo armado en Chiapas; se hace llamar 'Fuerzas Armadas de Simojovel'", *El Universal*, 3 out. 2021.

91 "Altamirano, Chiapas. Grupo de autodefensas" [vídeo], 8 out. 2021. Disponível em: https://youtu.be/tzAPSHw2LDQ.

que controla a prefeitura desde 2002 e está vinculado a esquemas de corrupção. Em declaração em vídeo, a autodefesa afirma:

> Saudações do grupo de autodefesa, que ficará sem nome, não porque não o tenha, mas em respeito aos irmãos do EZLN. O que nos interessa dizer a vocês, aqui no município de Altamirano, Chiapas, é que temos visto como os ricos se protegem entre si, como os políticos se protegem entre si, não importa as cores que tenham. Querem nos enganar dizendo que, porque mudaram de cores, são novos, mas o que nunca muda é sua indiferença em relação a nós, indígenas tzeltal e tojolabal.[92]

Por fim, um quarto grupo armado, chamado Autodefesa do Município de Chenalhó,[93] surgiu também em outubro de 2021. Esse grupo difere dos outros por ter emergido de um conflito territorial antigo, que já resultou em mortes, feridos e expulsões. O grupo alega estar cansado das agressões dos habitantes do município vizinho de Aldama, enquanto os moradores de Aldama também relatam ataques de Chenalhó.[94] Todo esse contexto de violência tem levado ao aumento da migração de indígenas chiapanecos para os Estados Unidos, especialmente entre os jovens que não possuem terras suficientes ou não enxergam perspectivas locais. Unir as comunidades em torno do seu projeto político, que já existe há trinta anos, torna-se assim um desafio para os zapatistas.

Harvey destaca como um "problema" adicional a necessidade do EZLN de obter recursos externos. O geógrafo acerta ao identificar esse limite conjuntural no projeto zapatista, mas

92 "Pobladores de Altamirano recurren a autodefensas armadas para sacudirse cacicazgos", *Chiapas Paralelo*, 8 out. 2021.
93 "En Chenalhó, Chiapas, surge nuevo grupo de autodefensas" [vídeo], 12 out. 2021. Disponível em: https://youtu.be/Ck8mvjnSw8Q.
94 "En Chenalhó, Chiapas, surge nuevo grupo de autodefensas", *Milenio*, 11 out. 2021.

não pelo fato da existência dessa necessidade em si, pois, como vimos, autonomia não significa "autossuficiência". A questão é que a renda da terra não é suficiente para sustentar a aquisição de bens e insumos necessários ao aprofundamento da autonomia. As instituições zapatistas de saúde e educação precisam de recursos produzidos fora dos territórios autônomos, como uma simples seringa, uma máquina de raios X, um caderno ou um computador. Isso ocorre porque há uma considerável diferença entre o valor agregado a essas mercadorias e aquele agregado aos bens primários, como café ou milho, produzidos nas terras coletivas e aportados em forma de *colaboración* às instituições autônomas. No entanto, os zapatistas estão dando importantes passos para mitigar esse "gargalo econômico", como a criação do Banco Popular Autônomo Zapatista (Banpaz) e do Banco Autônomo de Mulheres Zapatistas (Banamaz).

Uma pergunta válida é: será possível que uma estrutura econômica baseada nas relações tradicionais de compra e venda, ou seja, na utilização do dinheiro como forma de mediação entre mercadorias, possa garantir essa nova forma de se fazer política? Segundo o filósofo Anselm Jappe, isso é improvável, pois, para ele, o destino da política é determinado pela trajetória histórica da economia:

> enquanto continuarem a existir a economia da mercadoria e do dinheiro, também a mais radical autogestão, mesmo que realmente livre de toda deformação burocrática, obedecerá às mesmas lógicas às quais se deve conformar qualquer sujeito econômico [...]. A maior liberdade na esfera política e a mais radical "democracia" são vazias quando não podem aportar outra coisa além da execução das leis cegas do automovimento da economia. (Jappe, 1997, n.p.)

Ao realizar meu trabalho de campo, pude observar que a circulação de papel-moeda dentro das comunidades autônomas era limitada ao mínimo necessário, sendo comuns sistemas de ajuda mútua e a realização de trocas de objetos e alimentos. Essas relações de reciprocidade, que contornam o uso do dinheiro, são sem dúvida uma grande potencialidade da autonomia zapatista na ruptura com o sistema capitalista.

No caso das relações externas, o dinheiro ainda é inevitável, uma vez que a renda obtida pelos projetos produtivos é a principal fonte de recursos para as comunidades. Novamente, a aliança com outros grupos e movimentos autonomistas parece indicar um caminho. Isso ocorre porque, quanto mais redes solidárias forem efetivadas, dentro e fora do México, mais os mecanismos alternativos de produção e troca poderão ser desenvolvidos. De fato, quando afirmam que "*no podemos solos*" [sozinhos não conseguimos], os próprios zapatistas reconhecem publicamente a necessidade política da formação e da manutenção dessas alianças. Exemplos disso são os diversos encontros promovidos pelo EZLN em seu território, ou ainda a iniciativa mais recente de se dirigir a outros territórios, através da campanha "Travessia pela Vida".

A instauração de um projeto autonômico do porte zapatista se depara ainda com outras complexidades, talvez secundárias perante as já citadas, mas não menos importantes. Posso citar aqui as questões envolvendo seu sistema educativo. Ao não ser reconhecido pelo Estado, um zapatista que tenha estudado nas escolas autônomas e queira, porventura, cursar uma faculdade, não poderá fazê-lo ao menos que curse um supletivo em uma instituição estatal. Essa é a forma de o Estado pressionar a dissolução do sistema educativo autônomo zapatista, que, entre outros objetivos, possui a função de manter a luta zapatista viva e em movimento.

A construção da autonomia não possui, assim, uma conclusão, nunca podendo ser considerada uma experiência definitiva ou acabada, por mais duradoura que seja. Dessa maneira, a autonomia é sempre um processo contínuo, simultaneamente um "meio e um fim". Uma metáfora útil para compreendermos essa afirmação é que a autonomia — assim como conceitos abstratos como a justiça, por exemplo — nunca terá uma existência completamente positiva e concreta, servindo sempre como um "horizonte de ação". Portanto, a autonomia se torna um objetivo de autodeterminação que dá fôlego e sentido à existência das comunidades indígenas zapatistas, um lugar para se chegar, mas também o próprio caminho construído.

Por fim, ainda considerando as críticas de Harvey, fica evidente a particularidade social, histórica e geográfica da experiência zapatista. Isso foi inclusive enfatizado pelo subcomandante Galeano, em nome de toda a organização, como um elemento de advertência.

> Dizem que diversos movimentos, tanto do México como de outras partes do mundo, viram o zapatismo como um exemplo de luta e que alguns, inclusive, adotaram os princípios zapatistas para construir as suas próprias resistências. Mas nós dizemos aos que seguem nosso exemplo que não o sigam. Acreditamos que cada um tem que construir a própria experiência, e não repetir modelos. Nesse sentido, o zapatismo oferece um espelho. Mas um espelho não é você, só ajuda a ver como você se vê, a pentear o cabelo dessa forma, a se arrumar. Então, vejam em nossos erros e em nossos acertos — se é que existem — as coisas que lhes possam servir para construir seus próprios processos, mas não se trata de exportar o zapatismo, ou de importá-lo. Pensamos que as pessoas têm a coragem e a sabedoria suficientes para construir o próprio processo e o próprio movimento, porque têm uma história própria. Isso não apenas deve ser saudado, como propiciado. (Subcomandante Galeano *apud* Ramírez, 2003, p. 289-90)

A declaração do subcomandante Galeano ecoa com clareza: o processo de autonomia em resistência dos zapatistas é singular na história. É, portanto, responsabilidade dos movimentos e das resistências tecer suas lutas de forma autônoma, a partir de cada situação concreta, como os próprios zapatistas teceram e continuam tecendo ao caminhar-perguntando. Para os povos indígenas, esse caminho passa inevitavelmente pela auto-organização política e pelo fortalecimento territorial. Os zapatistas já iniciaram sua travessia, da qual, segundo eles, "já se contempla o horizonte".

CONSIDERAÇÕES FINAIS

A colonização e a posterior consolidação dos Estados-nação na América Latina implicaram, em termos espaciais, um processo de conquista, extermínio e desterritorialização de milhões de indígenas que habitavam os territórios nacionais atuais. Para legitimar essas ações de subjugação, as classes no poder recorreram — e ainda recorrem — a diversos mecanismos ideológicos, tais como teologia, racismo, evolucionismo, nacionalismo, essencialismo, multiculturalismo e, mais recentemente, a meritocracia. Ao contrário do que se imagina, o processo colonial não foi uma fase já superada do capitalismo; continua sendo uma das suas principais formas de acumulação, seguindo o que se convencionou chamar de "via colonial" de desenvolvimento capitalista (Moraes, 2011).

Em 1994, no contexto de reformas estruturais neoliberais no México, a organização político-militar Exército Zapatista de Libertação Nacional (EZLN) iniciou uma guerra contra o Estado mexicano. O objetivo do movimento era pressionar o governo priista de Salinas de Gortari a solucionar a histórica espoliação e o submetimento dos povos indígenas no país. Com o decorrer das negociações pela paz, os zapatistas passaram a exigir o reconhecimento legal de regimes autonômicos indígenas. Essa autonomia não está relacionada a ideias secessionistas ou a estratégias visando à tomada do controle estatal. Pelo contrário, busca-se com isso a descentralização do poder político em favor de uma "democracia territorializada", que leve em conta as particularidades identitárias dos diversos grupos étnicos que compõem a sociedade mexicana. Esse objetivo explica o empenho político dos zapatistas em obter o reconhecimento constitucional de um regime jurídico de autonomia no México.

Após o fracasso das negociações dos Acordos de San Andrés (1996), o EZLN decidiu aprofundar os processos autonômicos que estavam desenvolvendo em suas comunidades ao menos desde o final de 1994. Dessa forma, os zapatistas resolveram definitivamente desconhecer a legitimidade das instituições estatais dentro de seus territórios. Mediante um contínuo processo de construção coletiva, passaram a autogerir "instituições autônomas zapatistas". Essa estratégia singular, denominada neste livro de "autonomia em resistência", continua viva após trinta anos de existência, inspirando outros movimentos sociais a discutir a autonomia como estratégia alternativa na relação com o Estado-nação.

Destaca-se como fator decisivo do êxito político zapatista a apropriação bastante efetiva de modernos meios de comunicação, em especial a internet. Isso possibilitou uma rápida e eficaz difusão de comunicados, mobilizando uma rede internacional de apoio e solidariedade. O uso de uma comunicação não convencional às organizações político-militares, com símbolos e metáforas indígenas, além de uma linguagem que dialoga com a cultura popular mexicana, potencializou ainda mais o apelo zapatista à sociedade civil. Sempre com rostos cobertos com *paliacates* — um lenço muito popular em Chiapas, utilizado para proteger-se do sol durante a jornada no campo —, os zapatistas passaram a simbolizar a horizontalidade buscada em seu projeto autonômico. Dessa forma, conseguiram criar uma identidade visual e discursiva própria, o que contribuiu imensamente para sua mobilização e seu sucesso político.

Partindo-se de uma perspectiva *a posteriori*, é possível mencionar ao menos quatro avanços políticos obtidos pelo EZLN nas últimas três décadas. Em primeiro lugar, eles questionaram o estereótipo mestiço como referência identitária do projeto nacional mexicano. Isso reafirmou a existência contemporânea de diversas identidades e diversos grupos étnicos no país, todos com suas particularidades históricas, sociais, econômicas, políticas e culturais. Como já mencionado, o número de mexicanos que se autoidentificam como indígenas é crescente, e equivale atualmente a um quinto da população.

Esse processo de expansão é observado em toda a América Latina, onde a população que se autoidentifica como indígena já chega a quase cinquenta milhões de pessoas, de acordo com dados da Cepal. Tais mudanças refletem não só um crescimento demográfico, mas também a ampliação da consciência das pessoas sobre sua identidade, apesar dos esforços homogeneizantes do Estado-nação. Esse processo é particularmente significativo no México, e o debate nacional iniciado pelo EZLN sobre a importância do posicionamento político das sociedades indígenas no projeto nacional mexicano foi fundamental para essa conquista.

Na esteira disso, observamos um segundo avanço, que foi o de demonstrar o fracasso definitivo do paradigma assimilacionista, no contexto da formação nacional mexicana. Isso significou nada menos que a deslegitimação das políticas que foram correntes em boa parte do século XX, as quais, de formas variadas, sempre buscavam "desindianizar" os indígenas para transformá-los em camponeses mestiços. Com isso, teorias culturais hegemônicas que postulavam o inevitável fim dessas populações diante dos processos de modernização capitalista e de globalização foram invalidadas. Embora os zapatistas sejam mais um reflexo do que propriamente a força motriz desse processo, tiveram o mérito de evidenciar que as sociedades indígenas latino-americanas estavam vivas e ativas e, o mais significativo, que estavam empenhadas em continuar mantendo suas identidades.

Em terceiro lugar, o EZLN questionou a ideologia que categorizava as populações indígenas como politicamente incapazes e, portanto, dependentes da tutela estatal. Tal percepção possibilitava a ação permanente de "representantes", incluindo indigenistas estatais, vanguardas revolucionárias, igrejas, acadêmicos ou organizações não governamentais. Não poucas vezes esses grupos agiam em benefício próprio, sem sequer consultar as necessidades dos grupos representados, tornando-os assim meros objetos de interesse. Essa crítica é fundamental, já que no caso do EZLN as comunidades indígenas voltaram a ser as protagonistas da luta indígena. Por meio do ideal de *autonomia* — "ser governado por suas próprias regras e poderes, opondo-se assim a qualquer dependência ou subordinação heterônoma"[95] —, os zapatistas passaram a se organizar, a discutir problemas, exercer a autocrítica, elaborar estratégias e construir soluções. Isso fomentou um alto nível de organização política, organicamente endógena, na qual os interesses das comunidades indígenas ganharam destaque e independência diante de outras forças políticas e sociais.

Como quarto avanço, é possível destacar a resistência das comunidades indígenas aos processos de despossessão territorial, intensificados pelas políticas neoliberais. Como salientado ao longo deste livro, esse período foi marcado pela crescente e intensa exploração econômica sobre os territórios e recursos indígenas no México. As reformas introduzidas no início dos anos 1990 encerraram o ciclo redistributivista agrário, iniciado na Revolução Mexicana, e liberalizaram a terra no país, flexibilizando os mecanismos para sua exploração econômica. Essa medida favoreceu a especulação de grandes áreas ricas em recursos, como no caso da mineração, que atualmente abrange cerca de 28% de todo o território mexicano, cuja exploração se dá majoritariamente por empresas canadenses. Muitas dessas concessões de mineração foram estabelecidas em áreas de uso comum indígenas, fundamentais para a subsistência dessas comunidades.

95 "Reflexionando sobre la autonomía", *San Pancho TV*, 9 ago. 2020.

Nesse sentido, a estratégia territorial autonômica do EZLN foi eficaz em frear a despossessão, inclusive recuperando parte dos territórios anteriormente espoliados, garantindo assim a reprodução social das comunidades indígenas no presente e no futuro. Essa estratégia também vem sendo eficaz para embargar megaprojetos de infraestrutura, que trariam imensos impactos negativos aos territórios indígenas, como os vinculados à Quarta Transformação (4T), de López Obrador.

O movimento zapatista tem reforçado a ideia de que a autodeterminação está diretamente ligada ao controle dos povos indígenas sobre seus territórios. Apenas quando se tem uma base territorial estável e segura é possível desenvolver plenamente a autodeterminação. Isso envolve não só o controle dos recursos naturais, mas também maior poder sobre as relações socioterritoriais, incluindo aspectos de produção, educação, justiça, saúde, alimentação, segurança etc. Cada uma dessas esferas autonômicas apresenta um vasto e complexo campo de possibilidades emancipatórias e anticoloniais. A educação autônoma, por exemplo, é fundamental para os povos indígenas, já que oferece a possibilidade de desconstruir as práticas coloniais no interior dos territórios de forma consistente, algo que já se demonstra nas novas gerações zapatistas.

De tal sorte, a práxis política zapatista materializada em seus territórios contribui para a abertura de férteis espaços de autonomia, possibilitando a construção de novas relações sociais nas mais variadas dimensões da vida cotidiana. A partir de uma crítica que esclarece os limites do sistema partidário mexicano e as contradições da democracia representativa para com as sociedades indígenas — perspectiva comum a outros países latino-americanos —, o EZLN passou a territorializar o exercício do poder político. Fortaleceu assim a democracia direta, o acesso e permanência na terra, o poder sobre os territórios, e potencializou seus mecanismos de autodeterminação.

Apesar desses avanços notáveis, a estratégia zapatista também apresenta limitações, especialmente do ponto de vista econômico. A base produtiva existente nas comunidades complexifica o financiamento das instituições autônomas, o que por sua vez limita a capacidade de se manterem independentes de apoios externos, sobretudo da sociedade civil. Diante desse cenário, a renda gerada pelos projetos produtivos, principal fonte de recursos, geralmente não é capaz de custear adequadamente o funcionamento e a manutenção das instituições autônomas. Para superar essa limitação, seria necessário criar uma base produtiva com maior valor agregado e ampliar as redes de distribuição, acessando circuitos alternativos de comércio justo, por exemplo. Com isso, a renda média das comunidades poderia aumentar, permitindo que elas fortaleçam o autogoverno zapatista de forma independente do Estado. O esforço do EZLN em ampliar sua rede de solidariedade aponta esse caminho.

Problemas teóricos emergem diante dessa estratégia. Embora as relações de produção zapatistas não sejam capitalistas — o trabalho comunitário indígena conhecido como *tequio* não é remunerado, e as terras são coletivizadas, portanto não existe propriedade privada —, é possível questionar até que ponto uma economia baseada na forma-mercadoria pode garantir uma maior autonomia política. Qual seria o limite dessa autonomia, dada a dependência de um circuito econômico externo, portanto capitalista? Por esse ângulo, ainda que resguardados os territórios dos violentos processos de despossessão, até que ponto a autonomia, entendida no contexto singular zapatista, pode jogar a favor de interesses neoliberais, especialmente aqueles que eximem o Estado de responsabilidades sociais? Experiências de autonomia como a de Cherán (Michoacán), embora menos radicais, indicariam um caminho alternativo? Essas são questões difíceis de ser alcançadas, em especial pelas inegáveis conquistas que a organização autônoma trouxe às comunidades zapatistas. Apesar do esforço empírico e teórico empreendido no presente livro, esses pontos permaneceram sem respostas satisfatórias, de forma que novas pesquisas podem aprofundar essa perspectiva crítica.

Além disso, em meio a um contexto complexo de falta de terras, ondas migratórias e alta conflitividade, o EZLN enfrenta desafios para manter a unidade política. A organização busca consolidar-se em meio a um tecido social heterogêneo e violento, onde competem diversas forças e visões de mundo, muitas vezes refratárias à autonomia. Isso inclui não só grupos que acreditam em uma aliança com o governo, ou cartéis do narcotráfico cada vez mais capilarizados no tecido social de Chiapas, mas também aquelas forças políticas que atuam de maneira mais sutil. Cito, por exemplo, ataques às comunidades zapatistas por convicções religiosas, no contexto de um crescente número de indígenas evangélicos na região. A ideologia do esforço individual pode fomentar o desmantelamento de práticas colaborativas não remuneradas, que são a base da autonomia zapatista. Destarte, um projeto individualista, politicamente conservador e economicamente liberal, compete, atualmente, com um projeto que privilegia relações comunitárias mais horizontalizadas e equitativas.

Muitas vezes essas perspectivas "antiautonomistas" desbordam em atos de perseguição e violência concreta. São comuns, assim, intentos de destruição de instituições autônomas e de cultivos e a expulsão de famílias zapatistas de suas terras. Destarte, o EZLN se depara não só com problemas econômicos, mas também políticos, culturais e (para)militares. Contudo, como os zapatistas afirmam com muita razão, esses problemas não foram nem serão tratados por uma "vanguarda revolucionária", ou ainda pela ação de um caridoso partido; deverão necessariamente ser resolvidos pelas próprias comunidades indígenas organizadas. O EZLN evidencia assim a importância contemporânea da adoção de políticas pré-figurativas, isto é, o espelhamento das mudanças almejadas nos modos de organização realizados no presente, no contexto cotidiano, com os meios e os recursos disponíveis no momento.

Cabe por fim destacar a singularidade da "autonomia em resistência", uma estratégia política tomada na conjuntura particular de Chiapas, fruto das diferentes e dinâmicas forças políticas, econômicas e militares regionais. Por tais razões, como busquei salientar ao longo do texto, essa experiência não é um "modelo" automaticamente replicável, fato inclusive reiterado pelos próprios zapatistas.

Isso não impede, entretanto, a apropriação de "estratégias autonomizantes" por parte de outros movimentos. Por esse ponto de vista, a organização zapatista não se restringe a Chiapas, tampouco às populações indígenas, mas pode ser construída em distintos espaços, sempre considerando a singularidade dos territórios e da história local. À luz desse pensamento, o EZLN vem buscando cada vez mais ampliar a escala geográfica de sua atuação, conectando-se com organizações autonomistas de diversos outros lugares. Esse esforço por criar um território-rede sempre mais extenso e plural me parece uma estratégia fundamental para confrontarmos os desafios neoliberais do capitalismo contemporâneo. Nas palavras do subcomandante Galeano, "a luta é como um círculo, pode começar em qualquer ponto, mas não termina nunca".

POSFÁCIO

Como já mencionado, o zapatismo ensina que "a luta é como um círculo, pode começar em qualquer ponto, mas não termina nunca". Embora se pareçam, um círculo não é um ponto, e muito menos um ponto final. A luta é infinita, pois está em *movimento*. Os indígenas zapatistas compreendem isso melhor que ninguém. Uma das teses centrais deste livro é precisamente esta: o EZLN se mantém em atividade por mais de quarenta anos devido à sua notável capacidade de transformação, conjugando memória histórica com uma visão de futuro. Junto a esse caminhar, é claro, há muitas e muitas *perguntas*. Procurei capturar esse processo, por exemplo, ao refletir sobre as mudanças observadas no zapatismo e em Chiapas nos últimos dez anos, período que separa os trabalhos de campo que fundamentam a pesquisa do livro.

Mas, como diria o poeta, "a realidade é sempre mais ou menos do que nós queremos". Na primavera de 2023, justamente quando o levante armado se aproximava do seu trigésimo aniversário e esta edição estava pronta para ser impressa, os zapatistas emitiram uma série de comunicados. Eles efetuaram uma leitura realista da conjuntura política contemporânea e anunciaram o início de uma *nova etapa* do movimento. Dentre várias iniciativas, informaram a morte do subcomandante Galeano, além da dissolução dos Municípios Autônomos (Marez) e das Juntas de Bom Governo (JBG), vigentes desde 2003.

Surpreendente? Sim, é o zapatismo sendo zapatista. Este posfácio busca, de maneira muito sintetizada, e no calor do momento, apresentar essas transformações.

A “grande tempestade”

As declarações destacam a escalada de violência em Chiapas, uma das facetas da “grande tempestade” que os zapatistas vêm anunciando há mais de uma década. Eles ressaltam que a Hidra capitalista continua implacável em sua destruição global, comprometendo não só o presente mas principalmente o futuro das próximas gerações. Há um claro entendimento de que a situação irá piorar com a emergência climática e a crise do capital, que desencadearão ou intensificarão diversas outras crises sociais. Nesse contexto, os zapatistas afirmam que sua luta não é apenas pela memória dos que se foram; é uma luta pelos que ainda estão por nascer, pois “ser livre também é ser responsável por essa liberdade”. É nesse espírito que o subcomandante Moisés afirma, sintetizando, que a vocação zapatista é ser uma “boa semente”.

Em reflexões amadurecidas silenciosamente ao longo dos últimos anos, os zapatistas identificaram problemas na estrutura de governança dos territórios autônomos. Entenderam que não era suficiente perante os desafios da tempestade que já se sente. Utilizando a metáfora de uma pirâmide, eles nos explicam que as autoridades autônomas — por mais que fossem rotativas e pautadas no “mandar obedecendo” — passaram a concentrar poder, afastando-se paulatinamente das comunidades:

> Devido à pirâmide, muitas informações são cortadas, assim como orientações, sugestões, apoios e ideias que são explicadas pelos companheiros e companheiras do CCRI [Comitê Clandestino Revolucionário Indígena]. A Junta de Bom Governo não transmite integralmente, e o mesmo ocorre quando são explicadas às Autoridades dos Municípios Autônomos Rebeldes Zapatistas. O padrão se repete quando os Marez informam as assembleias de autoridades das comunidades e, por fim, o mesmo acontece com as autoridades das comunidades quando explicam a cada povo.

> Há muitos cortes de informação, interpretações ou acréscimos que não estavam presentes na forma original.[96]

Ou seja, os zapatistas observaram que a estrutura dos governos autônomos estava, muito sutilmente, operando de maneira verticalizada. Eles apontam que essa verticalização pode funcionar para o braço militar do EZLN, que, como qualquer exército, deve cumprir ordens, mas não para a população zapatista civil, que tem por princípio a autonomia. Compreenderam assim que, para enfrentar as crises e ameaças da grande tempestade, deveriam se preparar ainda mais e melhor. Nesse sentido, afirmam que os Marez e as JBG foram uma importante "escola de autonomia prática", isto é, um processo de "auto alfabetização política" que durou vinte anos, mas que já não era suficiente: "Em resumo, te digo que os Marez e JBG serviram para que aprendêssemos que a teoria sem prática é pura conversa. E que a prática sem teoria é como andar às cegas. E como o que começamos a fazer não tem teoria, ou seja, não existe um manual ou um livro, então também tivemos que criar nossa própria teoria. Aos trancos e barrancos, fizemos a teoria e a prática".[97]

Nas novas declarações, os zapatistas afirmam que é necessário autocrítica e originalidade para enfrentar a tempestade. "Esse foi o recado para as geografias do mundo inteiro: não jogue com as regras do seu inimigo, crie suas próprias regras", afirmou o subcomandante Galeano antes de se transformar em "El Capitán". Nesse cenário de desafios aparentemente insuperáveis, eles apontam que não resta solução a não ser tentar abrir uma nova "fissura" (*grieta*) no modo de produção capitalista, a partir de um novo caminho. Esse caminho deve ser buscado "em comum", ou seja, coletivamente. Para isso, conforme detalhado

96 "Décima Parte: acerca de las Pirámides y sus usos y costumbres", *Enlace Zapatista*, 14 nov. 2023.
97 *Idem*.

Esquema 3 — Nova estrutura político--administrativa dos governos autônomos zapatistas. Fonte: Enlace Zapatista.

pelo subcomandante Moisés, a estrutura da pirâmide deve ser invertida, posicionando-se a escala local no topo do projeto autonômico zapatista.

No documento "Novena Parte: La Nueva Estructura de la Autonomía Zapatista" [Parte nove: a nova estrutura da autonomia zapatista], divulgado em novembro de 2023, foi anunciada a dissolução dos Marez e das JBG, marcando a transição para uma nova estrutura político-administrativa, caracterizada por uma maior descentralização. Essa nova organização se estrutura em três níveis: os Governos Autônomos Locais (GAL), os Coletivos de Governos Autônomos Zapatistas (CGAZ) e as Assembleias de Coletivos de Governos Autônomos Zapatistas (ACGAZ), conforme o esquema apresentado pelo próprio EZLN.

Na prática, a centralidade da autonomia foi deslocada das JBG e dos Marez para os povoados e comunidades locais. Criaram-se assim os GAL, que não apenas se tornam o centro de gravidade da estrutura autonômica, mas também orientam o funcionamento dos demais níveis. Os GAL são coordenados pelos agentes e comissários autônomos, que atuam sob supervisão direta das assembleias comunitárias. Cada GAL gerencia de forma independente os recursos organizacionais comunitários, como escolas e clínicas, além de administrar as relações com comunidades vizinhas não zapatistas. "Então, se antes havia algumas dezenas de Marez, ou seja, Municípios Autônomos Rebeldes Zapatistas, agora há milhares de GAL zapatistas", afirma a declaração.[98]

Quando necessário, vários GAL se reúnem em CGAZ para discutir e decidir sobre questões de interesse comum. Durante essas reuniões, propostas são apresentadas, debatidas e aprovadas ou rejeitadas nas áreas da saúde, educação, agroecologia, justiça, comércio etc. No CGAZ, os coordenadores de cada uma dessas áreas, apesar de não serem considerados autoridades, desem-

98 "Novena parte: la nueva estructura de la autonomía zapatista", *Enlace Zapatista*, 12 nov. 2023.

penham um papel crucial: são encarregados de garantir que as tarefas solicitadas pelos GAL sejam efetivamente realizadas. Além disso, cada região ou CGAZ tem seus "diretores", que são responsáveis por convocar assembleias em caso de problemas urgentes que afetem as comunidades. "Ou seja, onde antes havia doze Juntas de Bom Governo, agora haverá centenas", explica o comunicado.

Por sua vez, as ACGAZ, funcionando nas antigas "zonas", não detêm autoridade própria, dependendo dos CGAZ, que por sua vez são influenciados pelos GAL. As ACGAZ são encarregadas de organizar e liderar reuniões de zona a pedido dos GAL e CGAZ, articulando demandas relacionadas aos outros níveis. Com sede nos caracóis, elas têm a flexibilidade de se mover conforme as necessidades das comunidades e regiões, atuando com maior dinamismo.

Tanto as zonas (ACGAZ) quanto as regiões (CGAZ) são geridas pelas comunidades e devem prestar contas a elas, buscando maneiras de atender às necessidades locais em áreas como saúde, educação, justiça e alimentação, além de responder às emergências causadas por desastres naturais, pandemias, crimes, invasões, guerras e outros problemas decorrentes do sistema capitalista. Conforme os zapatistas, essa descentralização irá favorecer a capacidade das comunidades de resistir à tempestade: "Reorganizamos a estrutura e disposição do EZLN de modo a aumentar a defesa e a segurança das comunidades e da mãe terra em caso de agressões, ataques, epidemias, invasão de empresas predatórias da natureza, ocupações militares parciais ou totais, catástrofes naturais e guerras nucleares. Preparamo-nos para que nossos povos sobrevivam, mesmo isolados uns dos outros".[99]

Essas foram as principais mudanças nos territórios autônomos até o fechamento deste livro. Com certeza mais coisas

99 "Novena parte: la nueva estructura de la autonomía zapatista", *Enlace Zapatista*, 12 nov. 2023.

virão nessa próxima etapa. Seja como for, o EZLN permanece fiel a seu projeto político autonômico, mantendo com vigor sua capacidade de se reinventar a partir da lógica do "caminhar-perguntando". Como já nos ensinara Viejo Antonio, quando os zapatistas se sentem perdidos, olham para trás. Mas não para encontrar o caminho, pois ele talvez ainda nem exista. Olham para tentar ver onde queriam chegar, e o que aconteceu para se encontrarem ali, onde estão.

Fábio M. Alkmin
Trópico de Capricórnio, setembro de 2024

REFERÊNCIAS

ABBAGNANO, Nicola. *Dicionário de filosofia*. 4. ed. São Paulo: Martins Fontes, 2000.

AGUIRRE ROJAS, Carlos A. *et al. Chiapas en perspectiva histórica*. Barcelona: El Viejo Topo, 2002.

AGUIRRE ROJAS, Carlos A. *Mandar obedeciendo: las lecciones políticas del neozapatismo mexicano*. México: Contrahistorias y Centro, 2008.

ALKMIN, Fábio M. "The Legislature and the Anti-Indigenous Offensive in Brazil: An Analysis of the Proposals in the Brazilian Congress Concerning Indigenous Lands (1989-2021)", *Criminological Encounters*, v. 5, p. 70-89, 2022.

ALLIES, Paul. *L'Invention du territoire*. Grenoble: Presses Universitaires de Grenoble, 1980.

ALTMANN, Werner. *A trajetória contemporânea do México*. São Paulo: Editora Pensieri, 1992.

ANDERSON, Benedict. *Comunidades imaginadas: reflexões sobre a origem e a difusão do nacionalismo*. Trad. Denise Bottman. São Paulo: Companhia das Letras, 2008.

ANDERSON, James. *Geografia e ideologia (seleção de textos I)*. São Paulo: Associação de Geógrafos Brasileiros, 1978.

AUBRY, Andrés. *Chiapas a contrapelo: una agenda de trabajo para su historia en perspectiva sistémica*. México: Editorial Contrahistorias/ Centro Immanuel Wallerstein, 2005.

ÁVILA, Sergio G. "La explotación indígena en la época colonial", *La Voz de Michoacán*, n. 12, 195, a. XXXIX, 20 jan. 1987.

BÁRCENAS, Francisco López. *Las autonomías indígenas en América Latina*. Colección Derechos Indígenas. México: Mc Editores/ Centro de Orientación y Asesoría a Pueblos Indígenas AC, 2008.

BÁRCENAS, Francisco López. "Autonomías indígenas en América Latina". *In*: ADAMOVSKY, E. *et al. Pensar las autonomías*. Cidade do México: Bajo Tierra/ Sísifo, 2011, p. 67-102.

BASCHET, Jérôme. *¡Rebeldía, resistencia y autonomía! La experiencia zapatista*. Cidade do México: Ediciones Eón, 2018.

BATALLA, Guillermo Bonfil. *Identidad y pluralismo cultural en América Latina*. Buenos Aires: CEHASS, 1992.

BATALLA, Guillermo Bonfil. "El concepto de indio en América: una categoría de la situación colonial". *In*: GÜEMES, Lina Odena (org.). *Obras escogidas de Guillermo Bonfil*, tomo I, *Obra publicada*. Cidade do México: INI-INAH-DGCP-CONACULTA-FIFONAFE/ SRA-CIESAS, 1995 [1972], p. 337-57.

BATALLA, Guillermo Bonfil. *México profundo: una civilización negada*. Cidade do México: Conaculta, 2001 [1987].

BELLANI, Orseta. *Indios sin rey: conversaciones con zapatistas sobre autonomia y resistencia*. Cidade do México: Editora Descontrol, 2019.

BENGOA, José. *La emergencia indígena en América Latina*. 2. ed. Santiago: Fondo de Cultura Económica, 2007.

BENJAMIN, Walter. *Obras escolbidas*, v. 1, *Magia e técnica, arte e política. Ensaios sobre literatura e história da cultura*. Trad. Sérgio Paulo Rouanet. São Paulo: Brasiliense, 1987 [1940].

BERLANGA, Héctor. "Saldos de las reformas de 1992 al artículo 27 Constitucional", *Estudios Agrarios*, n 38, p. 131-150, 2008.

BEY, Hakin. "Superando o turismo", *Revista Carbono*, n. 8, 2014. Disponível em: http://revistacarbono.com/artigos/08-hakimbey-michaelhughes/.

BITTENCOURT, Maurício P.H. *Diálogo parcial: uma análise da cobertura da imprensa para a questão indígena brasileira* (dissertação de mestrado). São Paulo: Escola de Comunicações e Artes, Universidade de São Paulo, 2004.

BOCCARA, Guillaume & AYALA, Patricia. "La nacionalización del indígena en tiempos de multiculturalismo neoliberal", *The Journal of the International Association of Inter-american Studies*, v. 4, n. 2, n.p, 2011. Disponível em: http://interamerica.de/current-issue/boccara.

BOSI, Alfredo. *Dialética da colonização*. São Paulo: Companhia das Letras, 1992.

BRANCALEONE, Cassio. *Sobre o significado da experiência de autogoverno zapatista* (tese de doutorado). Rio de Janeiro: Instituto de Estudos Sociais e Políticos, Universidade do Estado do Rio de Janeiro (UERJ), 2012a.

BRANCALEONE, Cassio. "Democracia, autogoverno e emancipação: aproximações à práxis rebelde zapatista". *In*: CHAGUACEDA, Armando & BRANCALEONE, Cassio (org.). *Sociabilidades emergentes y movilizaciones sociales en América Latina*. v. 1. Buenos Aires: Clacso, 2012b, p. 141-54.

BRANCALEONE, Cassio. *As raízes do fenômeno Chiapas: o já basta da resistência zapatista*. São Paulo: Alfarrábio, 2002b.

BUENROSTRO Y ARELLANO, Alejandro & OLIVEIRA, Ariovaldo U. (org.). *Chiapas, construindo a esperança*. São Paulo: Paz e Terra, 2002a.

BURGUETE, Araceli *et al*. *Gobernar (en) la diversidad: experiencias indígenas desde América Latina. Hacía la investigación de co-labor*. Cidade do México: Centro de Investigaciones y Estudios Superiores en Antropología Social Facultad Latinoamericana de Ciencias Sociales, 2008.

BURGUETE, Araceli. "Autonomía: la emergencia de un nuevo paradigma en las luchas por la descolonización en América Latina". *In*: GONZÁLEZ, Miguel; BURGUETE, Araceli & ORTIZ-T., Pablo (org.). *La autonomía a debate: autogobierno indígena y Estado plurinacional en América Latina*. Quito: FLACSO, Cooperación Técnica Alemana, Grupo Internacional de Trabajo sobre Asuntos Indígenas, Centro de Investigaciones y Estudios Superiores en Antropología Social, Universidad Intercultural de Chiapas, 2010, p. 117-136.

BYAM, W. *A Sketch of the State of Chiapas*. Cidade do México, Los Angeles: Press of G. Rice & Sons, 1897. Disponível em: http://goo.gl/EyGLIS.

CAPEL, Horacio. *Filosofía y ciencia en la geografía contemporánea. Una introducción a la geografía*. Barcelona: Barcanova, 1981.

CAPISE (Centro de Análisis Político e Investigaciones Sociales y Económicas A.C.). "Cara de Guerra: un ejército federal mexicano, unos pueblos indígenas, su territorio" (Informe). San Cristóbal de las Casas, Chiapas: SCLC, 16 jul. 2007.

CÁRDENAS, Lázaro. *Palabras y documentos públicos de Lázaro Cárdenas*, tomo I. México: Siglo XXI, 1978.

CASAS MENDOZA, Carlos A. *Nos olhos do outro: nacionalismo, agências indigenistas educação e desenvolvimento, Brasil-México (1940-1970)* (tese de doutorado). Campinas: Departamento de Antropologia do Instituto de Filosofia e Ciências Humanas da Universidade Estadual de Campinas (UNICAMP), 2005.

CASTORIADIS, Cornelius. "Introdução: socialismo e sociedade autônoma". *In*: *Socialismo ou barbárie: o conteúdo do socialismo*. São Paulo: Brasiliense, 1983.

CASTRO, Celso (org.). *Evolucionismo cultural: textos de Morgan, Tylor e Frazer*. Rio de Janeiro: Jorge Zahar Editor, 2005.

CEDILLO-CEDILLO, Adela. "Análisis de la fundación del EZLN en Chiapas desde la perspectiva de la acción colectiva insurgente". *LiminaR*, v. 10, n. 2, jul.-dez. 2012.

CEPAL. *Panorama social da América Latina*. Chile: División de Desarrollo Social; División de Estadística y Proyecciones Económicas de la CEPAL, 2006.

CEPAL. *Los pueblos indígenas en América Latina: avances en el último decenio y retos pendientes para la garantía de sus derechos (síntesis)*. Chile: Centro Latinoamericano y Caribeño de Demografía (CELADE)-División de Población de la CEPAL, 2014a.

CEPAL. *Pactos para la igualdad: hacia un futuro sostenible. Trigésimo quinto período de sesiones de la CEPAL*. Lima: Secretaria Ejecutiva de la CEPAL, 2014b.

CHAPOY, Andrés I. L. M. *La construcción de los pueblos indígenas en México*. Tuxtla Gutiérrez, Chiapas: Centro Estatal de Lenguas, Arte y Literatura Indígenas; Gobierno del Estado de Chiapas, 2007.

CHAUÍ, Marilena. *O que é ideologia*. Coleção Primeiros Passos. 2. ed. São Paulo: Brasiliense, 2008.

CHAUNU, Pierre. *Conquista e exploração dos novos mundos*. São Paulo: Pioneira/Edusp, 1984.

CHÁVEZ, Alicia H. *México: una breve historia del mundo indígena al siglo XX*. México: Fondo de Cultura Económica, 2002.

CIACH, CONPAZ & SIPRO. *Para entender Chiapas*. México: Imprentei, 1997.

CLASTRES, Pierre. *Arqueologia da violência: pesquisas em antropologia política*. Trad. Paulo Neves. São Paulo: Cosac & Naify, 2004.

CONAIE, Confederación de Organizaciones Indígenas del Ecuador. *Declaración de Quito y resolución del Encuentro Continental de Pueblos Indígenas*. Quito: Encuentro Continental de Pueblos Indígenas, 1990.

CONSEJO NACIONAL DE EVALUACIÓN DE LA POLÍTICA DE DESARROLLO NACIONAL (CONEVAL). *Chiapas: pobreza estatal 2018*. Cidade do México: Coneval, 2018. Disponível em: https://www.coneval.org.mx/coordinacion/entidades/Chiapas/Paginas/Pobreza_2018.aspx.

CONSEJO NACIONAL DE EVALUACIÓN DE LA POLÍTICA DE DESARROLLO NACIONAL (CONEVAL). *Chiapas: pobreza estatal 2020*. Cidade do México: Coneval, 2020. Disponível em: https://www.coneval.org.mx/coordinacion/entidades/Chiapas/Paginas/principal.aspx.

CUNHA, Manuela C. "Introdução a uma história indígena". *In*: *Historia dos índios no Brasil*. 2. ed. São Paulo: Companhia das Letras/Fapesp/SMC, 1992.

CUNHA, Manuela C. *Cultura com aspas e outros ensaios*. São Paulo: Cosac Naify, 2009.

DEVALLE, Susana B. C. (org.). *La diversidad prohibida: resistencia étnica y poder de Estado*. México: El Colegio de México, 1989.

DÍAZ-POLANCO, Héctor. *La rebelión zapatista y la autonomía*. México: Siglo Veintiuno Editores, 1997.

DÍAZ-POLANCO, Héctor. "O debate pela autonomia/III". *In*: BUENROSTRO y ARELLANO, Alejandro & OLIVEIRA, Ariovaldo U. (org.). *Chiapas, construindo a esperança*. São Paulo: Paz e Terra, 2002.

DÍAZ-POLANCO, Héctor. *Autonomía regional: la autodeterminación de los pueblos indios*. México: Siglo Veintiuno Editores, 2006 [1991].

DINERSTEIN, Ana C. "La autonomía y sus imaginarios, en permanente construcción". *In*: DINERSTEIN, Ana C.; DELEDICQUE, Melina; FERRERO, Juan P.; PASCUAL, Rodrigo & CONTARTESE, Daniel. *Movimientos sociales y autonomía colectiva: la política de la esperanza en América Latina*. Buenos Aires: Claves del Siglo XXI, Capital Intelectual, 2013.

DOCUMENTO DE TRECE ORGANIZACIONES. "La autonomía como nueva relación entre los pueblos indios y la sociedad nacional", *Ojarasca*, n. 38-39, p. 26-9, nov.-dez. 1994.

DOSSIER SOBRE CHIAPAS. *Los hombres sin rostro: cronología, comunicados, entrevistas, acuerdos de paz y artículos de opinión en torno do conflicto chiapaneco, de enero a abril de 1994*. Cidade do México: CCE/SIPRO, 1994.

ELLIOTT, J. H. "A conquista espanhola e a colonização da América". *In*: BETHELL, Leslie (org.). *América Latina Colonial*, v. 1. Coleção História da América Latina. São Paulo: Edusp, 1998, p. 135-94.

EZLN. *Ley Revolucionaria de las Mujeres del EZLN*, *El Despertador Mexicano, Órgano Informativo del EZLN*, n. 1, dez. 1993. Disponível em: https://enlacezapatista.ezln.org.mx/1993/12/31/ley-revolucionaria-de-mujeres.

EZLN. *Documentos y comunicados*, n. 2. Cidade do México: Editora Era, 2001.

EZLN. *Documentos y comunicados*, livro I. Colección Problemas de México. Cidade do México: Editora Era, 2003 [1994].

EZLN. *Gobierno Autónomo I: Cuaderno de texto de primer grado del curso de "La libertad según l@s Zapatistas"*. Chiapas: EZLN, 2013.

FAVRE, Henri. *El indigenismo*. México: Fondo de Cultura Económica, 1999.

FERNÁNDEZ, Paulina C. *Gobierno autónomo zapatista: características antisistema político mexicano*. Texto produzido em ocasião do "Seminario Internacional de reflexión y análisis". San Cristóbal de las Casas: Universidad de la Tierra, 31 dez. 2009. Disponível em: http://goo.gl/DPtHPh.

FERREIRA, Joelson & FELÍCIO, Erahsto. *Por terra e território: caminhos da revolução dos povos no Brasil*. Arataca (BA): Teia dos Povos, 2021.

FIGUEIREDO, Guilherme G. *A guerra é o espetáculo: origens e transformações da Estratégia do Exército Zapatista de Liberação Nacional*. Rima: Fapesp, 2006.

FLORESCANO, Enrique. "Lutas indígenas e camponesas", *La Jornada*, 1 fev. 1998.

FRAZER, James G. *Psyche's Task*. 2. ed. Londres: MacMillan, 1913.

GILLY, Adolfo. *Chiapas: la razón ardiente. Ensayo sobre la rebelión del mundo encantado.* México: Editora Era, 2002 [1997].

GILLY, Adolfo. *La revolución interrumpida — México, 1910-1920: una guerra campesina por la tierra y el poder*. 2. ed. México: Ediciones ERA, 2010 [1971].

GIMÉNEZ, Gilberto. "La cultura como identidad y la identidad como cultura", *Instituto de Investigaciones Sociales-UNAM*. Cidade do México: UNAM, 2003. Disponível em: https://red.pucp.edu.pe/ridei/files/2011/08/laculturacomoidentidadylaidentidadcomoculturagilbertogimenez.pdf.

GOHN, Maria da Glória Marcondes. *Teorias dos movimentos sociais: paradigmas clássicos e contemporâneos*. 3. ed. São Paulo: Loyola, 2002.

GÓMEZ, Magdalena. "El proceso de juridicidad del derecho indígena en México: elementos para un balance". *In*: GUTIÉRREZ, Raquel & ESCÁRZAGA, Fabiola. *Movimiento indígena en América Latina: resistencia y proyecto alternativo*, v. II. Mexico: Casa Juan Pablos, 2006.

GONZÁLEZ, Miguel. "Autonomías territoriales indígenas y regímenes autonómicos (desde el Estado) en América Latina". *In*: GONZÁLEZ, M; BURGUETE, A. & ORTIZ, P. *La autonomía a debate. Autogobierno indígena y Estado plurinacional en América Latina*. Quito: FLACSO; GTZ; IWGIA; CIESAS; UNICH, 2010, p. 35-62.

GOULD, Stephen J. *A falsa medida do homem*. 2. ed. Trad. Valter Lellis Siqueira. São Paulo: Martins Fontes, 1999 [1991].

GREGOR BARIÉ, Cletus. "La cuestión territorial de los pueblos indígenas en la perspectiva latino-americana". *In*: FRIEDRICH EBERT STIFTUNG & INSTITUTO LATINOAMERICANO DE INVESTIGACIONES SOCIALES. *Visiones indígenas de descentralización*. La Paz, Bolivia: FES-ILDIS, 2005.

GROSS, Christian. "El movimiento indígena: del nacional-populismo al neoliberalismo". *In*: KÖNIG, Hans-Jachi (org.). *El indio como sujeto y objeto de la historia latinoamericana, pasado y presente*. Frankfurt/Madri: Vervuert, 1998, p. 183-98.

GUEVARA, Anahí D. *Defender lo propio, ampliar lo posible. Movilización social, representación política y autonomía en la selva central (Perú) y el norte de Cauca (Colombia)* (tese de doutorado). Cidade do México: Facultad de Ciencias Políticas y Sociales, Universidad Nacional Autónoma de México (UNAM), 2020.

GUTIERREZ LUNA, Diana Itzu. *Sociedades otras: recuperación, reconfiguración y resignificación territorial* (tese de doutorado). Córdoba: Universidad Nacional de Córdoba, 2017.

HALE, Charles. "Rethinking Indigenous Politics in the Era of the *Indio Permitido*", *NACLA Report on the Americas*, v. 38, n. 2, p. 16-21, 2004.

HALE, Charles. "Neoliberal Multiculturalism: The Remaking of Cultural Rights and Racial Dominance in Central America", *PoLAR: Political and Legal Anthropology Review*, v. 28, n. 1, p. 10-28, 2005.

HARVEY, D. *O novo imperialismo*. São Paulo: Edições Loyola, 2004.

HARVEY, Neil. *La rebelión de Chiapas*. México: Era, 2000.

HOBSBAWM, Eric J. *Nações e nacionalismo desde 1780: programa, mito e realidade*. Trad. Maria Celia Paoli e Anna Maria Quirino. São Paulo: Paz e Terra, 1990.

INSTITUTO NACIONAL DE ESTADÍSTICAS Y GEOGRAFÍA (INEGI). *Resultados del VIII Censo Ejidal*. Cidade do México: INEGI, 2001.

INSTITUTO NACIONAL DE ESTADÍSTICAS Y GEOGRAFÍA (INEGI). *Principales resultados del Censo de Población y Vivienda 2010*. Cidade do México: INEGI, 2011.

INSTITUTO NACIONAL DE ESTADÍSTICAS Y GEOGRAFÍA (INEGI). *Mujeres y hombres en México 2011*. Cidade do México: INEGI, 2012.

INSTITUTO NACIONAL DE ESTADÍSTICAS Y GEOGRAFÍA (INEGI). "Resultados definitivos de la Encuesta Intercensal 2015", *Boletín de Prensa*, n. 524/15, 8 dez. 2015a. Disponível em: http://bit.ly/3319znL.

INSTITUTO NACIONAL DE ESTADÍSTICAS Y GEOGRAFÍA (INEGI). *Encuesta Intercensal 2015: Panorama sociodemográfico de Chiapas*. Cidade do México: INEGI, 2015b. Disponível em: http://bit.ly/2BYE2XK.

INSTITUTO NACIONAL DE ESTADÍSTICAS Y GEOGRAFÍA (INEGI). *Censo de Población y Vivienda 2020*. Cidade do México: INEGI, 2020. Disponível em: https://censo2020.mx.

ITURRALDE, Diego A. *Tierras y territorios indígenas: discriminación, inequidad y exclusión*. Paper prepared for the United Nations Research Institute for Social Development (UNRISD). África do Sul: Conference on Racism and Public Policy, 2001.

JAPPE, Anselm. "A democracia, que arapuca!", *Revista Praga*, n. 4, 1997. Disponível em: http://goo.gl/FcXPJ9.

KNAUSS, Paulo. "A imagem do índio brasileiro: escultura, regionalismo e disputa simbólica". *In*: ROCHA, João C.C. (org.). *Nenhum Brasil existe: pequena enciclopédia*. Rio de Janeiro: Topbooks, 2003, p. 1049-61.

LALANDE, André. *Vocabulário técnico e crítico da filosofia*. São Paulo: Martins Fontes, 1999.

LE BOT, Gilberto. *Autonomías, democracia o contrainsurgencia*. Cidade do México: Editora Era, 2004.

LE BOT, Yvon. *Subcomandante Marcos: el sueño zapatista*. España: Ed. Plaza y Janés, 1997.

LE BOT, Yvon. "¿Se puede hablar de actores sociales étnicos en América Latina?". *In*: KÖNIG, Hans-Jachi (org.). *El indio como sujeto y objeto de la historia latinoamericana, pasado y presente*. Frankfurt/Madri: Vervuert, 1998, p. 199-205.

LEON, Antonio Garcia de. *Resistencia y utopia*. 2. ed. Cidade do México: Editora Era, 1997.

LIMA, Flavio R. *Los indios de Guatemala: el lado oculto de la historia*. Madri: Editorial Mapfre, 1992.

LÓPEZ Y RIVAS, Gilberto. "A antropologia, o etnomarxismo e o compromisso social dos antropólogos", *Revista Sociedade e Cultura*, v. 14, n. 2, p. 473-80, jul./dez. 2011.

LUXEMBURGO, R. "Huelga de masas, partido y sindicato", *Cuadernos de Pasado y Presente*, n. 13, 1970.

MAÍZ, Ramón. "La Guerra de las palabras: marcos interpretativos y estrategias identitárias en el discurso político del EZLN". *In*: MARTÍ I PUIG, Salvador (org.). *Pueblos indígenas y política en América Latina: el reconocimiento de sus derechos y el impacto de sus demandas a inicios del siglo XXI*. Barcelona: CIDOB, 2007.

MAKARAN, Gaya; LÓPEZ, Pabel & WAHREN, Juan (org.). *Vuelta a la autonomía. Debates y experiencias para la emancipación social desde América Latina*. México: Bajo Tierra A.C.; Centro de Investigaciones sobre América Latina y el Caribe — Universidad Nacional Autónoma de México, 2019.

MARIÁTEGUI, José C. *Siete ensayos de interpretación de la realidad peruana*. Barcelona: Editorial Crítica, 1976 [1928].

MARX, Karl. *O capital: crítica de economia política*, livro I, v. II. 4. ed. Trad. Reginaldo Sant'Anna. São Paulo: Civilização Brasileira, 1980 [1867].

MARX, Karl. *O capital: crítica da economia política*. Rio de Janeiro: Civilização Brasileira, 1998 [1867].

MENDIETA Y NUÑEZ. *El problema agrario de México*. Cidade do México: Porrúa, 1926.

MEYER, Lorenzo & AGUILAR CAMÍN, Héctor. *À sombra da Revolução Mexicana: história mexicana contemporânea, 1910-1989*. São Paulo: Edusp, 2000.

MILLÁN, Abelardo H. *EZLN: revolución para la revolución (1994-2005)*. Madri: Editorial Popular, S.A., 2007.

MOBEIG, Pierre. *Pioneiros e fazendeiros de São Paulo*. Trad. Ary França e Raul de Andrade e Silva. São Paulo: Hucitec; Editora Polis, 1984 [1950].

MONDONESI, Massimo. "El concepto de autonomía en el marxismo contemporaneo". *In*: ADAMOVSKY, Ezequiel; ALBERTANI, Claudio & ARDITI, Benjamin. *Pensar las autonomías: alternativas de emancipación al capital y el Estado*. Cidade do México: Bajo Tierra Ediciones; Sísifo Ediciones, 2011.

MORA, José M. L. "México y sus revoluciones". *In*: LIRA, Andres (org.). *Espejo de discordias*. Cidade do México: Secretaría de Educación Pública, 1984, p. 75-9.

MORAES, Antônio C. R. *Capitalismo, geografia e meio ambiente* (tese de livre docência). São Paulo: Faculdade de Filosofia, Letras e Ciências Humanas, Universidade de São Paulo, 2000.

MORAES, Antônio C. R. *Ideologias geográficas*. São Paulo: Hucitec/Annablume, 2002.

MORAES, Antônio C. R. *Território e história no Brasil*. São Paulo: Annablume, 2005.

MORAES, Antônio C. R. *Geografia histórica do Brasil: capitalismo, território e periferia*. São Paulo: Annablume, 2011.

MORTON, Samuel G. *Crania Americana, or, a Comparative View of the Skulls of Various Aboriginal Nations of North and South America*. Filadélfia: John Pennington, 1839.

NAME, Leo. "A natureza como o outro de diferentes partes: uma discussão sobre Ratzel e alteridade", *Revista Bibliográfica de Geografía y Ciencias Sociales*, v. XV, n. 854, 5 jan. 2010. Disponível em: http://www.ub.edu/geocrit/b3w-854.htm.

NAVARRO GARCIA, Luis. *El sistema de castas. Historia general de España y América: los primeros Borbones*. Madri: Ediciones Rialp, 1989.

NAVARRO, Gerardo Zuñiga. "Los procesos de constitución de territorios indígenas en América Latina", *Nueva Sociedad*, n. 153, p. 141-55, jan.-fev. 1998. Disponível em: https://nuso.org/articulo/los-procesos-de-constitucion-de-territorios-indigenas-en-america-latina.

NERUDA, Pablo. *Confieso que he vivido*. Santiago: Ed. Pehuén, 2005.

NUNES, Americo. *As revoluções do México*. São Paulo: Perspectiva, 1975.

OLIVEIRA, Ariovaldo U. *Modo capitalista de produção, agricultura e reforma agrária*. São Paulo: Labur, 2007.

OLIVEIRA, Gustavo Moura de & DOWBOR, Monika Weronika. "Negar e construir a partir das ações de movimentos: três tipos de autonomias territoriais no México", *Polis. Revista Latinoamericana*, n. 56, 2020. Disponível em: https://journals.openedition.org/polis/19053.

OLIVEIRA, João Pacheco. "Viagens de ida, de volta e outras viagens: os movimentos migratórios e as sociedades indígenas", *TRAVESSIA — Revista do Migrante*, n. 24, p. 5-9, 1996.

ORNELAS, Raúl. "A autonomia como eixo da resistência zapatista. Do levante armado ao nascimento dos caracoles". *In*: CECEÑA, Ana Esther (org.). *Hegemonias e emancipações no século XXI*. Buenos Aires: Consejo Latinoamericano de Ciencias Sociales (Clacso), 2005.

PORTO-GONÇALVES, Carlos Walter. "Entre América e Abya Yala — tensões de territorialidades", *Periódico Desenvolvimento e Meio Ambiente*, n. 20, p. 25-30, jul./dez. 2009.

PRADO, Maria L. *O populismo na América Latina (Argentina e México)*. São Paulo: Editora brasiliense, 1981.

QUIJANO, Aníbal. "El movimiento indígena y las cuestiones pendientes en América Latina", *El Cotidiano*, v. 23, n. 151, p. 107-20, set.-out., 2008.

RAFFESTIN, Claude. *Por uma geografia do poder*. São Paulo: Ática, 1993.

RAMÍREZ, Gloria Muñoz. *EZLN: 20 y 10 el fuego y la palabra*. Querétaro: Monte Albán S.A., 2003.

RATZEL, Friedrich. *La Géographie politique*. Paris: Fayard, 1987 [1897].

RECLUS, Elisée. *Nouvelle Géographie universelle: la terre et les hommes*, t. 17. Paris: Hachette, 1891.

REYES RAMOS, Maria Eugenia. "Reconfiguración del espacio agrario en Chiapas: las consecuencias del levantamiento zapatista". *In*: PÉREZ RUIZ, Maya Lorena (org.). *Tejiendo historias: tierra, género y poder en Chiapas*. Cidade do México: INAH, 2004.

RIGOL, P. *et al*. *Reformas agrarias en América Latina: México, Bolivia, Cuba, Chile, Perú*. Barcelona: Tierra Nueva, 1969.

RODRÍGUEZ, Erwin. *Reforma agraria, cambio estructural en Chiapas: avances y perspectivas*. Tuxtla Gutiérrez, Chiapas: Universidad Autónoma de Chiapas, 1988.

SÁNCHEZ, Consuelo. *Los pueblos indígenas: del indigenismo a la autonomía*. Cidade do México: Siglo Veintiuno Editores, 1999.

SÁNCHEZ, Waldo L. F. *Autonomías indígenas: resistencias y luchas por el reconocimiento en Nicaragua y México*. Buenos Aires: El Colectivo, 2019.

SANTOS, Marina G. *A plurinacionalidade em disputa: sumak kawsay, autonomia indígena e Estado plurinacional no Equador* (dissertação de mestrado). São Paulo: Pontifícia Universidade Católica de São Paulo, 2015.

SANTOS, Milton. *A natureza do espaço: técnica e tempo, razão e emoção.* São Paulo: Hucitec, 1996.

SECRETARÍA DE DESARROLLO SOCIAL (SEDESOL). *Programa Estatal de Ordenamiento Territorial del Estado de Chiapas.* Cidade do México: Sedesol, 2005.

SECRETARÍA DE HACIENDA DEL ESTADO DE CHIAPAS. *Plan Estatal de desarrollo de Chiapas.* Tuxtla Gutiérrez, Chiapas: 2019. Disponível em: http://bit.ly/2NsVbPC.

SECRETARÍA DE TURISMO DE MÉXICO (SECTUR). *Primer informe de labores de la Secretaría de Turismo*, 2018-2019. Cidade do México: Sectur, 2019. Disponível em: http://bit.ly/2WoVRbA.

SILVA, Benedicto (org.). *Dicionário de ciências sociais.* Rio de Janeiro: Editora da Fundação Getúlio Vargas, 1986.

SMITH, Anthony D. *A identidade nacional.* Lisboa: Gradiva, 1997.

SMITH, Neil. "Academic War over the Field of Geography: The Elimination of Geography at Harvard, 1947-1951", *Annals of the Association of American Geographers*, n. 77, p. 155-72, 1987.

SOUZA, Marcelo L. "O território: sobre espaço e poder, autonomia e desenvolvimento". *In*: CASTRO, I. E. de; GOMES, P. C. da C. & CORRÊA, R. L. (org.). *Geografia: conceitos e temas.* Rio de Janeiro: Bertrand Brasil, 1995, p. 77-115.

SOUZA, Marcelo L. "O planejamento e a gestão das cidades em uma perspectiva autonomista", *Revista Território*, v. V, n. 8, p. 67-99, jan.-jun. 2000.

SOUZA, Marcelo L.. "Autogestão, 'autoplanejamento' e autonomia: atualidade e dificuldades das práticas espaciais libertárias dos movimentos urbanos", *Revista Cidades*, v. 9, n. 15, 2012.

SOUZA, Marcelo L. *Por uma geografia libertária.* Rio de Janeiro: Consequência, 2017.

STAVENHAGEN, Rodolfo. *La diversidad cultural en el desarrollo de las américas: los pueblos indígenas y los estados nacionales en Hispanoamérica.* Serie de Estudios Culturales n. 9. Cidade do México: Organização dos Estados Americanos/El Colegio de México, 2002.

SUBCOMANDANTE GALEANO [MARCOS]. "Entrevista concedida à agrupação Kilombo Intergaláctico. Janeiro de 2007". *In*: EL KILOMBO INTERGALÁCTICO. *Sin referente: una entrevista con el subcomandante insurgente Marcos.* Durham: PaperBoat Press, 2010.

THOMPSON, Edward P. *Senhores e caçadores.* Rio de Janeiro: Paz e Terra, 1987.

TOLEDO LLANCAQUEO, Víctor. "Políticas indígenas y derechos territoriales en América Latina 1990-2004: las fronteras indígenas de la globalización?". *In*: *Pueblos indígenas y democracia en América Latina*. Buenos Aires: Consejo Latinoamericano de Ciencias Sociales (Clacso), 2005.

TRAVEN, Bruno. *La rebelión de los colgados.* 42. ed. Cidade do México: Selector, 1997 [1950].

TRÓTSKI, León. "Las lecciones de la Comuna. Zlatoouste, 4 de febrero de 1921", *Marxistas.org*, 2001. Disponível em: http://goo.gl/LMyX6P.

TUTINO, John. *From Insurrection to Revolution in Mexico: Social Bases of Agrarian Violence, 1750-1940*. Princeton: Princeton University Press, 1986.

VASCONCELOS, José. *The cosmic race: a bilingual edition*. Los Angeles: Johns Hopkins, 1997 [1925].

VAUGHAN, Mary Kay. *La política cultural en la Revolución: maestros, campesinos y escuelas en México, 1930-1940*. Cidade do México: FCE, 2001, p. 49-84.

VILLAFUERTE SOLÍS, Daniel; GARCÍA, María C. & MEZA, Salvador. *La cuestión ganadera y la deforestación: viejos y nuevos problemas en el trópico y Chiapas*. Chiapas: Universidad de Ciencias y Artes del Estado de Chiapas, Centro de Estudios Superiores de México-Centroamérica, 1997.

VILLAFUERTE SOLÍS, Daniel & SOLANO MONTERO, José. *Chiapas: la visión de los actores*. Chiapas: Casa Juan Pablos; Universidad de Ciencias y Artes de Chiapas; Interpeace, 2006.

VOS, Jan de. *Vienen de lejos los torrentes: una historia de Chiapas*. Chiapas: Consejo Estatal para las Culturas y las Artes de Chiapas, 2010.

WARMAN, Arturo. "El proyecto político del zapatismo". *In*: KATZ, Friedrich (org.). *Revuelta, rebelión y revolución: la lucha rural en México del siglo XVI al siglo XX*. Cidade do México: Editora Era, 1990, p. 291-305.

WARMAN, Arturo. *Los indios mexicanos en el umbral del milenio*. Cidade do México: Fondo de Cultura Económica, 2003.

WOMACK Jr., John. *Zapata y la Revolución Mexicana*. Cidade do México: Siglo XXI, 1997 [1969].

ZARADER, Jean-Pierre (org.). *Dictionnaire de philosophie*. Paris: Ellipses, 2007.

ZIBECHI, Raúl. *Territorios en resistencia: cartografía política de las periferias urbanas latinoamericas*. Buenos Aires: Lavaca, 2008.

AGRADECIMENTOS

É impossível expressar toda a minha gratidão às pessoas e organizações que apoiaram e tornaram possível o desenvolvimento deste livro. Cito apenas algumas, como forma de reconhecimento e afeto, mas são muitas mais espalhadas por essa *mátria grande* latino-americana. Sou infinitamente grato ao EZLN por tudo que aprendi e sempre levarei comigo, por onde for, *caminhando-perguntando*. Amplio essa consideração às comunidades indígenas que lutam por autonomia em outras partes da geografia mexicana, especialmente em Michoacán, Oaxaca e Guerrero, as quais pude conhecer em passagens mais rápidas, mas não menos intensas.

Agradeço a Atílio Curiñanco e Rosa Rúa Nahuelquir por me abrirem caminho nessa trajetória de estudos sobre as autonomias indígenas. Na Patagônia ensinaram-me sobre a força dos *newens* e a potência do pensamento mapuche, quando eu dava apenas meus primeiros passos. Foi ali que tudo começou. Também a Dadá Borari e guerreiros(as) da TI Maró, na Amazônia paraense, além de todos os kokama da TI Porto Praia de Baixo, no Amazonas. Obrigado por me apresentarem seus territórios e me ensinarem que a autonomia também é uma práxis entre os povos indígenas amazônicos. Continuo aprendendo, cada vez mais empenhado, agora ciente de que a resistência não é só aguentar, mas também construir algo novo.

Agradeço aos professores Casé Angatu, Larissa Bombardi, Rodrigo Valverde, Gaya Makaran, Waldo Lao, Guilherme Gitahy, Raúl Zibechi, Diana Itzu e Jean Tible por seus valiosos comentários durante as diferentes etapas de reflexão e redação deste livro. Gostaria também de expressar minha gratidão a Vitória Lais, Miguel Angel Piñeda e Guilherme Gitahy, que generosamente me emprestaram espaços tranquilos em suas casas para que eu pudesse trabalhar imerso na escrita desta segunda edição, respectivamente em Florianópolis, Cidade do México e Tefé.

Por fim, gostaria de expressar meus agradecimentos à Universidade de São Paulo, uma instituição pública, gratuita e de qualidade, que permitiu que um operário vindo de uma escola pública de São José dos Campos pudesse ousar sair do chão de fábrica para se tornar cientista. Agradeço finalmente à Fundação de Amparo à Pesquisa do Estado de São Paulo (Fapesp) (processo 11/15004-6) e à Coordenação de Aperfeiçoamento de Pessoal de Nível Superior (Capes) (código de financiamento 001), que financiaram e tornaram possível a pesquisa original de que este livro é resultado. As opiniões, hipóteses e conclusões ou recomendações expressas aqui são de minha responsabilidade e não necessariamente refletem a visão da Fapesp ou da Capes.

Para todos a luz, para todos tudo.

FÁBIO M. ALKMIN desenvolve pesquisas sobre autonomias territoriais indígenas na América Latina, com interesse atual na região amazônica. Possui bacharelado e licenciatura na área de geografia e mestrado e doutorado na área de geografia humana pela Universidade de São Paulo (USP), com ênfase em América Latina, movimentos indígenas, ecologia política e justiça ambiental. Realizou estágios de investigação internacional na Universidad Nacional de La Plata (UNLP), Argentina (2009/2010), na Universidad Nacional Autónoma de México (Unam) (2012/2013 e 2021) e na Queen Mary University of London (QMUL), Reino Unido (2022), financiados respectivamente pelo Grupo Montevideo e pela Fapesp. É membro dos grupos de trabalho Rede Dataluta (Brasil) e Povos Indígenas, Autonomias e Direitos Coletivos (Clacso). Realizou trabalhos de campo no Chile, Argentina, Bolívia, Colômbia, Guatemala e México, todos relacionados à temática das autonomias indígenas. Também possui experiência na área de cinema/audiovisual, tendo realizado documentários e participado da produção de curtas, médias e longas-metragens.

Primeira edição, fevereiro de 2025
São Paulo, Brasil

Dados Internacionais de Catalogação na Publicação (CIP)
Angélica Ilacqua CRB-8/7057

Alkmin, Fábio M.
Geografia da autonomia : a experiência de autonomia territorial zapatista em Chiapas, México / Fábio M. Alkmin. — São Paulo : Elefante, 2025.
288 p.

Bibliografia
ISBN 978-65-6008-029-4

1. Movimentos sociais — México
2. Ejército Zapatista de Liberación Nacional (México)
3. Chiapas (México) — Política e governo
4. Indígenas — Movimentos sociais I. Título

23-6761 CDD 972.083

Índices para catálogo sistemático:
1. Movimentos sociais — México

---

elefante
editoraelefante.com.br
contato@editoraelefante.com.br
fb.com/editoraelefante
@editoraelefante

fontes Halyard, Quagmire e Signifier
papéis Cartão 250 g/m² & Ivory Slim 65 g/m²
impressão Margraf